आज के प्रश्न

स्त्री, परंपरा और आधुनिकता

एक अज्ञात हिन्दू औरत मस्तराम कपूर सत्येन्द्र रंजन
संजय सिन्हा वंदना भारतीय स्मिता मनीषा मिश्रा
सुधीश पचौरी राजकिशोर धर्मवीर इला र. भट्ट
उषा महाजन डॉ. रणजीत कात्यायनी अरुण कुमार त्रिपाठी
मणिमाला मैत्रेयी पुष्पा

आज के प्रश्न

इस पुस्तक श्रृंखला का लक्ष्य है—समकालीन राजनीतिक, आर्थिक और सामाजिक दृश्यपट की प्रखर, विस्तृत और वस्तुपरक पड़ताल। कम मूल्य पर विचारपूर्ण सामग्री देने की इस योजना के तहत चार महीने के अन्तराल पर दो ऐसी पुस्तकें प्रकाशित की जा रही हैं, जो किसी महत्त्वपूर्ण घटना, मुद्दे या समस्या से जुड़ी हों। श्रृंखला के संपादक हैं—प्रसिद्ध लेखक और पत्रकार राजकिशोर।

'आज के प्रश्न' श्रृंखला में अब तक प्रकाशित पुस्तकें :

1. अयोध्या और उससे आगे
2. भारतीय मुसलमान : मिथक और यथार्थ
3. हिन्दू होने का मतलब
4. विनाश को निमंत्रण : भारत की नयी अर्थनीति
5. कश्मीर का भविष्य
6. हरिजन से दलित
7. स्त्री के लिए जगह
8. भारत का राजनीतिक संकट
9. भ्रष्टाचार की चुनौती
10. मानव अधिकारों का संघर्ष
11. हिन्दुत्व की राजनीति
12. अश्लीलता का हमला
13. जाति का जहर
14. स्त्री, परंपरा और आधुनिकता
15. बच्चे और हम
16. हिंसा की सभ्यता
17. मुस्लिम आतंकवाद बनाम अमेरिका
18. दलित राजनीति की समस्याएँ
19. नैतिकता के नये सवाल

स्त्री, परंपरा और आधुनिकता

संपादक
राजकिशोर

वाणी प्रकाशन

वाणी प्रकाशन

'लोगो' वाणी प्रकाशन : मक़बूल फ़िदा हुसेन

वाणी प्रकाशन, 4695, 21-ए, दरियागंज, नयी दिल्ली-110002

वाणी प्रकाशन, अशोक राजपथ (पटना कॉलेज के सामने), पटना (बिहार)

STRI, PARAMPARA AUR AADHUNIKTA

Edited by Raj Kishore

Feminism

ISBN : 81-7055-643-0

आवृत्ति : 2010

मूल्य : 200/-

वाणी प्रकाशन

फोन : 0091#11#23273167, फोन व फैक्स 23275710

वेबसाइट : www.vaniprakashan.in

ई-मेल : vaniprakashan@gmail.com

जी.एस. ऑफसेट द्वारा दिल्ली-110032 में मुद्रित

संपादक की बात

स्त्री, परंपरा और आधुनिकता

यह सवाल पूछा ही जाना चाहिए कि परंपरा और आधुनिकता के संदर्भ में सबसे ज्यादा सवाल स्त्री के ही संदर्भ में क्यों उठते हैं—स्त्री के संदर्भ में और उसके साथ पुरुष के रिश्तों के संदर्भ में। एक आधुनिक होता हुआ पुरुष आलोचना-प्रत्यालोचना का विषय नहीं बनता। पहले कभी बनता था, जब अकबर इलाहाबादी ने लिखा था कि 'कटी उम्र होटलों में, मरे अस्पताल जा कर।' लेकिन अब पुरुष की आधुनिकता सर्वस्वीकृत हो चुकी है। आधुनिकता की माँग तो स्त्री से भी की जाने लगी है—आज महादेवी वर्मा या सुमित्रा कुमारी चौहान जैसी कवयित्री को लेखक समाज तक अपने बीच घुसने तक नहीं देगा, लेकिन यह उसकी स्वतंत्रता का सम्मान नहीं, बल्कि उसके शोषित और दमित रूप का ही एक नया उत्कर्ष है। योजना यह है कि स्त्री दिखे तो आधुनिक, पर रहे परंपरावादी। तभी गैर-बराबरी के उन रिश्तों को कायम रखा जा सकता है, जिनकी बुनियाद पर हमारी सभ्यता का भीतर से खदबदाता महल खड़ा है।

इस अर्थ में 'स्त्री, परंपरा और आधुनिकता' का सवाल 'आज का प्रश्न' नहीं है—बल्कि एक शाश्वत प्रश्न है और हर जमाने की स्त्री ने इसका अपने ढंग से सामना किया है। ईसाई मिथकों में ईश्वर का पहला प्रत्याख्यान हौवा ने ही किया था, जब उसने आदम को ज्ञान का वर्जित फल चखने को प्रेरित किया था। क्या इसी की सजा यह थी कि ज्ञान की दुनिया से हौवा की बेटियों को देशनिकाला दे दिया गया ? बताते हैं कि हौवा को ऐसा करने के लिए साँप ने उकसाया था। इससे यह निष्कर्ष निकाला गया कि स्त्री का पाप से बहुत ही नजदीकी रिश्ता है। यह रिश्ता हमारे भक्तिवादी साहित्य में भी कम जहरीले ढंग से व्यक्त नहीं हुआ है। वस्तुतः सेक्स और प्रजनन की रहस्यमयता ने स्त्री को एक दुर्निवार ताकत से भर रखा था,

जिसके कारण उसे ईश्वर और नैतिकता दोनों के प्रतिद्वंद्वी के रूप में देखा गया। यहीं से शुरू हुई उस पर चारों ओर से पहरेदारी। लेकिन क्या इसके पीछे क्या पुरुष का अहंकार और सत्ता पर एकाधिकार की क्रूर वासना नहीं थी ? परिवर का ढाँचा अभी तक सर्वसत्तावादी बना हुआ है, जिसमें स्त्री के स्वतंत्र हो कर बोलने का अर्थ है उत्पीड़न या विच्छेद। निःसंदेह स्त्री ने बहुत-सी गुलामियों को युगों से आत्मसात कर रखा है। गुलाम नहीं रहे, पर औरतें बची रहीं।

लेकिन यदि स्वतंत्रता और समानता मनुष्य की मूल चेतना का अंग हैं, तो स्त्री को भी बहुत दिनों तक दबाया नहीं जा सकता। इसीलिए वह आज वे प्रश्न पूछ रही है, जो युग-युगों से उसकी माताओं-दादियों-नानियों के सीने में दफ्न पड़े रहे हैं। इस अर्थ में परंपरा बनाम आधुनिकता का प्रश्न आज के उग्रतम प्रश्नों में है। दरअसल, बीसवीं शताब्दी प्रश्नों की शताब्दी है। यह जरूर है कि आधुनिकता के बहुत-से रूप भी कम त्याज्य नहीं हैं क्योंकि वे स्त्री को दूसरी तरह से गुलाम बनाते हैं, जैसे भारत के पुराने गणराज्यों में गणिका एक स्वतंत्र नारी थी। लेकिन इस नयी गुलामी की तरफ तब तक व्यापक ध्यान नहीं जायेगा, जब तक पुरानी गुलामियों से पूरी तरह छुटकारा नहीं मिल जाता। इस प्रसंग में यह सवाल भी पूछने योग्य है कि क्या परंपरा में कुछ ऐसे रचनात्मक तत्व भी हैं जिनके मिलान से आधुनिकता चमक उठती हो ? प्रेम और लगाव स्त्री को प्रकृति से सहज ही मिले हैं, क्योंकि इनके बिना वह अपनी उस प्रजातीय भूमिका का निर्वाह ही नहीं कर सकती जो उसकी बहुत ही बुनियादी और महत्वपूर्ण भूमिका है। अभी भी बहुत-से नारीवादी लेखन में गर्भाशय को स्त्री का सबसे बड़ा शत्रु माना जाता है, लेकिन क्या यही उसकी ताकत भी नहीं है और क्या इसी से उसका एक विशेष प्रकार का व्यक्तित्व नहीं बनता ? अब यह सभ्यता के ढाँचे पर निर्भर है कि यह विशेषता स्त्री के पाँवों की जंजीर बन जाती है या परिवार और समाज में उसे एक खास जगह देती है ?

1882 में एक अज्ञात हिंदू औरत ने 'आर्य स्त्रियों की प्रार्थना' लिखी थी। उसके 116 साल बाद एक स्त्री ने अपना घोषणापत्र लिखा है। आश्चर्यजनक यह है कि दोनों के बीच अद्भुत समानता है। स्पष्ट है कि सतह पर बहुत कुछ बदला है, पर नदी की पेटी में अभी काफी कूड़ा-कर्कट है। साथ ही वह आग का दरिया भी उतना ही उबल रहा है, जिसे तैर कर जाना है। अनेक महत्त्वपूर्ण लेखकों और पत्रकारों ने इस कूड़ा-कर्कट का और इस आग का सुंदर विश्लेषण किया है। आशा है, इस बहस की मार्फत न केवल कुछ बुनियादी मुद्दों से तटस्थ साक्षात्कार होगा, बल्कि समाधान के कुछ सूत्र भी स्पष्ट होंगे।

—राजकिशोर

अनुक्रम

सीमंतनी उपदेश

एक अज्ञात हिंदू औरत[1]

एक : आर्य स्त्रियों की प्रार्थना

हे परमेश्वर, हमारी फरियाद को सुन। हम मजलूमों की फरियाद पर किसी ने ध्यान नहीं किया। हमने इस हिंदुस्तान में चारों तरफ पुकार-पुकार और रो-रो के हरेक के सामने फरियाद की, लेकिन किसी ने हमारे बावैले पर कान न धरे, न पलक उठा के देखा। हमने खूब गौर से इस दुनिया में देख लिया, मगर सिवा तेरे हमारी बेकसी, बेबसी, बेकद्री, बेइज्जती की फरियाद को सुननेवाला कोई नजर न आया। तू गौर से हमारी फरियाद को सुन। मुद्दत से हिंदियों के दिमाग में जहालत की अँधेरी चल रही है। उससे जुल्म की गर्द उड़-उड़ कर हमारे ऊपर पड़ती है। जैसे कोई मकान बहुत देर तक गर्द पड़ने से दब जाता है उसी माफिक हमारी हालत है। हम निकलने की ताकत नहीं रखती हैं। जैसे गन्ने का रस निकाल लेने से छिलका रह जाता है वैसे ही हमारी हालत है।

हे अंतर्यामी परमेश्वर, हमारे अपराधों को क्षमा कर क्योंकि हम बगैर जाने अपराध के अपराध करती हैं। अब क्षमा करके हमें भी वह ताकत दे जिससे हम इस जहालत और जुल्म की तारीकी से निकल के दुनिया का कुछ तमाशा देखें।

हे पिता, हमें कब इस जेल खाने से निकाल के आजाद करेगा ? हे प्रभु, हमको

1. इनका कोई परिचय उपलब्ध नहीं है। डॉ. धर्मवीर के अनुसार, जिन्होंने इनकी पुस्तक 'सीमंतनी उपदेश' का संपादन किया है, यह पुस्तक 1882 में प्रकाशित हुई थी। यह पुस्तक किसी मिशन के तहत लिखी गयी थी, इसका प्रमाण यह है कि इसकी 300 प्रतियाँ छापी गयी थीं और वे पाठकों में मुफ्त बाँटी गयी थीं। यहाँ इस पुस्तक के कुछ अंशों को यथावत ले कर एक लेख की शक्ल दी गयी है।

कौन से अपराध के दंड में इस बंदी खाने में पैदा किया है ? तेरे दरबार में हमेशा इंसाफ ही होता है लेकिन इन जन्म-दुखियों के वास्ते कैसी बेइंसाफी है—अपराध कोई करे, दंड हमें मिले। काश कि हमसे गुनाह भी हुआ हो तो भी माफ कर दे। हम नहीं जानती हैं कि गुनाह या अपराध किसको कहते हैं। बस, इसका दंड भी उन्हीं को मिलना चाहिए जो हमें गुनाहों या अपराधों से आगाह नहीं करते हैं। हे अंतर्यामी, हमारा भी नाम उसी फेहरिस्त में लिख ले जिसमें पागल, शराबी, बच्चे और हैवान, बेवकूफ, जाहिल लिखे हैं। जैसे इनके गुनाह अपराध में नहीं वैसे ही हमारे खयाल करने चाहिए।

हमसे वह अच्छे हैं जो इस दुनिया में जन्म भर को कैद किये जाते हैं, क्योंकि उन्होंने पहली उम्र में तो दुनिया को देख लिया है। हम तो एक दिन, बल्कि ख्वाब में भी यह खयाल नहीं कर सकतीं। जो चीज देखी ही नहीं उसका खयाल भी नहीं हो सकता। बस, हम नहीं जानतीं कि दुनिया क्या चीज है, जहान किसको कहते हैं, और उसमें क्या-क्या चीजें हैं, और उसकी कैसी शक्ल है। जब हम कारण को नहीं देख सकतीं तब कर्त्ता का खयाल क्यों कर हो सकता है ? ख्वाँदा लोग तेरी सनअत को देख के तुझे कुछ पहचानते हैं; हम जहालत की तारीकी में फँसे हैं, तुझे क्यों कर पहचानें ? बस, हम नहीं जानतीं कि खुदा तू ही है, या कोई और है, और तेरी कैसी शक्ल है, कहाँ रहता है। इन्हीं हिंदियों की जबानी सुना है कि परमेश्वर मजलूमों की दस्तगीरी करता है। अगर्चे, तू सब ही की खबरगीरी करता है। मगर जिसका इस दुनिया में कोई नहीं उसकी रक्षा तू ही करता है। बस, अब हमारा इस दुनिया में कोई नहीं। हमारी भी तू रक्षा कर कि हम सिवाय चारदीवारी मकान के और कुछ नहीं देखतीं, और हम चाहे इसी को तमाम दुनिया खयाल करें, चाहे इसी को हिंदुस्तान समझें। इसी जेलखाने में पैदा हुई हैं और इसी में मर जायेंगी।

हे जगत पिता, क्या तूने हमको पैदा नहीं किया ? क्या हमारा पैदा करनेवाला कोई और खुदा है ? लोगों ने तेरा नाम मर्द करार दिया, इसलिए तू भी हिंदियों की तरह बेरहम बन गया है। अगर तुझको हमारी यही हालत मंजूर थी तो हमारी पैदायश किसी और तरह से करता जिससे हमको भी तसल्ली होती। और मजलूमों की फरियाद तो दुनिया की अदालत में भी सुनी जाती है, क्या तूने हम मजलूमों के लश्कर को देख कर अपनी अदालत का दरवाजा बंद कर लिया है ?

हे परमात्मा, अपने दया सिंधु नाम का खयाल करके हम पर दया कर। क्या तेरी दया का समुद्र हमारे जले दिल की आहों से सूख गया है ? या हिंदियों की जुल्म की आग से जले दिल को जिस अमृत से तू ठंडा करता है, क्या वहाँ भी हमारा हिस्सा हिंदियों ने चुरा लिया है ?

हे करुणामय पिता, निकालो हमको। हम जहालत के अँधेरे कुएँ में जालिमों के हाथ से गिरी अनाथ की मानिंद पुकार रही हैं। हे प्रभु, हमारी इस फरियाद को

भी सुन के बजाय निकालने के और गहरे में डुबो देते हैं। अब हम में इस कद्र सख्तियाँ उठाने की ताकत नहीं हैं। हम में से कइयों ने इसी जुल्म से बचने को अपनी आत्मा का घात किया है और कर रही हैं।

हे जगत नाथ, तुझसे यही प्रार्थना है कि हिंदुस्तान से जहालत का पर्दा उठा ले जिससे यह भी इंसान को इंसान की नजर से देखें और अपनी जिन्स से नेक सलूक करें जिससे हमारी जिंदगी व्यर्थ न जावे, हम भी कोई दिन आराम से गुजारें।

अब हमें इस दुनिया में सिवा तेरे किसी से उम्मीद नहीं जो इस विपत सागर से हमें पार उतारे। अब हम तुझसे बार-बार यही प्रार्थना करती हैं कि इस अविद्या के घोर सागर से निकाल ले।

दो : प्राचीन औरतों की हालत से आजकल की औरतों की निस्बत

क्या ये वही हिंदुस्तान की औरतें हैं जिनको ब्रह्मा ने अपने आधे अंग से पैदा किया था ? अफसोस है कि आधा अंग मजे उड़ाए, आधा दुख सहे !

क्या ये वही हैं जो रत्नों में गिनी जाती थीं ? क्या परमेश्वर की शान है—आजकल ये पत्थर से भी ज्यादा भारी मालूम होती हैं ! क्या ये वही हैं जिनसे राजा जय पाल न्याय शास्त्र पढ़ने आया था ? अफसोस, अब इन्हीं के न्याय छीने गये ! यहाँ तक कि न्याय के अर्थ भी इनके दिल से निकाले गये। अपने ऊपर बड़ी खुशी से अन्याय को सहती हैं और चूँ नहीं करतीं। क्या ये वही हैं जो अकेली तमाम राज्यों का हिसाब करती थीं ? अब इतना भी नहीं जानतीं कि रुपये के कितने पैसे होते हैं। क्या ये वही हैं जिन्होंने विद्या के बल से गायत्री ब्रह्मवादिनी खिताब हासिल किया था ? क्या गम का दिन है कि अब जहालत की बदौलत चुड़ैल, भूतनी, बदजात खिताब इनको मिलता है ! क्या ये वही हैं जो शुभे, भद्रे, साध्वी नाम से पुकारी जाती थीं ? अब उसकी बजाय बेवकूफ, कम अक्ल, कुटिल, कलहनी, नाकिस नाम से पुकारी जाती हैं ! क्या ये वही हैं जो एक ब्रह्म की ही उपासना करती थीं ? अफसोस, अब पत्थर, पीतल, धातु, बूढ़ा बाबू, ऊपर वाली, सेख सदी, निगाहे वाला, साँप, बिच्छू, उल्लू, चील, कौवा को पूजती हैं !

क्या ये वही हैं जिनके उपदेश से, जिनकी सोहबत से, लोग ज्ञान हासिल करते थे ? अब इनकी तरफ से लोगों को यहाँ तक नफरत है कि बगैर जरूरत बात करनी भी पसंद नहीं करते। जो इनकी सोहबत में बैठता है उसको जनखा खिताब मिलता है।

क्या ये वही हैं जिनकी इज्जत बड़े-बड़े महात्मा लोग करते थे ! बड़े-बड़े राजा इनके इस्तकबाल को आते थे। अफसोस, हजार अफसोस, अब जूती के बराबर इनकी इज्जत गिनी जाती है !

क्या ये वही हैं जिनके मरने से लोग गम में सारी उम्र गुजार देते थे ? अब

इनकी जिंदगी में लोग दस-दस शादी करते हैं। क्या ये वही हैं जो आप पसंद कर गंधर्व विवाह और स्वयंवर विवाह करती थीं ? आज कैसा इन पर जुल्म है कि बगैर जाने देखे भाले चूढ़े चांडाल को गाय-बैल की मानिंद दे दी जाती हैं ! क्या ये वही हैं जो अठारह वर्ष या बीस वर्ष ब्रह्मचर्य धारण कर विद्या पढ़ती थीं ? हाय अब कैसे शोक का दिन आ गया कि ये विद्या का नाम लेने से सौ-सौ कोस भागती हैं, और जो इनमें से कोई पढ़ती है उसे किरानी कहती हैं ! अफसोस, अब विवाह सात वर्ष में हो जाता है और दस वर्ष में माँ बन जाती हैं।

क्या ये वही हैं जो बड़ी-बड़ी सभा में शास्त्रार्य करती थीं ? अब शास्त्रार्य शब्द का भी अर्थ नहीं जानतीं ! क्या ये वही हैं जो बड़ी-बड़ी सभाओं में मुँह खोले अव्वल नंबर में बैठती थीं ? अफसोस, अब कैसा हिंदुओं की अक्ल पर पर्दा पड़ गया है कि औरतों को मर्दों के सामने जाने से भी रोकते हैं !

हे परमेश्वर, जल्द वह दिन ला जब हिंदुस्तानी औरतें अपनी पहली हालत में हो जावें।

तीन : ऐ नेकबख्त हिंदनियो

देख ली तुमने मर्दों की मर्दानगी ? यह खुदगर्ज कयामत तक भी तुम्हें इस पापों के घोर सागर से निकालने में सई न करेंगे। बस अब अपनी ही हिम्मत की कमर बाँधो, इन हिम्मतहारों के भरोसे न रहो। परमेश्वर के सामने अपना सुर्खरूह करो, चंद रोज जिंदगी के वास्ते अपनी आकवत न बिगाड़ो। दुनिया की झूठी लज्जतों के पीछे अपनी अमोल उम्र वृथा न खोवो। इंद्रियों के विषय में अपने धर्म को न गँवाओ। बेशक माना कि जिसको जिस काम के पाप-पुण्य की खबर ही न हो उसको गुनाह नहीं, मगर तुम अपना नफा-नुकसान सोच सकती हो। बुराई-भलाई जानती हो। जिस काम में हम हजारों को दुख उठाते देखें, फिर उसी में आप गिर पड़े तो कसूर हमारा ही है। बस हमको चाहिए—अपनी मदद करना। और यह बात भी ठीक है—जो अपनी मदद नहीं करते परमेश्वर भी उनकी मदद नहीं करता। जिस काम को हम जान-बूझकर करें तो उसका पाप भी हमीं को होगा। बस अब अपने तईं इस पाप से छुड़ाओ और धर्म को पकड़ो। धर्म यह नहीं जो पुरोहित जी ने बताया। धर्म यह है—सत्य बोलना, सत्य काम करना, जाहिर बातन एक सार रखना। वह नहीं जो दुनिया के दिखाने को धार्मिक बन जाते हैं और मन में पापियों के गुरु रहते हैं। माँ, बाप, भाई, खाविंद, लड़के—सब यहाँ रह जाते हैं, सिर्फ धर्म ही साथ जाता है। जिन इंद्रियों के लिए पाप करती हो वह भी सब यहाँ ही रह जायेंगी। बस अब वही काम करो जिससे धर्म भी न बिगड़े और दुनिया में भी बदनामी न हो और अपनी उम्र भी आराम से गुजरे। तुम्हारी बेहतरी की यही तजवीज अच्छी है कि जब दिल इस इंद्रिय

के विषय को चाहे दूसरी शादी कर लो। अगर कहो हमारी बदनामी होगी, हर्गिज नहीं। उन बदनामियों से यह बदनामी कम है क्योंकि उसमें सारी उम्र मुसीबतें उठानी पड़ती हैं, माँ-बाप, बच्चे छोड़ने पड़ते हैं। इसमें तमाम उम्र आराम से गुजरती है।

जो काम लोगों के बरखिलाफ पहले करते हैं, थोड़े दिन बदनाम होते हैं, लेकिन पीछे उनका आराम तमाम दुनिया को मिलता है। जब आप दस मिलकर यह काम करोगी तब रफ्ते-रफ्ते रिवाज हो जायेगा। फिर कोई बदनाम भी न करेगा। न माँ-बाप जुदा होंगे, न बच्चे छूटेंगे, न बेगुनाहों का खून तुम्हारी गरदन पर होगा, न लोगों की नजरों में हकीर होगी, न कोई बेइज्जती करेगा, न लोगों की बहू-बेटियाँ खराब कर जेलखाने में जाना पड़ेगा। अगर कहो कि हम घर में बैठी कैसे शादी करें ? कहाँ तलाश करें ? पहले, जब शादी करना चाहो माँ-बाप से कहो। वे न मानें, मारें-पीटें, फौरन सरकार में इत्तिला दो। अगर कहो, सरकार में इत्तिला करने को कैसे जावें ? जवाब–जब आप खानगी बन अमृतसर के चकले में जाती हो तब कौन रास्ता बताता है ? सरकार में इत्तिला कर किसी अच्छे नेक अशराफ जो गुजरान अच्छी तरह कर सकता हो, अपने लायक हो, उससे शादी कर लो। जब शादी करना चाहो अपनी मर्जी के मुवाफिक पसंद कर लो। बेसब्री को काम में न लाओ क्योंकि बुरे खाविंद से बगैर खाविंद रहना अच्छा है। छोटी उम्र के विवाह का इल्जाम माँ-बाप पर था। अब तुम अक्ल रखती हो। यहाँ पुरोहित जी टेवा नहीं देखेंगे, न पंडित साहब लग्न जुड़ाने आवेंगे। अपनी अक्ल के मुवाफिक जैसा आप करोगी वैसा ही सारी उम्र भोगना पड़ेगा। बहुत औरतें ऐसा कहती हैं–जिसने एक से फेरे ले दूसरे से शादी की परमेश्वर उसको नरक में डालता है–दुनिया में वह किसी काम की नहीं रहती–मरने के बाद धर्मराज उन्हीं मर्दों को जिनकी वह संग करती है लोहे के बनाकर आग में तपाकर उसके गले से लगवाएगा। यह बिलकुल झूठ है। जाहिलों को धोखा देने की यह बात पंडित जी ने बनाई है। पहले उन्हीं को तपी हुई स्त्रियों से मिलना पड़ेगा। बेशक जो औरत अपनी पसंद कर शादी करे और फिर उस खाविंद को धोखा दे, दूसरे के पास जाये, अजब नहीं कि उसके वास्ते ऐसा हो।

शादी करने में कोई पाप नहीं, न परमेश्वर नाराज होता है। अगर शादी ही करने से पाप होता तो बड़े-बड़े ऋषि-मुनियों ने–वशिष्ठ, पराशर, वेदव्यास, (...)[1] याज्ञवल्क्य, कश्यप, मनु–इन सब ने शादी यों ही की थी ? किसी से परमेश्वर नाराज न हुआ बल्कि उम्दा से उम्दा जगह उनको स्वर्ग में दी कि आज तक सूर्य की तरह उनका नाम दुनिया में रोशन है। फिर हिंदू-मुसलमान जो एक औरत के जीते दस-दस शादियाँ करते हैं उन्हें कोई पाप नहीं लगता ?

फिर तुमको खाविंद के मरने के बाद शादी करने से क्यों पाप लगेगा ? पाप-पुण्य

---

1. अपठित

का ताल्लुक दिल से है, जिस्म से नहीं। जब आप बदकाम करती हैं, बेशक पाप होता है। अव्वल चोरी, दूसरा खून, तीसरा लोगों को रंज देना, चौथा अपने दिल को बेकरार रखना और तरह-तरह के आजाब देना पाप है। और यही सजा पापों की परमेश्वर की तरफ से है कि अपने दिल को पल भर भी चैन नहीं मिलती। जब शादी कर लेगी तब परमेश्वर खुश हो तुम्हें सारी उम्र खुश रखेगा। जो काम हम किसी की चोरी से करना चाहें सो कुदरत की ही तरफ से हमारे दिल में एक तरह का खौफ पैदा होगा। जब उसी काम को हम जाहिर में करते हैं तब दिल को बेखौफी, खुशी, एक तरह की हिम्मत हो जाती है। जब आप सत्य बोलोगी, सत्य काम करेंगी, तब खुद-ब-खुद दिल को ऐसी खुशी होगी जो बयान से बाहर है।

लोग तुमसे आप ही खुश हो जायेंगे और एक तरह का आनंद आत्मा को पहुँचेगा। इसी तरह से शादी करने से परमेश्वर की खुशी तुम पर जाहिर होगी। सत्य पुण्य, असत्य पाप है, और कोई पाप-पुण्य नहीं है। शादी करना सत्य, बदकाम करना असत्य है। शादी करने से परमेश्वर खुश, बदी करने से नाखुश होता है। बस, तुम वही काम करो जिससे परमेश्वर खुश हो और आपको आराम मिले।

चार : पतिव्रता धर्म

हिंदुओं के महाभारत, मनुस्मृति वगैरह में स्त्रियों के वास्ते सिवा पति सेवा के और किसी तरह का पुण्य भजन नियम नहीं लिखा। वेदव्यास, पराशर, वशिष्ठ, मार्कण्डेय, याज्ञवल्क्य, वाल्मीकि और सब ने स्त्रियों के वास्ते पतिव्रता धर्म ही मुख्य रखा है। ईश्वर की पूजा उपासना भक्ति सब स्त्रियों को पति सेवा से मिलती है। जो सिद्धि ऋषि लोग बड़ी तपस्या करके पाते हैं वह इसको पति सेवा से मिल जाती है, जैसे एक स्त्री को मिली थी।

महाराज युधिष्ठिर ने मार्कण्डेय से इस धर्म का महातम पूछा। ऋषि ने कहा—कोई ब्राह्मण किसी व्याध के पास धर्म उपदेश को गया। व्याध ने कहा—फलाने शहर में एक पतिव्रता है। उसके पास जाओ। ब्राह्मण उसी शहर में गया और भीख माँगता हुआ बमूजिब बताने उस व्याध के उस पतिव्रता के दरवाजे पर पहुँचा। इत्तिफाक से उस वक्त उसका खाविंद आ गया। उसने खाविंद की खिदमत देवता की मानिंद की और बाद खिदमत करने के एक घड़ा पानी खाविंद के पलंग के चारों ओर डाल दिया। जब ब्राह्मण को भीख देने आयी ब्राह्मण ने पूछा—'देवी, पति सेवा के उपरांत पानी क्यों डाला ?' पतिव्रता ने कहा—'तुम भिक्षा लो, तुम्हें इन झगड़ों से क्या काम है ?' ब्राह्मण ने भीख न ली। तब उसने कहा—'फलाने शहर में आग लगी है। वहाँ मेरी बहन रहती है। इसलिए उसका घर बुझाने को यह पानी मैंने डाला है।' ब्राह्मण ने कहा—'इतनी दूर शहर है, तुम्हें किस तरह मालूम हुआ ?' पतिव्रता ने कहा—'ऐ

ब्राह्मण, यह सिद्धि मुझे पति सेवा ही से मिली है।'

ब्राह्मण इस बात के जाँचने को उसी शहर में गया जहाँ इसने आग लगी बताई थी और उसी के कहने के माफिक दरयाफ्त करने से मालूम हुआ कि तमाम शहर जल गया एक उसकी बहन का घर बाकी रहा।

यह कुछ ताज्जुब की बात नहीं है। इश्क का रुतबा बड़ा भारी है। जो इसकी हद को पहुँच जाता है, ताज्जुब नहीं कि तमाम दुनिया की खबर रखे ! यह सिर्फ खाविंद पर ही मुनहसर नहीं है। जहाँ जिसके हाथ यह दर्जे-दर्जे पर पहुँचे बेशक सिद्धि को पावे जैसे योग वशिष्ठ में एक इन्दु नाम ब्राह्मण और अहल्या नाम एक राजा की स्त्री ने आपस में आशिक हो वह सिद्धि पायी थी कि जो बड़े-बड़े ऋषि-मुनियों को नहीं मिल सकती। और आज कल भी जो कोई गुरु ब्राह्मण महात्मा स्त्रियों को उपदेश करता है वह भी यही कहता है—'पति ही देवता है। पति ही का ध्यान करो। पति ही की पूजा। पति ही का भजन। स्त्रियों के वास्ते पति ही परमेश्वर है और दूसरा कोई नहीं। जो स्त्री सिवा पति के दूसरा परमेश्वर जानती है वह इस दुनिया में बड़ा दुःख और परलोक में नरक पाती है।' आदमी को ईश्वर ने पैदा किया, फिर आदमी क्यों कर परमेश्वर हो सकता है ? दूसरा, स्त्री पुरुष के दो जिस्म अलहैदा अलहैदा हैं। तब दोनों को अपनी तनपरवरी की जरूरत है। इस धर्म की ज्यादा हिदायत करने का खास मतलब उन लोगों का यह था कि स्त्री को अर्ध अंगी कहते हैं, यानी एक चीज की दो शक्ल। स्त्री-पुरुष को एक मानते हैं और जाहिर में भी स्त्री की कोई जात नहीं। जिससे शादी होती है उसी की जात गिनी जाती है। फिर न उसको कोई कर्म-धर्म शास्त्र की बमूजिब करना होता है।

ब्राह्मण जनेऊ पहनते हैं। स्त्रियों को नहीं पहनाते। क्या वे ब्राह्मणी नहीं ? इससे जाहिर है—स्त्री-पुरुष एक के कर्म होने से दो के हो जाते हैं। उसका भी वही परमेश्वर है जो उसके खाविंद का है। बस कुछ जरूरत नहीं है उसे उपासना भक्ति की। मगर यह उस जमाने के वास्ते था जब दोनों में प्रीति एक-सी होती थी। दोनों का दिल एक होता था। दोनों का स्वभाव एक-सा होता था। दोनों का मजहब एक होता था। दोनों का कर्म एक होता था। स्त्री-पुरुष दोनों पसंद करके शादी करते थे। स्त्री भी अपने तईं आजाद पुरुष की बराबर जानती थी। अपनी खुशी से गंधर्व विवाह, स्वयंवर विवाह करती थी और ब्राह्मण विवाह, प्रजापति विवाह होते थे। इस हालत में सिवा स्त्री के पति को और सिवा पति के स्त्री को दूसरे का खयाल न होता होगा। उस वक्त के लिए स्त्री को पतिव्रता धर्म से कोई और अच्छा धर्म नहीं था।

स्त्री-पुरुष का रिश्ता रूहानी है, जिस्मानी नहीं है। रूह का रिश्ता प्रीत से है—जब तक स्त्री-पुरुष में प्रीत न हो विवाह नहीं ! और इस हालत में कब प्रीत होने की उम्मीद है जब लड़का बंबई में है और लड़की कलकत्ता में ? न वह उसके मिजाज से वाकिफ है न उसकी सूरत से आशना है। ऐसी जगह इत्तिफाक से प्रीत हो तो

हो, नहीं तो कोई सूरत प्रीत होने की नहीं है। मसलन कन्या पाँच वर्ष की है और वर साठ वर्ष का, कन्या बीस वर्ष की वर पाँच वर्ष का। क्या यह मुमकिन है कि बड़े होने पर इनमें प्रीत हो ?

प्रीत समान की समान से होती है। इसका तो बेवकूफ को भी तजुर्बा होगा। देखो, बालक कभी बूढ़े से खुश नहीं रहता है हमेशा बालकों में ही खुशी से खेलता है। जवान कभी बूढ़ी स्त्री से राजी नहीं रहेगा। जवान स्त्री कभी बूढ़े से खुश न होगी। बस यह धर्म इस वक्त के वास्ते नहीं है। आजकल की स्त्रियों को विद्या से महरूम रख, जेलखाने में डाल, तिस पर शक कर, विधवाओं की दूसरी शादी न कर, आप दस-दस शादियाँ करते हैं। क्या यह बेइंसाफी नहीं इनको इस धर्म की राह बताना ? क्या जुल्म नहीं अंधे को कुएँ में धकेल देना ? क्या अंधे के बराबर इनकी हालत नहीं है ?

दोहा :

ग्राह ग्रसित पुन बातरस तेह पर बीछू मार;
ताह पियासी वारणी कहो कवन उपचार ?

क्या इनको अविद्या के ग्राह ने नहीं घेरा है ? क्या इन पर जबर्दस्ती नहीं ? क्या बगैर पसंद किये हुए शादी बिच्छू के जहर से कुछ कम दुख देती है ? जिस पर इस धर्म की शराब मिलाना ! क्या इससे भी बढ़कर दुनिया में कोई पाप होगा ?

यह पतिव्रता धर्म नहीं, खुद मतलबी धर्म है। बेवकूफ से जो कहो करता है और जिस तरह कहो मानता है। तिस पर पतिव्रता धर्म के बाइस इन्हें किसी तरह का इन्कार नहीं क्योंकि इस धर्म का मतलब यही है—खाविंद जो कहे मानना। अगर कहे—कुएँ में गिरो फौरन गिर पड़े। अगर न गिरे स्वर्ग से निकाली जावे। अगर कहे, मेरे फलाने दोस्त से बच्चा पैदा करो, तो फौरन चली जावे चाहे अपना धर्म टूटे। और कई स्त्रियाँ इसी धर्म के पीछे अपने खास धर्म का भी खयाल नहीं करतीं।

यह खुद मतलबी धर्म है। आप जो चाहे सो करें। इन्हें खाविंद के मरे पर भी इसी धर्म को रुलाए। आप रंडी लौंडों की बगल में आराम करें; इन्हें पंडित जी से धर्म का माहात्म्य सुनवावें।

पाँच : कुछ कथा का हाल लिखा जाता है

हिंदू और उनकी स्त्रियों का धर्म-कर्म खोनेवाले इस धर्म की कथाएँ बना-बना सुनाते हैं। उसका कुछ खुलासा लिखा जाता है।

स्त्रियो, पति ही को देवता परमेश्वर मानो। इस दुनिया में सिवा पति के तुम्हारा उद्धार कारक दूसरा कोई नहीं है। इस धर्म के प्रभाव को ब्रह्मा भी नहीं जानते। जो स्त्री इस धर्म को करती है, देवता सब उसके अधीन हो जाते हैं।

इस धर्म के चार दर्जे हैं—उत्तम, मध्यम, कनिष्ठ और नीच। उत्तम वह है जो अपने खाविंद के सिवा दूसरे को दुनिया में पैदा हुआ ही न जाने। मध्यम वह है जो दूसरे पुरुष को भ्राता बाप के मानिंद जाने। कनिष्ठ वह है जो इस धर्म के डर से दूसरे के पास नहीं जा सकती। नीच वह है जो लोगों के खौफ से अवसर न मिलने से रुकी रहती है। पाँचवाँ दर्जा अपनी तरफ से और आजकल की स्त्रियों की दशा देखकर लिखती हूँ यानी जबर्दस्ती इस धर्म को कराना। घर में बंद रखना, बाहर न जाने देना। लोगों ने इसी का नाम धर्म रखा है। जो घर से बाहर निकली इस धर्म से गिरायी गयी। घर में चाहे कुछ करें। ऐ श्री शृगाल वृत्ति शर्मा, श्री वराह वृत्ति शर्मा, श्री काक वृत्ति शर्मा, श्री वका वृत्ति शर्मा, श्री कूर्म वृत्ति शर्मा पंडितो, जो आदमी धर्म अर्थ ही नहीं जानता भला वह इस धर्म को कैसे करेगा ?

पंडित जी कहते हैं—'देखो, एक स्त्री ने इस धर्म के प्रभाव से धर्म राज का आधा अंग काला कर दिया था।' क्यों न हो ? धर्मराज भी तो मर्द की अलामत रखते थे। आखिर अपने जिन्सी धर्म पर आ गये होंगे। स्त्री ने एक ऐसी चपेड़ धर्म के मारी—आधा मुँह काला कर दिया। और दूसरा मतलब यह भी है—जो कोई किसी से किसी तरह की बदचाली करता है उसको भी मुँह काला करना कहते हैं।

एक स्त्री ने इस धर्म के जोर से सूर्य का निकलना बंद कर दिया। कोई ऋषि सूली पर लटकता था। यह अपने पिंगला पति को टोकरे में धरे सिर पर उठाए फिरती थी। इत्तिफाक से उसी रास्ते आ निकली। ऋषि के पाँव पिंगला के सिर में लगे। उसने आह खींची। स्त्री ने श्राप दिया। यह सुनकर सूली चढ़े ऋषि ने कहा—'जा, जिसे उठाए फिरती है कल वह सूर्य के निकलने से मर जायेगा।' स्त्री ने कहा—'अगर मैं पतिव्रता हूँ तो सूर्य ही न निकलेगा।' स्त्री ने कई दिन तक सूर्य को निकलने न दिया। आखिर देवताओं को तलाश करने से मालूम हुआ कि एक पतिव्रता ने सूर्य को रोक रखा है। फिर विष्णु भगवान ने आकर सती को समझाया और सब देवताओं ने स्तुति की।

अगर वह पिंगला खाविंद को उठाए फिरती थी तो बजा था, बल्कि हर एक औरत को ऐसी ही वफादारी करनी चाहिए। सिर्फ खाविंद पर ही नहीं, माँ, बाप, भाई, बेटा जो ऐसी मुसीबत में गिरफ्तार हो, सब पर ऐसा ही रहम करना चाहिए। बेशक, जो आदमी औरों पर रहम करता है परमेश्वर जरूर उस पर रहम करेगा। अगर देवता कुछ चीज है तो वे भी ऐसे आदमी के ताबेदार हो जाते हैं बल्कि वह खुद देवता बन जाता है।

पुराण में लिखा है—एक स्त्री बड़ी पतिव्रता थी, मगर पति उसका महामूर्ख, कुरूप, निर्धन, व्यभिचारी था। कभी स्त्री से खुश होकर नहीं बोलता था। एक दिन स्त्री ने हाथ जोड़कर कहा—'स्वामी, तुम किसलिए हर वक्त उदास रहते हो ? जो कुछ तुम्हारे मन की बात हो कृपा कर मुझसे कहिए। जहाँ तक मुझसे हो सकेगा

सिर आँखों से करूँगी। अगर मेरी जान भी आपके काम में आवेगी तब भी दरेग न करूँगी।'

खफा होकर खाविंद ने जवाब दिया--'इस शहर के बादशाह की आशना अगर एक रात मेरे पास रहे तो मैं खुश हूँ।' उस दिन से स्त्री चार घड़ी रात रहे उठकर उसी रंडी के मकान पर जाती और सुबह होते उसके घर का सारा काम कर खाविंद की खिदमत में आ हाजिर हो जाती थी। एक दिन उस वेश्या ने दिल में कहा--ऐसा कौन शख्स है जो रात में मेरा काम कर जाता है ? बस वह रात को जागती रही। जब वह स्त्री आयी इसने हाथ पकड़ कहा--'तू कौन है और क्या गर्ज रखती है ?' स्त्री ने दोनों हाथ जोड़कर पाँवों में सिर धरा और कहा--'अगर मेरा काम पूरा करो तो मैं अर्ज करूँ।' रंडी ने खयाल किया कि दौलत से बढ़कर क्या माँगेगी ? कहा--'अच्छा, बेखौफ अर्ज कर।' जो इसके खाविंद ने कहा था इसने अर्ज कर दिया। तब वेश्या ने वादा किया कि कल रात को तेरे घर आऊँगी। स्त्री ने खाविंद को यह खुशखबरी सुनायी। तब उसने और-और चीजें मँगायीं। स्त्री ने सब अपना जेवर बेच कर ला दीं। दूसरे दिन शाम को वेश्या आयी। यह उसको देखकर बहुत खुश हुआ और दोनों ने खाना खा शराब पी। एक जगह आराम किया और इससे कहा--'तू पानी की झारी लिये दरवाजे पर खड़ी रह, जब हम माँगें देना।' दोनों नशे में सो रहे। यह बहाँ खड़ी रही। इतने में टंडी हवा चली। फिर बादल गरजा। फिर ओले पड़े। लेकिन यह स्त्री जरा न हिली। पानी लिये वैसी खड़ी रही इसलिए कि खाविंद की आज्ञा भंग न हो। इस वक्त का मरना तीनों लोक को जीतना है। उस वक्त भगवान का सिंहासन हिला। जाना कि किसी भक्त पर कष्ट पड़ा। मालूम किया कि पतिव्रता को कष्ट है। बस उसके लाने को विमान भेजा कि स्त्री को स्वर्ग में ले आओ। स्त्री ने दूतों से कहा--'जब तक मेरे खाविंद को विमान न आवेगा, मैं न जाऊँगी।' दूसरा विमान आया तब उस व्यसनी ने कहा--'जब तक यह वेश्या न जाये मैं हरगिज न जाऊँगा।' वेश्या ने कहा--'जब तक मेरा प्यारा राजा स्वर्ग में न जायेगा मैं जाकर क्या करूँगी ?' राजा ने कहा--'मैं अकेला जाकर क्या करूँगा जब तक मेरी सारी प्रजा न जायेगी मैं नहीं आने का।' भगवान ने उस पतिव्रता के धर्म से सारे नगर को विमान भेजे। वह स्त्री सारी पुरी स्वामी सहित स्वर्ग को गयी।

ऐ स्त्रियो, अगर तुम अपना भला चाहती हो पति की सेवा करो। चाहे पति कैसा ही बुरा हो पर तुम देवता की मानिंद जानो। देखो, रामायण में तुलसीदास ने कहा :

चौपाई :

बृद्धि रोग सब जड़ मति हीना, अंध बधिर क्रोधी अति दीना।
ऐसेहुँ पति कर कर्म अपमाना, नार पावे यमपुर दुख नाना।।

सोरठा :

सहज अपावन नार पति सेवत शुभ गति लहे।
यश गावत श्रुति चार अजहुँ तुलसी हरि हैं पिये।।

स्त्री जात शुद्ध और पवित्र किसी तरह से मुक्ति नहीं पा सकती। बस, तुम्हारा उद्धार सिवा इस धर्म के और किसी तरह नहीं हो सकता।

बेशक खाविंद बिना दुनिया में गुजारा करना बड़ा कठिन है, मगर ऐसे खाविंद से जिसको अपना दिल प्यार करता हो, ऐसे से नहीं जो जबर्दस्ती खाविंद बना दिया गया है। ऐसे खाविंद से इस दुनिया में ही नरक है। यह कुछ पुराने जमाने का ही हाल नहीं है। आजकल बहुत स्त्रिएँ इससे ज्यादा-ज्यादा कष्ट उठाती हैं। सिर्फ इसी धर्म के वाइस कई जगह सुनने में आया और देखा भी गया है—खाविंद जब अपनी दोस्त को लेकर पलंग पर आराम करता है, यह बराबर पंखा झला करती है। फिर औरत से बराबर उसके और अपने पाँव दबवाते हैं। अगर सब नहीं कोई ऐसा करता होगा। नहीं, इसी रोशन जमाने में हजार में आठ सौ औरत ऐसा ही करती हैं। हमने कभी नहीं सुना कि किसी को विमान आया हो। हाँ, बेशक आप ही जहर से या किसी हथियार से अपना घात कर चली जाती हैं। अगर कोई कहे—आजकल की स्त्रिएँ सच्चे दिल से इस धर्म को नहीं करतीं तब पंडित जी से पूछा जाता है कि जब आपकी स्त्री अपने यार को घर में बुला तुमसे उसकी खिदमत करावे तब आपको मालूम हो कि सच्चे दिल से क्यों कर यह धर्म होता है।

कसाई के घर गाएँ जभी तक रहती हैं जब तक मकान में बंद रहें, जब मकान से बाहर हो, फौरन भाग जाती हैं। जेलखाने में कैदियों से हर तरह का काम लिया जाता है मगर जब जेलखाने से बाहर हुवे किसी की ताकत नहीं जो कोई उनसे कुछ काम करा सके। इसके लिखने की कुछ जरूरत नहीं। इसका सबूत खुद उनके दिलों में आ जायेगा। जैसे हिफ्ज किया हुआ सबक किताब बंद करने से भी याद आ जाता है वैसे ही पाठकों को इसके देखने से तमाम स्त्रियों के धर्म जो वे जबर्दस्ती इस पतिव्रता धर्म के पीछे सहारती हैं याद आ जायेंगे।

ऐ असाध्य बीमार को मरने की खबर सुनानेवाले पंडितो, जरा इंसाफ की नजर से अपने दिल में खयाल करो। इस धर्म उपदेश ने आपकी क्या-क्या बुरी दशा कर दी है और कितने दर्जे का पाप तुममें फैल गया है ! यह सिर्फ स्त्रियों को ही दुःखदायक नहीं है। नहीं, इसका फल तमाम हिंदुस्तान में फैला है। जिसका फल यह है कि व्यभिचार करने को लोग कुछ पाप नहीं मानते बल्कि जो इस काम में नहीं पड़ता उसे नामर्द करार देते हैं।

फिर जो जो दोष आदमी में कामी होने से आ जाते हैं सब तुम पर जाहिर हैं। जो पुरुष व्यभिचारी होते हैं उनका मन कुत्ते की मानिंद हमेशा मैले ही में लगा रहता है ! फिर यह दस दोष उनमें झटपट आ जाते हैं—चोरी, हिंसा, व्यभिचार, निंदा,

दुर्वचन, झूठ, क्रोध, ईर्ष्या, अहंकार, छल। जहाँ इनमें से एक भी हो वहाँ कभी पुण्य या शुभ कर्म नहीं हो सकता और जहाँ यह दसों होंगे वहाँ पाप का क्या ठिकाना है ! फिर जिस आदमी में वे और उसकी शाखें सब हैं विद्या तो उसे कभी ख्वाब में भी दर्शन नहीं देती और जहालत रहती है और आज हिंदुस्तान की जहालत छिपी नहीं है।

फिर मर्द व्यभिचार करते हैं और अपनी स्त्रियों को मार पीटकर सब तरह के दुःख देते हैं। वे बेचारी तंग हो या तो इस धर्म के पीछे अधर्म करती हैं या इस धर्म सहित अपने तईं तमाम करती हैं। यह तो वही मिसाल हुई कि अंधे को राह न बताना, उलटा कुएँ में धक्का दे देना। औरतों के वास्ते यह धर्म ऐसा है जैसा नीम जान के मरने की खबर या गिरे को लात मारना, और मर्दों की व्यभिचार में हिम्मत बढ़ाना, दिलेरी करना, इस काम में पुख्ता करना। ऐ श्री शृगाल वृत्ति शर्मा, श्री वराह वृत्ति शर्मा, श्री काक वृत्ति शर्मा, श्री वक वृत्ति शर्मा, श्री कूर्म वृत्ति शर्मा पंडितो, क्या यह पाप नहीं है ? क्या सिवाय भीख माँगने के तुम्हारा कोई और धर्म कर्म है ? एक भोले विद्याहीन आदमी को स्वर्ग का धोखा दे नरक में धक्का दे देना। मेरे नजदीक जान से मार देना पाप नहीं है जितना कि धोखा दे खराब रास्ते में डालकर खराब करना।

मरा हुआ आदमी अपने फैल अपने संग ले जाता है मगर जिंदा आदमी खराब हो औरों को खराब रास्ते में घात करता है। बस, यह जिंदा रह औरों की खराबी का वाइस बन जाता है।

ऐ ब्रह्म से हुए गिरे पंडितो, वह वक्त और था जब लोग इस धर्म से स्वर्ग में जाते थे, मगर आजकल इस धर्म से लोग अधर्म कर, रात-दिन पापियों की रेल नरक के दरवाजे पर खड़ी रहती है।

ऐ हिंदुओं को नेक रास्ता बतानेवालो, अगर परमेश्वर से अपना कसूर माफ करा फिर हिंदुस्तान को नेक राह पर लाना चाहते हो तो पहले उन किताबों को आग में फूँक दो जिनमें स्त्रियों के वास्ते इस धर्म की हिदायत है और मर्दों के वास्ते कुछ नहीं है।

बस, अब इस जमाने के वास्ते नया धर्म बनाओ जिसमें स्त्री पतिव्रता धर्म करे। मर्द दूसरी का खयाल ख्वाब में भी न लावे। अगर खयाल करे फौरन स्वर्ग से निकाला जावे।

मेरा यह मतलब नहीं है कि मर्द स्त्री के ही वश में हो जाये। नहीं, जैसा पाप स्त्री को दूसरे पुरुष पास जाने से होता है वैसा ही पुरुष को भी दूसरी स्त्री पास जाने से समझाओ।

ऐ नेक गरीब भोली हिंदनियो, इस खुद मतलबियों के कहने को हर्गिज न मानो। तुमको पतिव्रता माहात्म्य सुनाते हैं और तुम्हारे खाविंदों को कोक शास्त्र और नायिका भेद और बाहर ऐश और लज्जतुल निसा की पोथियाँ सुनाकर कहते हैं—इस दुनिया

में जिसने दो चार दस बीस कन्याओं से संग नहीं किया उसका पैदा होना ही निष्फल है।

बस अब तुम इस धर्म को छोड़ दो। ऐसी पति सेवा से स्वर्ग नहीं मिलेगा। लेकिन कुंभी पाक नरक जो सिर्फ इन पंडितों के वास्ते ही बनाया गया है तुम्हें भी वहीं जाना पड़ेगा।

यह बड़े-बड़े महात्मा का वाक्य है—जो किसी को बद काम में मदद देता है या उसे मना नहीं करता वह उसके आधे पाप का भागी हो जाता है।

बस, तुम्हारे इस धर्म करने से तुम्हारे पति अधर्म करते हैं। जब वे किसी गैर-स्त्री के पास जाते हैं या उसे घर में ले आते हैं, तुम उस वक्त इस धर्म के वाइस बोल नहीं सकतीं क्योंकि खाविंद के बरखिलाफ न बोलना ही धर्म है। बस, वे इस काम में दिलेर हो जाते हैं। गरज, उस वक्त तुम्हारा कुछ न कहना आइंदा के लिए उन्हें अधर्मी बना देता है। ज्यों-ज्यों तुम इस धर्म में दृढ़ होती जाती हो त्यों-त्यों वे अधर्म में ज्यादा हो जाते हैं। फिर यकीन नहीं हो सकता कि तुम्हारे दिल पर कुछ सदमा न होता हो। बस, अपने ही दिल पर सहारती हो। जब नहीं सहारा जाता तब आप ही मर जाती हो। गोया यह धर्म, उनका अधर्म, तुम्हारी जान लेनेवाला है। तुम्हारा मतलब इस धर्म के करने से था कि वे तुम पर ऐतबार रखें। उलटा तुम्हीं जेलखाने में डाली गयीं और शक तुम पर किया गया। मैं यह नहीं कहती कि इस धर्म को ही छोड़ दो बल्कि सच्चे दिल से इस धर्म को करो। सच्चे दिल से धर्म तब हो सकता है जब तुम्हारे खाविंद तुम्हारा खयाल करें। वह खयाल तब कर सकते हैं जब जनाकारी से बाज आएँ।

उनको जानकारी से रोकने की यह अच्छी तजवीज है। जब किसी औरत के पास जावें तुम कहो हम भी दूसरे मर्द के पास जावेंगी। अगर किसी रंडी लौंडे को घर में लाएँ तुम फौरन शादी तोड़ दो। और आदि वेद में लिखा है कि—तैने कीती राम जनी, मैंने कीता राम जना।

फिर जो जो सदमे तुमको उनकी जनाकारी से गुजरते हैं वे फिर इनके दिल पर बीतेंगे। और उम्मीद है कि शायद इस काम से बाज आ जायें। अगर कहो, वे हमारे ऐसा करने से मारें पीटेंगे, नहीं, हमको परमेश्वर ने श्रीमती न्याय कारिणी के हाथ में सौंपा हुआ है। ऐसे राज्य में हमको किसी तरह का खौफ न करना चाहिए।

इस जमाने में शेर बकरी एक घाट पानी पीते हैं। बस, अब किसी की ताकत नहीं जो किसी के बदन पर किसी तरह का जुल्म कर सके।

ऐ प्यारी बहनो, तुम सच्चे दिल से, लोगों के खौफ से नहीं, उसी पहले दर्जे का पतिव्रता धर्म में जो ऊपर लिखा गया है अपने मन को लगाओ और अपनी तमाम सारी ताकतों से कोशिश करो जिससे तुम्हारे खाविंद भी इसी धर्म के लायक हो जावें।

चुनौती जो औरत है

मस्तराम कपूर

एक

यह दुनिया उसी के लिए है जो शक्ति-संपन्न है—मनुष्य की यह मान्यता आदिम अवस्था से सभ्यता की चरम अवस्था तक ज्यों की त्यों बनी हुई है। डार्विन ने प्राणी जगत के अध्ययन से शक्तिशाली की उत्तरजीविता के जिस सिद्धांत की खोज की, उसे मनुष्य समाज आदि काल से लेकर ही किसी न किसी रूप में मानता आया है। पशु-जगत का यह सिद्धांत मानव-जगत पर हमेशा लागू रहा है, क्योंकि मानव मूलतः पशु है और आज भी उसमें पशुता उतनी ही मात्रा में विद्यमान है जितनी आदिम अवस्था में रही होगी। इसका प्रमाण है कि शक्तिशाली की उत्तरजीविता के सिद्धांत पर खड़ी सभ्यता आज सारी दुनिया को मनुष्य की सर्वोत्तम उपलब्धि लग रही है और उसके तीन महान प्रतीक परमाणु बम, विश्व बाजार और पेप्सी कोला का नशा सब पर सवार है।

पशु से मनुष्य बनने के क्रम में उसने शक्तिशाली की उत्तरजीविता के सिद्धांत में यह संशोधन किया कि जहाँ पशुओं में मादा को नर से अधिक शक्तिशाली माना गया (बावजूद उसकी शारीरिक शक्ति कम होने के), वहाँ मनुष्य ने स्त्री को अबला अथवा 'वीका सेक्स' ही माना और उसके साथ वैसा ही व्यवहार किया जो कमजोर प्राणियों के साथ किया जाता है।

उसने स्त्री को गाय या भेड़ बनाकर खूँटे से बाँधा। हाथ-पैर, नाक-कान आदि अंगों पर बेड़ियाँ डालीं, जिन्हें उसने आभूषणों का खूबसूरत नाम दिया। कहीं उसे सौ परदों में बंद किया ताकि वह सूर्य की रोशनी न देख सके। कहीं उसकी जननेंद्रिय पर लोहे का कड़ा बाँधकर उस पर ताला लगाकर रखा। जब चाहा उसका दूध पिया,

जब चाहा उसका भोग किया और जब चाहा उसे मारा-पीटा और हत्या कर दी। सारे मानवीय अधिकारों से वंचित कर उसे गाय या भेड़ बनाये रखने की कोशिश की। उससे शिक्षा का अधिकार छीना, संपत्ति का अधिकार छीना। उसे अपनी बात कहने का मौका नहीं दिया, अपनी इच्छा के अनुसार जीने का मौका नहीं दिया। पुरुष ने अपने लिए जो नियम-कायदे बनाये, स्त्री के लिए वे सब वर्जित कर दिये। पुरुष ने अपने हाथों और पैरों का इस्तेमाल हथियार के रूप में भी किया और औजार के रूप में भी। स्त्री के लिए उसने नियम बनाया कि उसका शरीर भी उसका अपना नहीं है—यह किसी और का है। उसे इस शरीर का उपयोग वैसे ही करना है जैसा पुरुष चाहता है। उसे कैसे रहना है, कैसे चलना है, कैसे बातें करनी हैं, कैसे कपड़े पहनने हैं, कैसे अपने हाथों और पैरों का इस्तेमाल करना है, कैसे देखना है, कैसे हँसना अथवा रोना है ये सारी बातें पुरुषों ने तय कीं। ये तमाम नियम उसने यह मानकर बनाये कि इससे स्त्री की शोभा बढ़ेगी, समाज में उसे सम्मान मिलेगा और वह महान गुणवती और सतवंती देवी के रूप पूज्य मानी जायेगी। प्रसिद्ध उपन्यासकार बालजाक ने इस मानसिकता पर व्यंग्य करते हुए पुरुषों को सलाह दी थी कि औरत को गुलाम बनाये रखो, लेकिन उसे यह विश्वास दिलाते रहो कि वह रात्री है। स्त्री जाति के इतिहासकार डोनाल्डसन ने कहा—'पुरुष नर मनुष्य है और स्त्री मादा मनुष्य, लेकिन मनोविश्लेषकों ने पुरुष को मनुष्य और स्त्री को केवल मादा माना और कहा कि जब भी स्त्री मनुष्य की तरह व्यवहार करती है, उसे पुरुषों की नकल की कोशिश बता दिया जाता है।'

'ढोल, गँवार, शूद्र, पशु, नारी, ये सब ताड़न के अधिकारी' रामचरित मानस की यह चौपाई हमारे समाज की मानसिकता की सटीक अभिव्यक्ति है। यह मानसिकता हिंदू समाज की ही नहीं है, सारे मनुष्य-समाज की रही है। यह एक हकीकत है, स्त्री की गुलामी पर एक बेबाक टिप्पणी है। इन्हें तुलसी के विचार कहकर सारा दोष उनके मत्थे मढ़ना उचित नहीं है। तुलसी ने एक चौपाई और भी लिखी है जिसकी अर्धाली है 'पराधीन सपनेहुँ सुख नाहीं'। इसका संदर्भ लोग नहीं जानते, क्योंकि कुछ पाठों में संदर्भ बदल दिया गया है। ये पार्वती की माँ के उद्गार हैं जो पार्वती को विदा करते समय उसके मुँह से निकले थे। पूरी चौपाई इस प्रकार है, 'कत विधि सिरजी नारि जग माँही, पराधीन सपनेहुँ सुख नाहीं'। ब्रह्मा ने नारी को बनाया ही क्यों जो उसे सपने में भी पराधीनता मिली। 'ढोल, गँवार, शूद्र, पशु, नारी' की सामाजिक मानसिकता के मुकाबले में यह औरत के मन की चीख है। हिंदू समाज में नारी को बहुत आदर का स्थान दिया गया है, ऐसा कहनेवाले दंभी लोगों को 'रामचरित मानस' की इन दोनों चौपाइयों का मनन करना चाहिए। मनुस्मृति में जहाँ ' यत्रनार्यस्तु पूज्यन्ते' कहा गया है वहाँ यह भी कहा गया है कि 'स्त्रियों को गहनों, कपड़ों आदि से खुश और विषयों में आसक्त रखें, रात-दिन अस्वतंत्र रखें, हमेशा किसी न किसी

पुरुष—पिता, पति, पुत्र—के अधीन रखें, काम, क्रोध, कुटिलता और दुराचरण उनके सहज स्वभाव हैं और वे ब्रह्मा की सृष्टि के प्रारंभ से ही व्यभिचार की प्रवृत्तिवाली रही हैं।' मनुस्मृति के अनुसार स्त्री संपत्ति (दारा कलत्र) है और उसे खरीदा-बेचा जा सकता है, दान में दिया जा सकता है (कन्या-दान को महापुण्य माना जाता है) और युद्धों में लूटा जा सकता है। बलात्कार तो हिंदू समाज में हमेशा ही मान्य रहा है। दस वर्ष की आयु से पहले-पहले लड़की की शादी कर देने का विधान शास्त्रों में था और उसके बाद कन्या की शादी करनेवाले माता-पिता, भाई, मामा सभी को नरकवास की सजा बतायी गयी है। बाल-विवाह पर पाबंदी लगाने के लिए जब एक कानून 1892 में बनाया गया, तो लोकमान्य तिलक के नेतृत्व में सारे सनातनी पंडितों ने उसका जबरदस्त विरोध किया। ऐसा ही विरोध इस शताब्दी के तीस के दशक में भी देखा गया जब शारदा कानून बना। ये सारे विवाह जो लड़की की वयस्कावस्था से पूर्व होते थे, बलात्कार ही थे। वैसे स्त्री की इच्छा के विरुद्ध किया गया संभोग बलात्कार ही होता है और इस परिभाषा के अनुसार हमारे अधिकांश विवाह भी बलात्कार ही होते हैं।

लेकिन स्त्री के संबंध में यह मानसिकता सिर्फ हिंदू समाज की विशेषता नहीं है। दुनिया की हर सभ्यता और हर धर्म में स्त्री-जाति के प्रति लगभग यही रवैया रहा है। स्त्री के दमन के सैकड़ों रूप रहे. जिन्हें समाज के लिए और स्त्रियों के लिए हितकर कहकर प्रस्तुत किया। भ्रूण-हत्या, शिशु-हत्या, ताड़न और बलात्कार के मामलों में कोई भी समाज पीछे नहीं रहा।

आश्चर्य यह कि औरत पर इतनी सख्त पाबंदियाँ लगाने के बाद भी पुरुष समाज ने अपने पतन के लिए उसी को दोषी ठहराया। हर धर्म और हर सभ्यता ने उसे अनबूझा रहस्य और अनिष्टकारी तत्व कहा। किसी ने उसे नरक की खान कहा, किसी ने दोज़ख की भट्ठी। किसी ने फतवा दिया, 'फ्रेल्टी दाई नेम इज़ वुमन' और किसी ने कहा 'त्रिया चरित्रं पुरुषस्य भाग्यं देवो न जानाति कुतो मनुष्यः'।

कारण संभवतः यह कि पुरुष समाज के सारे अत्याचार सहने के बाद भी औरत टूटी नहीं। उसने हार नहीं मानी। पुरुष शक्ति या पौरुष के अहंकार के खिलाफ उसने हमेशा विद्रोह किया। शक्तिशाली की उत्तरजीविता के पशु सिद्धांत को लगातार चुनौती दी और तमाम कष्ट सहकर निर्बल की उत्तरजीविता के मानवीय सिद्धांत को प्रतिष्ठापित किया। विश्व विजय करनेवाले योद्धा, चक्रवर्ती सम्राट, क्रूर तानाशाह उसकी एक भृकुटि-निक्षेप के आगे पराजित होते गये। प्रेम पाने के लिए सबको उसके आगे भिखारी बनकर आना पड़ा। शक्ति के अहंकार से पुरुष ने उसके शरीर पर तो अधिकार किया, किंतु उसके मन पर अधिकार नहीं कर पाया। शक्ति के अहंकार के खिलाफ विद्रोह ने ही स्त्री को पुरुष के नाना अत्याचारों का शिकार बनाया और उसने उन अत्याचारों को सहकर भी अपने विद्रोही स्वभाव को नहीं बदला। औरत की यह लड़ाई

सर्वशक्तिमान ईश्वर के खिलाफ शुरू हुई। ईश्वर ने आदम और हौवा को बनाया और उन्हें एक विशेष फल को न खाने का आदेश दिया। हौवा ने आदम को वही निषिद्ध फल खाने के लिए उकसाया। उसने ईश्वर की आज्ञा के खिलाफ प्रथम विद्रोह किया। फलस्वरूप आदम और हौवा को स्वर्ग से निकाले जाने का दंड मिला। हौवा ने इस दंड को खुशी-खुशी स्वीकार किया। आदम के मन में इस 'मूलपाप' की स्मृति बनी रही और इसके लिए वह, हौवा को कोसता रहा, उस पर तरह-तरह के अत्याचार करता रहा। लेकिन हौवा ने अपने किये पर पश्चात्ताप नहीं किया। उसने ईश्वर से माफी नहीं माँगी। सर्वशक्तिशाली के अहंकार को तोड़ने के कारण ही संभवतः हौवा शब्द आम भाषा में भय का सूचक—हौआ—बन गया।

पुरुष के मन में स्त्री का भय 'मूलपाप' की कल्पना के अलावा इस एहसास से भी मजबूत हुआ कि स्त्री उसे जन्म देती है और वह नौ महीने उसके गर्भ में पलकर योनि मार्ग से इस दुनिया में आता है। स्त्री का गर्भ अर्थात एक अँधेरी और रहस्यपूर्ण कारा, जो पुरुष का उद्‌गम स्थल है और उसकी मंजिल भी, क्योंकि उसे नया जन्म लेने के लिए फिर उस अँधेरी कारा में नौ महीने बंदी रहना पड़ेगा। यह अँधेरी कारा उसकी दहशत का स्रोत है और उसे धारण करनेवाली औरत उसकी दहशत का मूल कारण है। इस दहशत से पीछा छुड़ाने के लिए उसने ऐसे ईश्वर की कल्पना की, जो सर्वशक्तिशाली, सर्वव्यापी और तमाम दुखों-कष्टों का हरण करनेवाला है। जब बच्चे ने सहज जिज्ञासावश प्रश्न किया कि मैं कहाँ से आया या मेरी नन्ही बहन कहाँ से आयी, तो उसकी इतनी हिम्मत नहीं हुई कि कहे तुम माँ के गर्भ से निकले, उसी तरह जैसे मैं अपनी माँ के गर्भ से निकला हूँ। उसने गर्भ की चर्चा को टालने के लिए कह दिया—तुम भगवान के घर से आये और मैं भी भगवान के घर से आया। वही सबको पैदा करता है, वही सबका पालन करता है और वही सबकी रक्षा करता है। जो काम वस्तुतः औरत करती है उसे उसने एक कल्पित सत्ता ईश्वर के खाते में डाल दिया। औरत के शोषण का प्रारंभ यही से होता है। उसने औरत को जन्म, पालन-पोषण और रक्षा के श्रेय से वंचित कर उसे नरक की खान बना दिया। जब तक उसे औरत की जरूरत रही—दूध पिलानेवाली और छाती से लगा थपकी देकर सुलानेवाली माँ के रूप में या कामेच्छा को तृप्त करनेवाली पत्नी अथवा प्रेयसी के रूप में—तब तक वह उसे देवी, अप्सरा और न जाने कितने खूबसूरत विशेषण देता रहा और जब औरत उसके उपयोग के लायक नहीं रही तब गर्भ की अँधेरी कारा को धारण करनेवाली नरक की खान का उसका रूप उसके सामने आ गया और उसने उसे जादूगरनी, चुड़ैल, डायन आदि बना दिया।

ईश्वर की खोज में निकला हर आदमी औरत से हारा हुआ या उसकी गिरफ्त से छूटकर भागा हुआ आदमी होता है। औरत का त्याग किये बिना ईश्वर की शरण नहीं मिलती। इसीलिए सभी धर्म संस्थानों में स्त्री का प्रवेश वर्जित होता है। हिंदू

धर्म, इस्लाम, बौद्ध धर्म, ईसाई धर्म सभी ने धार्मिक साधकों के लिए औरत के स्पर्श और दर्शन को घोर अपराध माना। इन तमाम धर्मों ने ईश्वर को पुरुष शक्ति का प्रतीक बना दिया है।

स्त्री के प्रति पुरुष का यह सारा व्यवहार अधिकतर अज्ञानजन्य है। इसे अस्तित्ववादियों की शब्दावली में छद्म विश्वास (बैड फेथ) भी कहा जा सकता है। 'बैड फेथ' ऐसा झूठ होता है जिसे बोलनेवाला सच मानकर अपने अवचेतन में प्रतिष्ठित कर लेता है। झूठा आदमी तो जानता है कि वह झूठ बोल रहा है, लेकिन 'बैड फेथ' में ऐसा नहीं होता। उसमें आदमी अपनी अंतरात्मा की आवाज का घला घोंट कर किसी अन्य आवाज को पूर्ण सत्य मान लेता है और उसके अनुसार जीने लगता है।

पुरुष अपने व्यक्तिगत अनुभव से जानता है कि भोक्ता-भुक्त संबंध में स्त्री भोक्ता और वह स्वयं भुक्त है। जो ग्रहण करता है, आत्मसात करता है वही भोक्ता होता है और जिसे ग्रहण किया जाता है या आत्मसात किया जाता है, वह भोक्ता नहीं हो सकता। स्त्री-पुरुष संबंध में स्त्री ग्रहण करनेवाली, प्राप्त करनेवाली, आत्मसात करनेवाली और आत्मसात एवं ग्रहण के परिणामस्वरूप वृद्धि और सृष्टि करनेवाली है। इस समूची प्रक्रिया में स्त्री विषयी और पुरुष विषय होता है। इस आनुभविक सत्य से वह बचना चाहता है और यह सिद्ध करना चाहता है कि स्थिति इसके विपरीत है। वह खुद को विषयी और स्त्री को विषय सिद्ध करने के लिए अपनी सारी शक्ति लगा देता है। इतिहास और पुराणकथाओं, धार्मिक और नैतिक ग्रंथों और साहित्य की विविध विधाओं की रचना करते समय उसके मन में लगातार यह छद्म विश्वास बना रहा कि वह विषयी है—विषय नहीं, कर्त्ता है—कर्म नहीं, आश्रय है—आलंबन नहीं; भोक्ता है—भोग्य नहीं। चूँकि उसने शब्द-शक्ति पर एकाधिकार कर रखा था और स्त्री को शब्द-शक्ति से वंचित कर रखा था, इसलिए उसकी यह छद्म-विश्वास जन्य धारणा मानव-जाति की समस्त शब्द संपदा में बिखर गयी और उसने स्त्री के मन में भी यह धारणा बिठा दी। किंतु इतना सब होने पर भी उसकी अंतरात्मा से आवाज आती रही कि तुम भोग्य हो और स्त्री भोक्ता। जब-जब उसका साक्षात्कार अंतरात्मा की इस आवाज से होता है, उसकी बौखलाहट बढ़ जाती है, वह क्रोध से धधक उठता है और उसका क्रोध तरह-तरह के रूप लेकर स्त्री पर बरसता है। स्त्री को व्यभिचारिणी, वेश्या, कुलटा, नरक की खान, चुड़ैल, डायन, जादूगरनी आदि विशेषण पुरुष की इसी बौखलाहट से निकले हैं। इतना होने पर भी उसे अपने छद्म-विश्वास से मुक्ति नहीं मिलती और औरत का सामना करते ही असली सच उसके सामने खड़ा अट्टहास करने लगता है, तो उसके लिए औरत से भागने के सिवाय कोई रास्ता नहीं बचता।

दो

ईश्वर नर है या मादा, यह प्रश्न हर आस्तिक के मन में कभी-न-कभी उठा होगा—भले ही उसे अपने धर्मगुरु से यह प्रश्न पूछने का साहस न हुआ हो। किसी अनीश्वरवादी ने यह प्रश्न किया या नहीं, इस विषय में निश्चित रूप से कुछ नहीं कहा जा सकता। किंतु यदि उसने पूछा होगा, तो उसका उद्देश्य मात्र अपने विरोधी (आस्तिक) को निरुत्तर करना रहा होगा। स्त्री मुक्ति के विचार से प्रेरित प्रबुद्ध महिलाओं के लिए यह प्रश्न अपनी लड़ाई का हथियार है। एक प्रबुद्ध महिला कैरेन आर्मस्ट्रांग ने, जो कभी कैथोलिक नन रह चुकी है, इस प्रश्न को अपनी पुस्तक 'ए हिस्टरी ऑफ गॉड' में जोरदार ढंग से उठाया है। उनका कहना है कि ईश्वर की पुरुष के रूप में कल्पना स्त्री को हमेशा पुरुष की दासी बनाये रखने की साजिश है।

आश्चर्य की बात है कि सभी ईश्वरवादी धर्मों ने अपने ईश्वर को नर या पुरुष ही माना, उसे पिता या परमपिता ही कहा। उन धर्मों ने भी जो ईश्वर को निर्गुण और निरुपाधि मानते हैं। उदाहरण के लिए हिंदुओं में ब्रह्म और ईश्वर निर्गुण और निरुपाधि संकल्पनाएँ हैं, किंतु भाषा में इन शब्दों का प्रयोग पुलिंग में ही होता है। ईश्वर को निर्गुण और निरुपाधि मानने का भाव सभी पूर्वी धर्मों में विद्यमान है। ग्रीक ऑर्थोडाक्स चर्च के पश्चिमी चर्च से मतभेद मुख्यतः इसी बात को लेकर रहे कि ग्रीक ऑर्थोडाक्स चर्च ईश्वर को प्रतीकार्थ में लेता है, जिसे पूरी तरह व्याख्यायित करना असंभव है। ईस्वी सन् 325 में नीसिया की परिषद में त्रिदेव (ट्रिनिटी) की जो कल्पना रखी गयी उसका उद्देश्य ईसाई जगत को यह बताना था कि ईश्वर को मनुष्य के समान स्त्री अथवा पुरुष के रूप में देखना गलत है। पश्चिमी ईसाई जगत के इस त्रिदेव सिद्धांत से हमेशा मतभेद रहे। यहूदियों और मुसलमानों का ईश्वर भी निर्गुण और निरुपाधि है। इसके विपरीत पश्चिमी ईसाई जगत में ईश्वर के सगुण और सोपाधि होने का विश्वास बना रहा। लेकिन ईश्वर को सगुण माना गया अथवा निर्गुण, सोपाधि माना गया अथवा निरुपाधि, भाषा में उसका प्रयोग पुलिंग में ही हुआ।

मानव जाति का इतिहास बताता है कि ईश्वर की कल्पना से पहले मनुष्य ने जिस देवी शक्ति की कल्पना की, वह स्त्रीवाचक थी। यूरोप, एशिया और मध्यपूर्व खुदाइयों में प्रारंभिक नव-प्रस्तर काल की जितनी भी मूर्तियाँ मिली हैं, वे सब देवी माँ की थीं। आदिम जातियों में देवी-पूजा का ही अधिक प्रचलन रहा है। प्राचीन सभ्यताओं में भी पुरुष के रूप में ईश्वर का स्वरूप स्थिर होने से पूर्व देवियों की पूजा होती जैसे मेसोपोटामिया में इनाना की, बैबीलोन में इष्टर की, कनान में अनत अथवा अशेरा की, मिस्र में आइसिस की और ग्रीस में एफ्रोडाइट की।

ऐसा लगता है कि पुरुष के रूप में ईश्वर की कल्पना मनुष्य के मन में प्रकृति

के रौद्र और भयानक रूप को देखकर आयी और ईश्वर के साथ सर्वशक्तिमान का भाव जुड़ा। यहूदियों के ईश्वर यहोवा को युद्ध का देवता माना जाता है। कहा जाता है कि उसने इसराइलियों की रक्षा के लिए मिस्र की सारी सेना को रीड्स के सागर में डुबो दिया था और यहूदियों के प्रतिश्रुत देश कनान की समूची मूल आबादी के संहार का आदेश दिया था। यहोवा की बाद में सर्वशक्तिमान देवता के रूप में पूजा की जाने लगी। उसने आदेश दिया कि इसराइल के लोग उसके सिवाय किसी की पूजा न करें। अन्य धर्मों में भी यही हुआ। सर्वशक्तिमान के रूप में ईश्वर की कल्पना स्थिर हो जाने के बाद देवी-पूजा का महत्व घटता गया और मानव-जातियों ने करुणा, शांति, सृजन की शक्ति के रूप में जिन देवियों की कल्पना की, उन्हें सर्वशक्तिमान ईश्वर की पत्नी, प्रेमिका आदि के रूप में देखा जाने लगा।

विनाश और सृजन, भय और प्रेम के मूल स्रोतों की खोज ने मनुष्य को अपने आराध्य की कल्पना करने की प्रेरणा दी। सृजन और प्रेम के मूल स्रोत को उसने माँ के रूप में देखा और विनाश तथा भय के मूल स्रोत को पिता के रूप में। माँ के रूप में ईश्वर को देखने की प्रवृत्ति के कम होते जाने और पिता के रूप में ईश्वर को देखने की प्रवृत्ति के अधिक लोकप्रिय होते जाने का कारण संभवतः यह था कि मनुष्य प्रेम से अधिक भय से चालित होता है। इसीलिए जब धर्म ने संस्था का रूप लिया और उसे अपने अनुयायियों को अपने प्रभाव में बाँधे रखने की आवश्यकता महसूस हुई, तो उसने ईश्वर को सर्वशक्तिमान परमपिता का स्वरूप दिया तथा उसे स्वर्ग तथा जन्नत के प्रलोभन के साथ-साथ नरक और दोजख का नियंता भी बनाया। धर्म की सत्ता के लिए आदमी का उसके आगे समर्पण जरूरी है और समर्पण के लिए मनुष्य में प्रेम की अपेक्षा भय की भावना को जगाना अधिक कारगर होता है। इसलिए पुरुष के रूप में ईश्वर की प्रस्थापना से धर्म की प्रमुख शक्ति प्रेम नहीं, भय बन गयी। बाद में देवी-पूजा के पोषण की आवश्यकता पड़ी और प्रेम, करुणामय देवियों को भी भयानक और विकराल रूप दिया जाने लगा।

आदमी जब प्यार, करुणा और शांति की खोज में निकलता है तो वह माँ के रूप में ईश्वर को देखता है और जब वह दुश्मनों पर विजय हासिल करने के लिए शक्ति के स्रोत की खोज में निकलता है तो ईश्वर को सर्वशक्तिमान पिता के रूप में देखता है। जब जिहादों, धर्मयुद्धों और क्रुसेडों में आदमी की प्रवृत्ति होती है तो ईश्वर का पिता रूप लोकप्रिय होता है और जब मारकाट से थककर आदमी शांति की चाह करता है तो ईश्वर के माँ रूप का स्मरण करता है। ईसाई जगत में मरियम की पूजा की स्थापना दूसरे क्रुसेड का आह्वान करनेवाले सेंट बर्नार्ड की प्रार्थना से शुरू हुई, जिसने यहूदियों और मुसलमानों के नर-संहार से द्रवित होकर करुणामयी वर्जिन मेरी को याद किया। पश्चिम के युयुत्सु ईसाई धर्म ने वर्जिन मेरी की पूजा को कभी मन से स्वीकार नहीं किया, किंतु ग्रीक ऑर्थोडाक्स चर्च ने न

केवल ईश्वर की कल्पना त्रिदेव के रूप में की, बल्कि मरियम की पूजा को प्रमुख स्थान भी दिया। कारण यह है कि ग्रीक आर्थोडाक्स चर्च (पूर्वी ईसाई जगत) युयुत्सु नहीं रहा--वह युयुत्सु धर्म का शिकार रहा और उसे दया, करुणा और प्रेम की तलाश रही।

यह इस्लाम में भी हुआ। शिया संप्रदाय को युयुत्सु सुन्नी संप्रदाय के अत्याचार सहने पड़े। प्रेम और करुणा की चाह में शिया संप्रदाय ने रसूल की बेटी फातिमा के दामन में अपने को संरक्षित पाया और उसने फातिमा को ज्ञान की देवी सोफिया का अवतार माना।

स्त्री मुक्ति आंदोलन की दृष्टि से ईश्वर के स्वरूप के संबंध में यह प्रश्न इसलिए महत्त्वपूर्ण हो जाता है कि धार्मिक संस्थानों से आज भी स्त्रियाँ बहिष्कृत हैं। उन्हें पादरी बनने का अधिकार नहीं है। उन्हें मस्जिद में नमाज पढ़ने का अधिकार नहीं। हिंदुओं के अनेक मंदिरों में स्त्रियों का प्रवेश निषिद्ध है। पुरुष-प्रधान समाज ने ईश्वर पर भी कब्जा कर रखा है। जो ईश्वर निर्गुण और निरुपाधि है, उसमें लिंग भेद कर उसे स्त्रियों की गुलामी को बरकरार रखने के लिए इस्तेमाल किया जा रहा है। इसके अतिरिक्त आपसी वैर और युद्धों से त्रस्त मानवता को इस समय प्रेम और करुणामय ईश्वर की अधिक जरूरत है और यह ईश्वर माँ का रूप ही हो सकता है।

कुछ समय पूर्व इन पंक्तियों के लेखक को अपने दो मित्रों की अंतिम चाह को जानने का अनुभव हुआ। एक मित्र अनीश्वरवादी था और दूसरा ईश्वर में गहरी आस्था रखनेवाला। मृत्यु को सामने खड़ा देखकर दोनों ने माँ को ही याद किया। मुझे लगा कि ईश्वर महज विचार है और माँ एक सच्चा, ठोस अनुभव। इसलिए ईश्वर यदि है तो वह माँ के रूप में ही हो सकता है। नहीं ?

तीन

कौन जाने वह समय कब आयेगा जब माँ को ही ईश्वर माना जायेगा ! अभी तो हम बीसवीं सदी में हैं। जिसने शक्तिशाली के जिंदा रहने के पशु सिद्धांत की परिणति महाविनाशक हथियारों, भयानक युद्धों तथा व्यापक पैमाने पर मानवाधिकारों के हनन में देखी। कमजोर देशों, कमजोर समाजों, निर्धन तबकों, बच्चों और औरतों को शक्ति के दंभवाली इस सदी का कोप सहना पड़ा है। स्त्री के दमन, उत्पीड़न और शोषण के लिए यह सदी पिछली सदियों की तुलना में शायद अधिक बुरी सिद्ध हुई है हालाँकि इस सदी में स्त्रियों के संचित विद्रोह को संगठित रूप देने के प्रयास भी हुए तथा उनमें सफलता भी मिल रही है। पेइचिंग में 1995 में हुए अंतर्राष्ट्रीय महिला सम्मेलन के मौके पर एमनेस्टी इंटरनेशनल ने स्त्रियों की वर्तमान स्थिति का हृदय-विदारक

किंतु उत्साहजनक चित्र प्रस्तुत किया था। इसकी एक झलक यहाँ प्रस्तुत है।

बीसवीं सदी के अंतिम दशक में 'इतिहास के अंत' का नारा उठा है। जापानी मूल के अमेरिकी लेखक फुकुयामा ने अपनी पुस्तक को यह शीर्षक देकर हीगेल की कल्पना के साकार होने का दावा किया है। ऐसा माना जा रहा है कि मानव सभ्यता अपने चरम शिखर पर पहुँच चुकी है। जो किया जा सकता है, वह किया जा चुका है और अब करने के लिए कुछ शेष नहीं रहा है।

लेकिन जहाँ तक स्त्रियों के अधिकार का प्रश्न है, कोई भी इस बात से असहमत नहीं होगा कि इस महान मानव-स्वप्न की अभी शुरुआत ही हुई है और सफर बहुत लंबा है। डॉ. राममनोहर लोहिया ने बीसवीं शताब्दी में चलनेवाली जिन महान क्रांतियों की कल्पना अपने सप्तक्रांति कार्यक्रम में की थी, उनमें नर-नारी के बीच समता की क्रांति को पहला स्थान दिया गया था। इस दिशा में मानव समाज अभी तक कितना आगे बढ़ा है, इसका पूरा जायजा अभी लिया जाना है। इस समय तो जो परिदृश्य उभरा दिखाई देता है, वह काफी विषादजनक है।

टर्की में कुर्द लोगों के मानव अधिकारों का काम करनेवाली एरिन केस्किन को मौत की धमकी मिली है। पेरू में सरकारी तंत्र द्वारा उत्पीड़ित, अपहृत अथवा मारे गये लोगों के परिवारों की संस्था की अध्यक्ष ऐंग्लिका मेंडोसा (आयु 70 वर्ष) को जान के खतरे के कारण भूमिगत जीवन बिताना पड़ रहा है, हालाँकि उच्च न्यायालय ने दो बार उन्हें सरकार द्वारा लगाये गये आरोपों से बरी किया। रवांडा की प्रधानमंत्री अगाथे उविलिंगियमावा को अप्रैल 1994 में कई मंत्रियों सहित सुनियोजित तरीके से राष्ट्रपति गार्ड के सदस्यों द्वारा मार दिया गया। म्याँमार के स्वाधीनता संग्राम के नेता आंग सेन की पुत्री आंग सेन सूची को, जिनकी पार्टी नेशनल लीग फॉर डेमोक्रेसी को 1990 में भारी विजय मिली थी, सैनिक सरकार ने सत्ता नहीं सौंपी और पाँच साल तक नजरबंद रखा। उन्हें 1991 का शांति नोबेल पुरस्कार मिला था। तेहरान विश्वविद्यालय में बाल मनोविज्ञान की प्रोफेसर डॉ. होमा दरबी ने ईरान की सरकार द्वारा लगायी गयी पहरावे की पाबंदियों के खिलाफ विद्रोह दर्ज करने के लिए वर्षों तक चुपचाप यातना सहने के बाद फरवरी 1994 में तेहरान की सड़क पर सिर की 'चादर' फाड़कर अपने को आग लगा ली और मरते-मरते नारे लगाया, 'अत्याचारी का नाश हो, आजादी जिंदाबाद, ईरान जिंदाबाद।'

इन पाँच महान महिलाओं ने 1990 के दशक में विश्व की उन लाखों-करोड़ों स्त्रियों की भावनाओं को प्रतीकात्मक रूप में व्यक्त किया, जो न्याय के लिए भय, आतंक और मौत का सामना कर रही हैं। अन्याय के खिलाफ चले इस विश्वव्यापी क्रांति युद्ध की झलक एमनेस्टी इंटरनेशनल की 1995 की रिपोर्ट के साथ वितरित पुस्तक 'ह्यूमन राइट्स आर वीमेन्स राइट्स' में दी गयी है। इसके 15 सूत्री मुद्दे इस प्रकार हैं : (1) स्त्रियों के मानव अधिकारों को सर्वव्यापक और अविभाज्य माना

जाये; (2) मानव अधिकारों के सभी अंतर्राष्ट्रीय करारों की पुष्टि की जाये तथा उन्हें लागू किया जाये; (3) स्त्रियों को मानव अधिकारों से वंचित करने के भेदभाव को दूर किया जाये; (4) सशस्त्र संघर्ष के दौरान स्त्रियों के मानव अधिकारों को सुरक्षित किया जाये; (5) सरकारी तंत्र के हाथों स्त्रियों के बलात्कार तथा अन्य उत्पीड़न को बंद किया जाये; (6) सरकारी तंत्र द्वारा गैरन्यायिक हत्याओं अथवा लापता करने की घटनाओं को रोका जाये तथा पीड़ितों को मुआवजा दिया जाये; (7) पारिवारिक संबंधों के कारण स्त्रियों का उत्पीड़न बंद हो; (8) हिरासत में रखी गयी स्त्रियों के स्वास्थ्य अधिकारों की रक्षा की जाये; (9) राजनैतिक बंदियों को तत्काल और बिना शर्त रिहा किया जाये; (10) सभी राजनैतिक बंदियों के मामलों की शीघ्र और निष्पक्ष सुनवाई हो; (11) शरणार्थी और विस्थापित स्त्रियों के मानव अधिकारों के उल्लंघन को रोका जाये; (12) मृत्यु दंड को खत्म किया जाये; (13) सरकारी और गैरसरकारी संगठनों द्वारा स्त्रियों के अधिकारों के क्षेत्र में किये जा रहे कामों को समर्थन दिया जाये; (14) शिक्षा और प्रशिक्षण कार्यक्रमों के माध्यम से स्त्रियों के अधिकारों को मानव अधिकार मानने के विचार को बढ़ावा दिया जाये; और (15) सशस्त्र राजनैतिक ग्रुप भी स्त्रियों के मानव अधिकारों की मर्यादाओं का पालन करें।

मानव सभ्यता के सारे ऊँचे दावे समाज में स्त्रियों की स्थिति को देखते हुए खोखले सिद्ध होते हैं। इस मामले में पशुओं की सभ्यता मनुष्यों की सभ्यता से सौ गुना श्रेष्ठ ठहरती है। पशु समाज में बच्चे को जन्म देनेवाली मादा का दर्जा नर से हमेशा ऊँचा होता है। लेकिन मनुष्य समाज ने तो स्त्री को शोषण तथा उत्पीड़न ही दिया है। कई देशों द्वारा दिसंबर 1993 में की गयी स्त्रियों के प्रति हिंसा के उन्मूलन की घोषणा के बावजूद युद्ध पिपासु देश स्त्रियों को हिंसा का लक्ष्य बना रहे हैं। इसका प्रमाण बोस्निया-हर्जेगोविना तथा रवांडा में चले युद्धों की दर्दनाक कहानियाँ हैं। राजनैतिक मोर्चों पर अधिकारों की समानता का सिद्धांत लागू किये जाने के बाद भी दुनिया की 96 संसदों में स्त्रियों का प्रतिनिधित्व केवल 11 प्रतिशत है। लड़कों के मुकाबले लड़कियों से भेदभाव करने की प्रवृत्ति प्रायः सभी देशों में बनी हुई है।

स्त्रियों पर होनेवाले अत्याचारों के अनेक रूप हैं। परिवार में शारीरिक, लैंगिक और मनोविज्ञानिक हिंसा, दहेज से जुड़ी हिंसा, वैवाहिक बलात्कार, सुन्नत आदि प्रथाओं द्वारा जननेंद्रिय विकार, कामकाजी महिलाओं के साथ दफ्तरों आदि में छेड़खानी, शिक्षण संस्थाओं, दफ्तरों आदि में लैंगिक शोषण, दंगों और युद्ध की स्थितियों में स्त्रियों पर अत्याचार और बलात्कार, स्त्री कैदियों के साथ पुलिस का दुर्व्यवहार, सती प्रथा, शिशु कन्या हत्या प्रथा, कन्याओं की भ्रूणहत्या, परिवार में लड़कियों की शिक्षा और स्वास्थ्य की उपेक्षा, विधवाओं का शोषण, बलात वेश्याकरण, अल्पायु में विवाह, पर्दा और घूँघट की प्रथा आदि-आदि। इनमें से कुछ अत्याचार ऐसे हैं, जिन्हें धार्मिक और सामाजिक प्रथाओं की मान्यता मिली हुई है। जून 1994 के जकार्ता सम्मेलन ने भी

ऐसे अत्याचारों के विरुद्ध डरते-डरते आवाज उठायी थी और सभी देशों से अनुरोध किया था कि वे परंपराओं, सांस्कृतिक मूल्यों तथा सामाजिक, आर्थिक, राजनैतिक स्थितियों को देखते हुए अपनी नीतियाँ बनायें और चलायें। वास्तव में स्त्रियों की गुलामी का सबसे बड़ा कारण धार्मिक-सामाजिक मूल्य और प्रथाएँ ही हैं और इनके खिलाफ अभियान छेड़े बिना स्त्रियों की स्थिति में कोई मूलभूत परिवर्तन करना असंभव है।

युद्धों का कहर अधिकतर स्त्रियों और बच्चों पर ही बरसता है। इतिहास में लंबे समय तक चले क्रुसेडों, जेहादों और धर्मयुद्धों ने स्त्रियों के खिलाफ अत्याचारों में कीर्तिमान स्थापित किये हैं। यूरोपियनों द्वारा अमेरिका की तथाकथित विजय और स्कॉटलैंड के खिलाफ इंग्लैंड के विजय अभियान में भी स्त्रियों पर भयानक अत्याचार हुए। विश्वयुद्धों में जर्मनी और रूस की सेनाओं ने अपने शत्रु के मान-मर्दन के लिए हजारों स्त्रियों को बलात्कार का शिकार बनाया था। बोस्निया-हर्जेगोविना और रवांडा के युद्धों में भी यह प्रक्रिया जारी रही। प्रथम विश्वयुद्ध में नागरिक आबादी की क्षति 5 प्रतिशत थी। दूसरे विश्वयुद्ध में यह 50 प्रतिशत हो गयी और 1990 के दशक के युद्धों में 80 प्रतिशत। इनमें अधिकांश संख्या स्त्रियों और बच्चों की थी। मुजाहिदीन ग्रुपों ने कट्टर इस्लामी मूल्य थोपने के लिए शिक्षित और कामकाजी स्त्रियों को विभिन्न प्रकार के अत्याचारों का शिकार बनाया है। 1994 के पहले तीन महीनों में अफगानिस्तान से लगभग 2,00,000 लोग काबुल से भागे, जिनमें भारी तादाद में कामकाजी महिलाएँ थीं। ताजिकिस्तान के गृहयुद्ध में 20,000 लोग मारे गये और 6,00,000 के लगभग बेघर हुए। इनमें अधिकांश संख्या महिलाओं और बच्चों की थी।

लेकिन इन भयानक स्थितियों में भी अपने अधिकारों के लिए लड़नेवाली बहादुर स्त्रियों की संख्या कम नहीं है। 25 वर्षीया मार्सिना ने जावा के एक घड़ी कारखाने में मजदूरों के शोषण के खिलाफ लड़ाई लड़ी। इंडोनेशियाई सेना ने उनकी गोली मार कर हत्या कर दी। सेल्वाडोर की सारा क्रिस्टिना के परिवार के सारे सदस्यों को चुन-चुनकर मार दिया गया, क्योंकि वह फेनेस्ट्रास के मजदूर संगठन के लिए काम कर रही थीं। म्याँमार की डॉ. माथिडा (आयु 27 वर्ष) और 75 अन्य महिलाओं को सैनिक शासन ने जेलों में बंद कर रखा है। डॉ. माथिडा लेखक हैं, मुस्लिम फ्री अस्पताल में काम करती थीं और म्याँमार की नजरबंद नेता सू ची की प्रचार सहायक थीं। ल्हासा में नावांग कियिज़ोम की 90 सैकेंड तक 'दलाई लामा जिंदाबाद', 'तिब्बत को आजाद करो' नारे लगाने के अपराध में चीन की सुरक्षा पुलिस ने सितंबर 1990 में भयानक यातनाएँ दीं जैसे लात-घूँसे, बिजली के चिमटे से जीभ, छाती और जाँघों को दागना। फिर उसे तीन साल तक बिना मुकदमा चलाये जेल में रखा। ल्हासा में ही रिगजू चोइनयी और 5 अन्य महिलाओं को आजादी के नारे लगाने के अपराध में 7 साल की कैद दी। रिगजू और 25 अन्य महिलाओं ने जेल में भी अपना विरोध

जारी रखा। इस पर उन्हें बेरहमी से पीटा गया। इसी प्रकार फुंतसोगथिड्रोन और 13 अन्य महिलाओं ने चोरी से टेप रिकॉर्डर जेल में लाकर उस पर आजादी के गाने तथा तथा अपनी स्थिति का वर्णन रिकॉर्ड किया ताकि बाहर के दोस्तों को बताया जा सके कि उनका संघर्ष जारी है। टर्की की आयर्स नूर जाराकोलू को कुर्दों पर पुस्तक छापने के अपराध में 5 महीने का कारावास मिला। जेल से छूटने के बाद उसने उसी लेखक (इस्माइल बेसिकी) की एक और पुस्तक छापी, जिसके लिए उस पर मुकदमा चल रहा है। श्रीलंका की डॉ. मनोरानी सर्वानामुत्तु के पुत्र की फरवरी 1990 में इसलिए हत्या की गयी, क्योंकि वह सरकार की आलोचना करनेवाला पत्रकार था। तीन महीने बाद डॉ. मनोरानी को भी धमकी दी गयी कि उसने मुँह बंद नहीं रखा तो उसका भी वही हश्र होगा। उसने धमकी के आगे झुकने से इन्कार कर दिया। ल्हासा (तिब्बत) की एक भिक्षुणी दावा लैंगजोम को आजादी के नारे लगाने के लिए सैनिक पुलिस ने 1989 में पकड़ा और कैंची से उसके स्तन काट दिये। वह अब तिब्बत से भाग कर बाहर चली गयी है। एक और महिला सोनम डोल्कर को नंगा कर बुरी तरह पीटा गया, बिजली के झटके दिये गये यहाँ तक कि वह बेहोश हो गयी। फिर उसकी जननेंद्रिय में विद्युत छड़ डाली गयी। वह भी किसी तरह छिप कर तिब्बत से बाहर चली गयी।

भारत में सरकारी बयान के अनुसार प्रतिदिन 30 बलात्कार होते हैं, उनमें पुलिस द्वारा किये गये बलात्कार छोटा-सा अंश हैं। भारत की विचित्र स्थिति यह है कि यहाँ अधिकतर दलित-अल्पसंख्यक आदिवासी महिलाएँ ही बलात्कार का शिकार बनती हैं और इन घटनाओं को समाचार-पत्रों में सरसरी चर्चा के बाद भुला दिया जाता है। जब उच्च वर्णों की महिलाओं पर अत्याचार होता है (जैसे मुजफ्फरनगर कांड में), तभी समाचार-पत्र, सरकारी तंत्र और न्यायपालिका में स्त्री अधिकारों की चेतना जागती है।

चार

भारत की तुलना में विदेशों में, विशेषकर यूरोप और अमेरिका-कनाडा आदि में, नारी मुक्ति आंदोलन को बेहतर सफलताएँ मिली हैं। इसका एक कारण तो यह हो सकता है कि औद्योगिक सभ्यता ने जिसे आधुनिक सभ्यता भी कहा जाता है, वहाँ मानव स्वातंत्र्य का विचार भारत की तुलना में लगभग सौ साल पहले प्रतिष्ठित कर दिया था। लेकिन बड़ी बात यह कि इन देशों की नारियों पर हमारे देश की तरह हजारों साल की गुलामी का बोझ नहीं था।

लेकिन आश्चर्य की बात है कि इन देशों में भी नारी मुक्ति अभी तक राजनैतिक

मुद्दा नहीं बन पायी है। हालाँकि अमेरिका की डेमोक्रेटिक पार्टी और यूरोपीय देशों की वामपंथी झुकाववाली पार्टियों में महिलाएँ अधिक सक्रिय हैं, नारी मुक्ति आंदोलन महिलाओं के छिटपुट ग्रुपों द्वारा ही चलाया जाता रहा है और किसी राजनैतिक दल ने महिलाओं के वोट बैंक को अपील करने की दृष्टि से अपने कार्यक्रम में स्पष्ट रूप से इस मुद्दे को शामिल नहीं किया है। अमेरिका में बुश प्रशासन द्वारा अश्वेत जज क्लेरेंस थामस की सुप्रीम कोर्ट के जज के रूप में नियुक्ति को ले कर एक विवाद चला था। अमेरिका की महिला संस्थाओं ने जज थामस पर आरोप लगाया था कि उसने अनिता हिल्स नाम की एक अश्वेत महिला को अपने पद का इस्तेमाल करते हुए काम-वासना का शिकार बनाने की कोशिश की थी। इस मामले की अंत में सुनवाई सेनेट में हुई जिसमें 57 सदस्य डेमोक्रेटिक पार्टी के और 43 रिपब्लिकन पार्टी के थे। इस मुकदमे ने अमेरिका की जनता में इतनी रुचि जगायी कि सारी बहस को टेलीविजन नेटवर्क से जनता तक पहुँचाया गया। समाचार-पत्रों में कहा गया कि सारा देश टेलीविजन सेटों के साथ चिपका बैठा रहा और दफ्तरों में काम रुक गया। डेमोक्रेटिक पार्टी के कुछ सदस्यों के टूटने के कारण फैसला 52 के मुकाबले 48 मतों से जज थामस के पक्ष में हो गया, लेकिन इस फैसले ने यह दिखा दिया कि नारी मुक्ति की समस्या की कितनी राजनैतिक संभावनाएँ हैं। सोवियत संघ के विघटन और इराक युद्ध की विजय उपलब्धियों के बावजूद बुश की राष्ट्रपति-चुनाव में हार का एक कारण जज थामस और अनिता हिल्स विवाद भी हो सकता है।

ब्रिटेन में नारी-मुक्ति के लिए काम करनेवाले महिला-संगठन अधिकतर लेबर पार्टी और अन्य वामपंथी ग्रुपों से जुड़े हैं। टोरी अथवा कंजर्वेटिव पार्टी ने इन संगठनों को आकृष्ट नहीं किया। जर्मनी की ग्रीन पार्टी अलबत्ता महिलाओं के लिए आकर्षण का बिंदु बन रही है, क्योंकि इस पार्टी ने बिलकुल नये ढंग की राजनीति को अपना लक्ष्य बनाया है, जिसमें लगभग गाँधीजी की तरह ही स्त्री-पुरुष दोनों की स्वतंत्रता, स्वायत्तता, आत्मनिर्भरता तथा अहिंसक समाज-व्यवस्था का सपना है। इसमें असहयोग, बहिष्कार और सिविल नाफरमानी जैसे गाँधीवादी हथियारों से पुलिस और सेना के हिंसक हथियारों को प्रतिस्थापित करने का ध्येय भी है। इस पार्टी की संभावनाएँ अच्छी हैं, किंतु अभी यह पार्टी अपनी प्रारंभिक अवस्था में है।

इंग्लैंड में (और यूरोप के अन्य देशों में भी) साठ के दशक में नारी मुक्ति आंदोलन बड़े वेग से चला। इसका विकास उस स्वतंत्रतावादी (लिबरटेरियन) राजनीति के आंदोलन से हुआ, जिसने मार्क्यूस, चैगुवारा, लैंग वैनिजम आदि चिंतकों से और मार्क्स की प्रारंभिक रचनाओं से तथा 1968-69 में हुए फ्रांस और इटली के छात्र एवं मजदूर आंदोलन से प्रेरणा ग्रहण कर व्यक्ति और संगठन के संबंधों के बारे में नये सिरे से सोचना शुरू किया। उदाहरण के लिए स्वतंत्रतावादी ग्रुप ने यह कहना

शुरू किया कि आदमी ऐतिहासिक शक्तियों का निष्क्रिय औजार नहीं है और वह खुद भी अपने जीवन की स्थितियों में गुणात्मक परिवर्तन कर सकता है। यह विचार लेनिनवाद के इस विश्वास के खिलाफ था कि पूँजीवादी व्यवस्था के अंतर्गत कुछ परिवर्तन नहीं किया जा सकता और हम केवल पूँजीवाद को विस्थापित करनेवाला संगठन बना सकते हैं। वियतनाम में अमेरिका की पराजय ने पूँजीवाद की अपराजेयता की कल्पना को ध्वस्त किया था और आर्थिक समृद्धि के दौर ने मजदूरों-छात्रों आदि को अपनी स्थिति बेहतर बनाने के लिए उद्यत किया था। अतः वामपंथी झुकाव वाले स्वतंत्रतावादी ग्रुपों ने परंपरागत वामपंथ से हटकर सोचना शुरू किया। एक विचार आया कि केवल मजदूरों को क्रांति का हरावल दस्ता मानने का कोई औचित्य नहीं है और जीवन के हर क्षेत्र में काम करनेवाले स्त्री-पुरुष क्रांति में महत्वपूर्ण योग दे सकते हैं। इस विचार के तहत घरों में काम करनेवाली और बाल-बच्चों की देखभाल करनेवाली महिलाओं के श्रम को कारखानों में काम करनेवालों के श्रम के समान महत्व मिला।

अधिकारों की इस नयी चेतना ने इंग्लैंड में नारी मुक्ति आंदोलन को बल प्रदान किया किंतु जल्दी ही आंदोलन में काम करनेवाली महिलाओं को बोध हुआ कि पुरुषों की गुलामी के खिलाफ उनके संघर्ष के अनेक पेंच हैं। जिस वामपंथ के आंदोलन ने उन्हें प्रेरणा दी वह भी पुरुष वर्चस्व को दी गयी चुनौती सहन नहीं कर सकता। जब 1970 में विश्व सुंदरी प्रतियोगिता के खिलाफ महिलाओं ने विरोध प्रकट किया कि यह स्त्री को सेक्स की वस्तु बनाने का अभियान है, तो आंदोलन करने वाली महिलाओं के लिए सार्वजनिक तौर पर अपनी बात कहना भी मुश्किल हो गया। लिन सेगल ने जो इंग्लैंड में नारी मुक्ति आंदोलन की प्रसिद्ध कार्यकर्ता हैं, अपने एक लंबे लेख 'स्थानीय अनुभव' में इस व्यथा की तस्वीर उकेरी है। उन्होंने कहा : 'हमने स्त्रियों की स्वायत्तता को अत्यंत महत्वपूर्ण माना। वामपंथी ग्रुपों ने इसे फूट डालनेवाला विचार कहा। लेकिन हम जानती थीं कि स्त्रियों की स्वायत्तता के उनके औपचारिक कार्यक्रम संगठन में स्त्रियों की वस्तुतः अधीन स्थिति को छिपाने का प्रयास है। हमारा दृढ़ विश्वास था कि स्त्रियों को पुरुष-वर्चस्व के खिलाफ अपना संघर्ष बुलंद चलाना होगा और कोई दूसरा हमारे लिए यह संघर्ष नहीं चला सकता।'

लिन सेगल आगे लिखती हैं : 'हमने महसूस किया कि हमें अपने आपको बदलना होगा, क्योंकि सेक्स से संबंधित सारी विचारधाराओं ने यही किया कि हम अपने को इस तरह देखें और पुरुष भी हमें इस तरह देखें कि हममें हीनताबोध उत्पन्न हो और पुरुष हम पर अपना अधिकार स्थापित कर सकें। हमारे नारीत्व या यौनाकर्षण को पुरुषों ने ही परिभाषित और नियंत्रित किया। सेक्स के संबंध में हमारी निष्क्रियता और पुरुषों द्वारा हमें सेक्स की वस्तु बनाये जाने का कारण हमारी असहाय स्थिति

है।' इन विचारों ने स्त्री मुक्ति आंदोलन को नये आयाम दिये। उदाहरण के लिए महिलाओं ने उन डॉक्टरों के खिलाफ आंदोलन चलाया जो स्त्रियों की असहाय और पराधीन स्थिति से उत्पन्न रोगों का उचित निदान-उपचार करने के बजाय उन्हें मात्र ड्रग या उपशामक औषधियाँ दे कर और इन्हें स्त्रियों के स्वाभाविक रोग कह कर तिरस्कार से रफा-दफा कर देते थे। उन्होंने मार्क्सवाद के इस सिद्धांत को चुनौती दी कि स्त्रियों का शोषण वर्ग शोषण का ही एक रूप है। उन्होंने कहा कि स्त्रियों का शोषण पूँजीवादी वर्ग-संबंधों के समाप्त होने के बाद भी जारी रह सकता है। उन्होंने सभी प्रकार के नेतृत्ववाद को चुनौती दी और कहा कि स्त्रियों को समानता का अधिकार कोई दूसरा संगठन नहीं दे सकता, उन्हें खुद ही इसकी लड़ाई लड़नी पड़ेगी। उन्होंने साहित्य, संगीत, फिल्मों और चित्रकला आदि के द्वारा एक विशिष्ट संस्कृति की रचना की दिशा में कदम बढ़ाया। उन्होंने महिलाओं के विशिष्ट चर्चा-ग्रुपों का संगठन किया, जहाँ वे एक-दूसरे के अनुभवों से सीखकर अपने में आत्मविश्वास और शक्ति पैदा कर सकती थीं। उन्होंने घरेलू काम-काज के संबंध में नये आर्थिक विचारों का प्रतिपादन किया और कहा कि ये घरेलू काम न केवल उत्पादन की दृष्टि से महत्त्वपूर्ण हैं (क्योंकि पुरुषों को घरेलू जिम्मेदारियों से मुक्त रखकर महिलाएँ कारखाना-उत्पादन में सहायक होती हैं और बच्चों को पाल-पोसकर श्रम-शक्ति की आपूर्ति बनाये रखती हैं) बल्कि अतिरिक्त मूल्य में भी इस घरेलू काम-काज का हिस्सा होता है।

पाँच

मानव संवेदना जब धर्म, जाति, लिंग, रंग और रहन-सहन की प्रणालियों में बँट जाये तो वह किसी भी समाज के लिए दुर्भाग्य की बात होती है, क्योंकि तब आदमी आदमी नहीं रहता, झुंड का प्राणी मात्र बन कर रह जाता है। वैसे तो सभी समाजों में यह बीमारी थोड़े-बहुत अनुपात में विद्यमान है, किंतु भारतीय समाज इस मामले में सबसे अधिक अभागा है। यहाँ हिंदू की पीड़ा मुसलमान की पीड़ा नहीं बनती और न मुसलमान की पीड़ा हिंदू की पीड़ा। न सवर्णों का दर्द शूद्रों को महसूस होता है और न शूद्रों का दर्द सवर्णों को। वर्ग संघर्ष के सिद्धांत ने इस दृष्टि को गरिमा भी प्रदान की है, भले ही उसे वर्गों तक सीमित रखा गया हो। किंतु आश्चर्य की बात है कि यह दृष्टि स्त्री-पुरुष संबंधों में भी आ गयी है, हालाँकि स्त्री-पुरुष एक दूसरे के अर्धांग हैं और एक के बिना दूसरे का जीवन अधूरा रह जाता है। स्त्री की अस्मिता का सवाल, उसके अस्तित्व एवं मनुष्यत्व को स्वीकार करने का सवाल आज मानवता का सबसे बड़ा सवाल है। सदियों से स्त्री की अस्मिता को नकारा गया है और आज

भी नाना प्रकार के कुतर्कों से उसे नकारने का प्रयास चल रहा है, कभी धर्म के नाम पर, कभी जाति के नाम पर और कभी वर्ग (क्लास) के नाम पर और यह सब हो रहा है मानवता के आधार पर नहीं, राजनीति के आधार पर।

रूपन देओल बजाज बनाम के. पी. एस. गिल मुकदमे[1] के फैसले पर पुरुष-प्रधान समाज में जो प्रतिक्रियाएँ हुईं, वे राजनीति से हटकर थीं इसलिए और भी ज्यादा खतरनाक थीं क्योंकि इनमें पुरुष-दंभ पर मानवता के सिद्धांतों का मुलम्मा चढ़ाने की फूहड़ कोशिश साफ दिखायी देती है। कुछ प्रसिद्ध अखबारों के संपादकीय लेखों में कहा गया कि जरा-सी बात को इतना तूल नहीं दिया जाना चाहिए था कि पंजाब के आतंकवाद से लड़नेवाले राष्ट्रीय हीरो को जेल की सजा हो जाये। दूसरे शब्दों में हीरो जंगलीपन की हद तक बदतमीजी भी करे तो उसे माफ किया जाये। यह मानसिकता महाभारत काल से चली आ रही उस परंपरा का ही विस्तार है जिसके अनुसार हारे हुए राजा की रानियों को विजेता के आगे आत्म-समर्पण करना पड़ता था। स्त्री क्रय-विक्रय अथवा हीरो का अधिकार है। 'वीर भोग्या वसुंधरा' के वाक्य में वसुंधरा को नारी ही माना गया है।

इस पारंपरिक मानसिकता में जी रहे व्यक्ति के लिए स्त्री को व्यक्ति या मनुष्य के रूप में स्वीकारने में (बहन, बेटी, माँ, पत्नी आदि की भूमिका से भिन्न) बहुत तकलीफ होती है। रूपन देओल के केस में इन सभी व्यक्तियों की प्रतिक्रिया एक-सी होगी; अर्थात जरा-सी बात पर राष्ट्रीय हीरो को सजा नहीं मिलनी चाहिए थी। इन पंक्तियों के लेखक के दो पड़ोसियों ने भी यही बात कही। इनमें एक दक्षिण भारतीय हैं और दिन में कम से कम दो घंटे मंदिर में बिताते हैं। दूसरे उत्तर भारतीय हैं और उन्हें मंदिर के रूटीन के अलावा हर रोज रामायण, महाभारत या कृष्ण की वीडियो फिल्म देखने का शौक है।

हीरो या नायक की कल्पना के संबंध में कुछ दिन पहले डॉ. विद्यानिवास मिश्र ने साहित्य अकादमी में बहुत सुंदर भाषण दिया था। उन्होंने कहा कि राम ने गर्भवती सीता को वनवास दे कर अपने को दंड दिया। वाल्मीकि, कालिदास, तुलसी से ले कर आज तक के कवियों-समीक्षकों ने राम को अपनी भावना के अनुरूप गढ़ा है, इसलिए विद्यानिवास मिश्र की व्याख्या को भी स्वीकार किया जा सकता है, हालाँकि कई विद्वानों ने (जैसे श्रीनिवास शास्त्री) इससे भिन्न मत प्रकट किया है। उनकी बात से यह अर्थ भी निकलता है कि नायक कष्ट झेल कर, ट्रेजेडी से गुजर कर ही बना जा

---

1. के. पी. एस. गिल पंजाब पुलिस के सर्वोच्च अधिकारी थे, जिन्हें पंजाब के आतंकवाद को समाप्त करने का श्रेय दिया जाता है हालाँकि उनके खिलाफ निर्दोषों की हत्या के आरोप भी लगे हैं। रूपन देओल बजाज आई. ए. एस. अधिकारी थीं। श्री गिल पर श्रीमती बजाज के साथ अभद्र व्यवहार करने का आरोप था। उनकी सजा की पुष्टि सर्वोच्च न्यायालय ने भी कर दी है।

सकता है। यह नायक की ग्रीक-कल्पना है, भारतीय नहीं। भारतीय काव्यशास्त्र में तो लम्पटता और उद्धत स्वभाव को भी नायकत्व का गुण माना गया है। क्या आश्चर्य जो इस संस्कृति में दीक्षित बुद्धिजीवी एक सिने-तारिका की फिल्म तीस बार देखनेवाले मानसिक विकलांग को भी हीरो का खिताब दे डालें।

'टाइम्स ऑफ इंडिया' की एक परिचर्चा में प्रसिद्ध फोटोग्राफर रघु राय के अलावा गाँधीवादी अर्थशास्त्री और योजना आयोग के पूर्व सदस्य एल. सी. जैन ने भी के. पी. एस. गिल की सजा को गैरजरूरी माना है। रघु राय की बात तो समझ में आती है, क्योंकि उनके अहंकार को उनकी पत्नी ने तोड़ा है। उनके द्वारा त्याग दिये जाने के बाद भी उनकी पत्नी रोई-धोई या उनके आगे घिघियायी नहीं, बल्कि उसने बच्चों को अच्छे ढंग से पाला और सास-ससुर की देखभाल की और यह सब करते हुए उसने अपने कार्य क्षेत्र में पति से कई गुना अधिक ख्याति अर्जित की। श्री जैन ने पहले तो यह कहा कि यह फैसला स्त्रियों के लिए बीमा पॉलिसी नहीं है अर्थात इससे उन्हें सुरक्षा की गारंटी नहीं मिल जाती। कौन नहीं जानता कि कानून बन जाने से या न्यायालय का फैसला आ जाने से अपराध रुक नहीं जाते, लेकिन इससे उस कानून या फैसले का महत्व कम नहीं हो जाता। इसके आगे श्री जैन कहते हैं : 'केस के महत्व को कम किये बिना (यह कहने की जरूरत क्या थी, यदि महत्व को कम करने की छिपी कोशिश न होती) मैं यह अवश्य कहूँगा कि रूपन देओल बजाज का केस 'क्लास' से जुड़ा है' पता नहीं, गाँधीवाद की संवेदना वर्गगत कब से हो गयी है। और स्पष्ट करते हुए श्री जैन कहते हैं : 'यह प्रसंग उस दर्द की गहराई को नहीं छूता जो स्त्री को समाज और राजकीय तंत्र से मिलती है।'

कुल मिला कर हमारे देश का बुद्धिजीवी वर्ग भी खंडित संवेदना का क्रॉनिक मरीज़ है। हजारों सालों से जातियों में बँटे समाज में खंडित संवेदना स्वाभाविक है। वैसे यह कमजोरी थोड़ी-बहुत मात्रा में सभी समाजों में मिलती है, किंतु इसका जैसा अनुमोदन बौद्धिकता के स्तर पर यहाँ मिलता है, वैसा और कहीं नहीं मिलता। मुजफ्फरनगर की घटना के कुछ दिन बाद ही नागपुर में भी एक घटना घटी थी और उसमें आदिवासी महिलाओं पर लगभग वैसा ही अत्याचार हुआ था जैसा मुजफ्फरनगर में कुलीन महिलाओं पर हुआ था। एक घटना पर तो न्यायपालिका, सी.बी.आई. और केंद्रीय सरकार का तंत्र तथा समाचार-पत्र अत्यधिक उत्तेजित हुए और दूसरी घटना की लोगों को याद भी नहीं है। इतना ही नहीं, एक महिला संगठन की रिपोर्ट के अनुसार हमारे देश में हर मिनट आधा दर्जन महिलाओं के साथ बलात्कार और लगभग 50 महिलाओं पर हत्या सहित अन्य अत्याचार होते हैं, किंतु चूँकि ये महिलाएँ हमारी क्लास या जाति के घेरे से बाहर होती हैं, हमें कोई पीड़ा नहीं सताती। हमारी संवेदना रानी और धोबिन के प्रति एक जैसी नहीं हो सकती।

मुजफ्फरनगर की घटना को राजनीतिक प्रयोजन से उछाला गया। नागपुर की

घटना को राजनीतिक प्रयोजन से दबाया गया। दिल्ली में नारी निकेतन की बेसहारा महिला के साथ प्रदेश के स्वास्थ्य मंत्री का नाम जुड़ा तो राजनीतिक प्रयोजन से उसे दबाने की कोशिशें की गयीं। भाजपा विधायक पूर्णिमा सेठी और प्रो. पी. के. चाँदला पर पार्टी के संत नेता केदारनाथ साहनी ने जोर डाला कि वे मामला उठाने के लिए बिना शर्त क्षमा माँगें। उन्होंने नहीं माना, यह सराहनीय है। जिस राजनीति का पूरी तरह अपराधीकरण हो चुका है, उसके चलते डी. एन. ए. के सैंपल की हेराफेरी कौन-सा मुश्किल काम है ? 14 अगस्त 1996 के 'पायोनियर' में राजस्थान के अलवर जिले के जागता गाँव की भी एक खबर छपी। इसमें कहा गया कि एक दलित महिला को ठाकुरों ने पेड़ से बाँध कर मारा। गंगा नगर की एक घटना का भी उल्लेख था जिसमें एक दलित महिला के गुप्तांग पर बाँस के डंडे और लाल मिर्च का उपयोग किया गया। राजनीतिक स्वार्थों के चलते इन सब घटनाओं पर पर्दा डालने की कोशिश हुई। न्यायालय भी इन घटनाओं की पुताई करेंगे जैसा कि भँवरी के केस में यह कह कर किया गया कि ऊँची जाति के लोग अस्पृश्य जाति की महिलाओं पर बलात्कार कर ही नहीं सकते।

गंदी राजनीति ने स्त्री की अस्मिता को सूली पर टाँग रखा है। स्त्री हमारे लिए या तो भोग-वस्तु है या क्रय-विक्रय की चीज या राजनीति की शतरंज का मोहरा। उसकी माँ, बेटी, बहन, पत्नी. प्रेमिका आदि की परंपरागत भूमिका तो हमें स्वीकार है, किंतु इस घेरे से बाहर कोई भूमिका नहीं। स्त्री-जीवन का और भी कोई उद्देश्य है, इसे हमने स्वीकार नहीं किया है। इसीलिए यदि कोई स्त्री परंपरागत भूमिका के घेरे से बाहर निकल कर कोई उपलब्धि हासिल करती है (चाहे वह रूपन देओल, किरण बेदी, फूलन देवी हों या बदतमीज बस-कंडक्टर की पिटाई करनेवाली लड़कियाँ) तो पुरुष-समाज को अवचेतन में ही सही, तकलीफ होती है। यह तकलीफ उन स्त्रियों को भी होती है जिन्होंने अपनी लंबी गुलामी को आत्मसात कर लिया है और जो पुरुषों के मूल्यों को ही अपने मूल्य मानती हैं। गुलामी के आत्मसातीकरण की प्रक्रिया एक जटिल मनोवैज्ञानिक प्रक्रिया है। इसका सुंदर वर्णन सिमोंद बुआ ने अपनी पुस्तक 'सेकेंड सेक्स' में किया है जहाँ वे कहती हैं कि 'यदि स्त्रियाँ बुजुर्ग वर्ग की होती हैं तो उनकी भावनात्मक एकता उस वर्ग के पुरुषों के साथ होती है न कि सर्वहारा वर्ग की स्त्रियों के साथ; इसी तरह यदि वे श्वेत जाति की होती हैं तो उनकी निष्ठा श्वेत जाति के पुरुषों के साथ होती है न कि अश्वेत स्त्रियों के साथ।'

स्त्री की अस्मिता की लड़ाई स्त्री को मुनष्य का दर्जा दिलाने की लड़ाई है। अभी यह लड़ाई शुरू ही हुई है। अगली सदी इस लड़ाई की ही सदी होगी।

गुलामी की परंपरा : आधुनिकता की आजादी

सत्येन्द्र रंजन

स्त्री के संदर्भ में परंपरा बनाम आधुनिकता की बहस दरअसल दासता बनाम स्वतंत्रता की बहस है। दूसरी तरह से इसे ऐसे भी कहा जा सकता है कि परंपरा स्त्रियों की गुलामी की कहानी रही है, आधुनिकता ने पहली बार उससे मुक्ति की संभावनाएँ या अवसर पैदा किये हैं। आज भारतीय समाज परंपरा और आधुनिकता के समर्थकों का युद्धस्थल बना हुआ है। समाज के इस संघर्ष ने गहरे राजनीतिक आयाम हासिल कर लिये हैं। एक तरफ परंपरा के समर्थक हैं, जो समाज की प्रगति और उत्थान से विचलित होकर इस पर एकजुट हमला कर रहे हैं, तो दूसरी तरफ न्याय, समता और लोकतंत्र के पक्षधर आधुनिकतावादी लोग हैं। भविष्य के भारत का स्वरूप इसी संघर्ष के परिणाम पर निर्भर करनेवाला है।

इन बातों को इससे पहले कि आगे बढ़ायें, परंपरा और आधुनिकता से हमारा तात्पर्य क्या है, इसे साफ कर लेना उचित होगा। परंपरा से मतलब समाज के विकास क्रम में बने रीति-रिवाजों और सामाजिक मूल्यों से है, जिन्हें मानते हुए कोई समाज चलता है। परंपरा कोई स्थैतिक चीज नहीं है। यह स्वयं में विकासशील और परिवर्तनशील है। अगर परंपरा स्वाभाविक रूप से विकसित होती रहे तो वह सामान्य अर्थ में निरंतर अपना आधुनिकीकरण करती रहती है। इस रूप में परंपरा और आधुनिकता के बीच कोई टकराव होना नहीं चाहिए। लेकिन कोई भी समाज इतने सरल और सहज ढंग से आगे नहीं बढ़ता है। सामाजिक विकास की प्रक्रिया असल में द्वंद्वात्मक होती है। समाज के हर काल में कुछ खास तबकों के अपने निहित स्वार्थ होते हैं। विकास की प्रक्रिया में जब इन स्वार्थों पर चोट होती है तो ये तबके विकास की पूरी दिशा को अवरुद्ध करने के लिए जोरदार प्रतिक्रिया करते हैं। इस तरह सामाजिक विकास स्वाभाविक क्रिया और निहित स्वार्थी प्रतिक्रिया के संघर्षों

की कहानी बन जाता है। यही वजह है कि विकासमान परंपराओं की अक्सर पूर्व निर्धारित और गतिरुद्ध स्वरूप में व्याख्या करने की कोशिश होती है। आधुनिकता का संघर्ष ऐसी ही परंपराओं से है।

अगर शब्द के सामान्य अर्थ की दृष्टि से देखें तो हर समाज अपने आप में आधुनिक होता है। हम आधुनिक होने के अलावा कुछ हो ही नहीं सकते। आखिर कोई गुजर गये काल में कैसे जी सकता है ? गुजरा हुआ जमाना सिर्फ स्मृतियों या इतिहास के पन्नों में जिंदा रह सकता है। फिर भी जब आधुनिकता की बात होती है तो उसका एक खास संदर्भ होता है। वह यह कि समाज विकास के जिस स्तर तक पहुँच चुका है, क्या आप उसके अनुरूप ढले रिवाजों और सामाजिक मूल्यों के मुताबिक जी रहे हैं ? मानव चेतना ने जितना विकास और विस्तार पा लिया है, क्या आपकी संस्कृति उसके अनुरूप है ? अगर यह नहीं है, तो आप पिछड़ेपन की स्थिति का शिकार हैं। इससे कोई फर्क नहीं पड़ता कि उस पिछड़ेपन पर गौरवशाली अतीत और परंपराओं का बखान करते हुए नकाब डाला जा रहा हो।

इस समझ के अनुसार इतिहास के हर दौर में समाज आधुनिक रहा है और हर दौर में यह समस्या रही है कि निहित स्वार्थी तबकों की तरफ से तब के आधुनिक मूल्यों के खिलाफ परंपरा को खड़ा किया गया है। इसके बावजूद आज जब हम आधुनिकता की बात करते हैं, तो उसका एक अलग विशेष संदर्भ भी होता है। आज की आधुनिकता सिर्फ वक्त के साथ विकसित होनेवाली सामान्य आधुनिकता नहीं है। यह एक खास संदर्भ और खास सामाजिक-राजनीतिक परिघटनाओं से विकसित हुई है। इसके पीछे मानव के ज्ञान, तर्क और अनुसंधान विज्ञान-तकनीक और जन संघर्षों का खासा लंबा इतिहास है। यह एक विश्वव्यापी प्रक्रिया रही है। इसके पीछे यूरोप में नवजागरण से लेकर औद्योगिक क्रांति, मैग्नाकार्टा से अमेरिकी स्वतंत्रता संग्राम और फ्रांस की क्रांति, समाजवाद और साम्यवाद की विचारधाराओं का प्रादुर्भाव और विस्तार, रूस की बोल्शेविक क्रांति और दुनिया के अन्य देशों में समाजवादी क्रांतियाँ, भारतीय स्वतंत्रता संग्राम और एशिया, अफ्रीका, लैटिन अमेरिका व अन्य अलग-अलग देशों में उपनिवेशवाद विरोधी संघर्षों, तथा आज समता व न्याय के लिए चल रहे संघर्षों का इतिहास है। विकास एवं संघर्ष की इन घटनाओं ने दुनिया के स्तर पर नये मूल्य और नयी संस्कृति विकसित की है। पर द्वंद्वात्मक प्रतिक्रिया के तौर पर आज लगभग हर जगह अलग-अलग रूपों में इन मूल्यों और संस्कृति पर हमले भी हो रहे हैं। भारत में यह हमला परंपरा की रक्षा की आड़ में हो रहा है।

भारत में इस अर्थ में आधुनिकता की शुरुआत उन्नीसवीं सदी के मध्य से मानी जा सकती है, जिसे भारतीय नवजागरण का काल कहा जा सकता है। राजा राममोहन राय के युग से आज तक आधुनिकता के लिए संघर्ष की एक परंपरा भी बन गयी है। भारतीय स्वतंत्रता आंदोलन की मुख्य धारा आधुनिकता के मूल्यों से

प्रेरित रही। स्वतंत्रता के बाद राष्ट्र निर्माण का महती प्रयास भी इन मूल्यों को केंद्र में रख कर शुरू किया गया। इस पूरे दौर में 'महान भारतीय अतीत और परंपराओं' के पक्ष में आवाज भी अक्सर सुनायी देती है। लेकिन समाज की आम दिशा कम से कम राजनीतिक स्तर पर आधुनिकता की तरफ रही। 1980 के दशक में आकर प्रतिक्रियावादी स्वरों को बड़े स्तर पर स्वीकृति मिलनी शुरू हुई और आज यह राजनीति का केंद्रीय स्वर बन गया है। इसके खिलाफ संघर्ष की धाराएँ भी हैं, जो नयी चुनौतियों के मद्देनजर अब अपने को सतर्क और तैयार करने की कोशिश कर रही हैं। जैसाकि ऊपर कहा गया है, भारत का भावी स्वरूप इसी संघर्ष के परिणाम से तय होगा।

बहरहाल, परंपरा और आधुनिकता की अपनी समझ स्पष्ट कर लेने के बाद अब हम स्त्री को इनके बीच लाते हैं। समाज में हो रही चंद घटनाएँ समाज में स्त्री के संदर्भ में परंपरा बनाम आधुनिकता के संघर्ष के स्वरूप को स्वतः स्पष्ट कर देती हैं। आइए, कुछ घटनाओं पर गौर करें :

● दिल्ली के एक कॉलेज (अरविंदो कॉलेज) में प्राचार्य निर्देश जारी करती हैं कि छात्राएँ जीन्स, स्कर्ट या आधुनिक परिधान पहन कर नहीं आयेंगी। उनकी दलील है कि ये परिधान भड़काऊ हैं और लड़कियों के इनके पहनने पर लड़के छेड़छाड़ के लिए प्रेरित होते हैं। भारी विरोध के बाद प्राचार्य को यह निर्देश वापस लेना पड़ता है।

● कुछ महीनों बाद दिल्ली के स्वास्थ्य मंत्री निर्देश जारी करते हैं कि स्कूलों में छात्राएँ सलवार-कमीज पहन कर आयें क्योंकि स्कर्ट में डेंगू फैलाने का मच्छर एडीस के काटने की आशंका ज्यादा रहती है। लेकिन यही निर्देश हाफ पैंट पहन कर आनेवाले छात्रों के लिए जारी नहीं किया गया। स्वास्थ्य मंत्री ने स्वास्थ्य को कारण बताकर निर्देश जारी करते हुए यह भी जोड़ा कि पूरे तन ढकनेवाले परिधान गरिमामय लगते हैं। भारी विरोध के कारण यह निर्देश भी वापस लिया गया। लेकिन कई हलकों से इसके पीछे की 'भारतीय संस्कृति' को बचाने की भावना के समर्थन में भी आवाजें उठीं।

● मुंबई में लड़के-लड़कियों के हाथ में हाथ डालकर चलने या सार्वजनिक जगहों पर प्रेम का इजहार करने पर रोक लगा दी गयी।

● 1996 में केंद्र में 13 दिन के लिए भारतीय जनता पार्टी सरकार ने दिल्ली एफएम पर आनेवाले यौन शिक्षा के कार्यक्रम 'काम की बात' को बंद करवा दिया और निर्देश जारी किया कि दूरदर्शन पर गर्भनिरोधकों के विज्ञापन रात को 11 बजे के बाद ही दिखाये जायें।

● प्रेम विवाह करनेवाले अनेक जोड़ों की पश्चिम उत्तर प्रदेश के इलाकों में हत्या कर दी गयीं। (ऐसी घटनाएँ अक्सर होती रहती हैं, यहाँ सिर्फ इस सामाजिक प्रवृत्ति पर रोशनी डालने के लिए इनका जिक्र भर किया गया है।) इन हत्याओं के पीछे ज्यादातर लड़की के घरवालों की पहल रही, जिन्होंने बिना परिवार की मर्जी

के हुए विवाहों को परिवार की इज्जत पर हमला माना।

इन घटनाओं में स्पष्टतः स्त्रियों के व्यक्तित्व की स्वतंत्रता को स्वीकार न करनेवाली मानसिकता की अभिव्यक्ति होती है। स्त्रियाँ अपने ढंग से जी नहीं सकतीं। वे अपनी पसंद के कपड़े नहीं पहन सकतीं। उन्हें अपनी यौन आकांक्षा को स्वतंत्र ढंग से जीने और व्यक्त करने का अवसर नहीं है। वे ऐसा करने का ज्ञान प्राप्त नहीं कर सकतीं। अपनी पसंद का जीवनसाथी तय नहीं कर सकतीं। वे सिर्फ वह कर सकती हैं, जिसकी 'समाज' उन्हें इजाजत दे। वह समाज जहाँ पुरुषों का वर्चस्व है और जिसके मूल्य पुरुष वर्चस्व पर आधारित हैं। इसके खिलाफ जाना परंपरा को तोड़ना है, अपनी 'महान' संस्कृति की सीमाएँ लाँघना है। यह पाप है, जिसकी सजा देने के लिए कहीं गाँव की जातीय पंचायत है, तो कहीं-कहीं गाँववाली जातीय सामूहिकता की मानसिकता, जिसने शहरी खाल ओढ़ रखी हो। कुल मिलाकर कहा जाये तो स्त्री के संदर्भ में 'आधुनिकता' के खिलाफ जिस 'परंपरा' की दुहाई दी जाती है, वह यही मानसिकता है।

स्त्रियों के स्वतंत्र व्यक्तित्व के नकार की यह मानसिकता इतिहास में लगभग हर समाज में मौजूद रही है। लेकिन विकसित समाजों में पिछली आधी सदी में इस मानसिकता के खिलाफ क्रांतिकारी बदलाव आये हैं। सामंती समाजों के विखंडन, शहरीकरण और चिकित्सा विज्ञान की उपलब्धियों ने इस क्रांति को संभव बनाया है। इस प्रक्रिया ने मानव सभ्यता के इतिहास में पहली बार स्त्रियों को अपनी पहचान के साथ और अपने ढंग से जीने का अवसर दिया है। जाहिर है, इससे पुरानी व्यवस्थाएँ ढही हैं। पुराने ढंग के परिवार ढहे हैं। पुराने मूल्य और मान्यताएँ ढही हैं। इन सबसे कई समस्याओं ने भी जन्म लिया है। ये वास्तविक समस्याएँ हैं। लेकिन मानव विवेक इनके हल के प्रयास में भी जुटा है। सामाजिक विकास के क्रम में रिश्तों और रहन-सहन का नया ढाँचा उभरेगा, इसकी उम्मीद रखने की ठोस वजहें हैं। वह ढाँचा स्त्री-पुरुष की 'परंपरागत' विषमता पर नहीं होगा, यह आशा भी रखी जा सकती है।

स्त्रियों को इन परिवर्तनों से जो आजादी मिली है, उसके पीछे दो मुख्य कारक रहे हैं। पहली बात है उनका आर्थिक रूप से आत्मनिर्भर होना। इससे उनमें स्वयं निर्णय कर पाने का आत्म-विश्वास आया है और उन्हें इसका अवसर भी मिला है। दूसरा कारक है यौन वर्जनाओं से मुक्ति और गर्भ निरोधकों के आने से स्वतंत्र एवं निश्चिंत ढंग से यौन रिश्तों को जी पाने की क्षमता। अब स्त्रियाँ अपने जीवन-यापन के लिए या यौन सुख के लिए किसी एक पुरुष पर निर्भर रहने की मजबूरी से मुक्त हो गयी हैं। यौन सुख के गर्भधारण की अनिवार्य चिंता से भी उन्हें छुटकारा मिल गया है। चूँकि अब वे किसी एक पुरुष पर निर्भर रहने को मजबूर नहीं रह गयी हैं, इसलिए यौन आकांक्षा की अभिव्यक्ति में भी 'शर्म' और वर्जनाओं से घिरे रहने की विवशता उनके सामने नहीं रह गयी है। इससे 'एक नयी स्त्री' सामने आयी

है, जिसे अब से पहले के सभ्यता के इतिहास में कभी देखा नहीं गया था। यह 'स्त्री' उन तमाम परंपराओं और परंपरागत समाजों के लिए चुनौती है जो स्त्री के स्वतंत्र व्यक्तित्व के नकार पर आधारित रही हैं। आज इस स्त्री की चर्चा या महज कल्पना से ही ये समाज और परंपराएँ काँप जाती हैं।

पश्चिम में भी इस स्त्री को फिर कैद करने की कोई कम कोशिशें नहीं हो रही हैं। 'पारिवारिक मूल्यों' की रक्षा और पुनःस्थापना का सारा बखेड़ा ही इसी मकसद से खड़ा किया गया है। सामंतवाद भले वहाँ अतीत की बात हो गया हो, पर दिमाग में सामंती मूल्यों के अवशेष वहाँ भी मौजूद हैं। फिर हमारे जैसे समाज का तो कहना ही क्या, जहाँ सामंतवाद अभी भौतिक रूप में भी जिंदा है। सामंतवाद शक्ति पर आधारित व्यवस्था है। जिसके पास शक्ति है, वही मालिक है। जिन जातियों के पास ताकत है वे जमीन के मालिक हैं और चूँकि पुरुष शारीरिक रूप से स्त्री से शक्तिशाली है, इसलिए वह स्त्री का मालिक है। इस मालिकाने को रीति-रिवाजों और मूल्यों के स्तर पर स्थापित कर दिया गया है। इस स्वामित्व को चुनौती, 'संस्कृति' के लिए चुनौती बन जाती है।

तो हमारी 'परंपरा' यह है कि स्त्रियाँ पुरुषों की सेवा करें—घरेलू कामकाज के स्तर पर भी और दाम्पत्य जीवन में यौन के स्तर पर भी। इनमें किसी स्तर पर वे हक की माँग न करें। बताया जाता है कि परिवार और समाज का पूरा ढाँचा स्त्रियों के इसी अधिकार त्याग पर आधारित है। इस जबरन कराये गये 'त्याग' का पारंपरिक साहित्य और धर्म ग्रंथों में खूब महिमामंडन हुआ है। मुख्यधारा के सिनेमा में भी यह कम नहीं हुआ है। इस दशक की सबसे सफल फिल्म 'हम आपके हैं कौन' इस महिमामंडन की पराकाष्ठा थी। उसे जैसे समाज में हाथों-हाथ लिया गया, उससे यह संकेत भी मिला कि यह मानसिकता आज भी कितनी फैली हुई और स्वीकृत है। उस फिल्म की पात्र स्त्रियाँ हमारे आपके 'परंपरागत' घर-परिवारों की स्त्रियाँ जैसी थीं। उनकी हैसियत भी वैसी ही थी, जिसके बारे में कभी साहिर लुधियानवी ने लिखा था—'इस देश ने सदियों से नारी को देवी कह कर दासी जाना है, जिसको कोई अधिकार न हो वैसी घर की रानी माना है।'

लेकिन हमारी 'परंपरा' में इतना सब कुछ खोकर भी स्त्रियाँ सम्मान की पात्र नहीं रही हैं। उनके 'त्याग' का महिमामंडन तो सिर्फ दासता की भावना को सांस्कृतिक आयाम देने के लिए किया जाता रहा है। वास्तव में वे उपेक्षा, उत्पीड़न, शक और अपमान की पात्र रही हैं। संयुक्त परिवारों में यह सब होते कहीं भी देखा जा सकता है। हर युग में इसकी मिसाल मिल जाती है। हर युग में समाज सुधारकों को स्त्रियों की स्थिति में सुधार के लिए खास जोर लगाना पड़ता रहा है। वे मानव हैं, यह कहने की जरूरत पड़ती रही है। पर स्त्रियों का उद्धार नहीं हुआ है। उद्धार की संभावना सिर्फ आधुनिकता ने पैदा की है। ऐसा यह इसलिए कर पायी है क्योंकि इसने परंपरागत

सोच को आमूल रूप से चुनौती दी है और उसके मुताबिक भौतिक स्थितियों को जन्म दिया है। आइए इसकी एक मिसाल देखें।

स्त्रियों के लिए अपमानजनक यह कथन हमारी परंपरा का हिस्सा रहा है—'त्रिया चरित्रं पुरुषस्य भाग्यं देवो न जानाति कुतो मनुष्यः ?' यानी स्त्री का चरित्र और पुरुष का भाग्य कैसा है, इसे तो देवता भी नहीं जानते, मनुष्य इस बारे में क्या बता सकता है ? इस कथन में दो हिस्से हैं—पहला स्त्री का चरित्र और दूसरा पुरुष का भाग्य। यहाँ चरित्र से मतलब स्त्री के यौन संबंधी व्यवहार से ही है। अपने ढंग के सामाजिक नियम, विवाह की रीति और दाम्पत्य के कायदे बनाने के बाद भी पुरुष मानसिकता स्त्री के यौन व्यवहार को लेकर संदेहग्रस्त रही है। स्त्री किसी और पुरुष की तरफ आँख उठा कर न देख ले, इसकी चिंता उसे लगी रही है। कहीं वह किसी और पुरुष से हँस-बोल न ले, इस मनोग्रंथि में वह फँसा रहा है। उसकी यौनिकता पर वह अपना सर्वाधिकार मानता रहा है। फिर यौनिकता भी ऐसी, जिसमें स्त्री अपने सुख की माँग न करे, वह पूर्ण समर्पण कर दे। अगर इसमें कहीं भी कमी आयी तो वह 'त्रिया का चरित्र' हो गया, जो हमेशा ही संदिग्ध होता है !

'चरित्र' के यही मानदंड कभी, किसी युग में पुरुष पर लागू नहीं हुए हैं। अगर होते, तो हरम और वेश्यालय क्यों बनते ? या बलात्कार करनेवाला पुरुष अपनी 'मर्दानगी' पर खुलेआम इतरा कैसे पाता ? लेकिन यह सब होता रहा है। दरअसल, किसी समूह या व्यक्ति पर अपना प्रभुत्व जताने के लिए अक्सर उसकी माँ-बहन की गालियाँ दी जाती रही हैं। इन गालियों का निहितार्थ यह रहा है कि पुरुष उस व्यक्ति की माँ या बहन से यौन संबंध बनायेगा। काम दोनों यौन का ही करेंगे। लेकिन इसमें स्त्री की इज्जत चली जायेगी, जबकि पुरुष की प्रभुता और श्रेष्ठता स्थापित होगी। इसी मानसिकता का प्रतिफलन युद्धों में विजयी पक्ष के द्वारा पराजित पक्ष की आम स्त्रियों से सामूहिक बलात्कार के रूप में होता रहा है।

उपर्युक्त कथन का दूसरा भाग है—पुरुष का भाग्य। यानी किस पुरुष की किस्मत कब सँवर जाये, वह समृद्ध और संपन्न हो जाये या उसकी किस्मत कब बिगड़ जाये यानी वह समृद्ध से गरीब हो जाये, इसे कोई नहीं जानता। किस्मत होती है या नहीं, यह इस लेख का विषय नहीं है। लेकिन अगर वह होती भी हो तो उपर्युक्त कथन के अनुसार यह तो तय है कि स्त्री की अपनी कोई किस्मत नहीं होती। वह न बनती है, न बिगड़ती है। उसकी किस्मत तो पुरुष के साथ जुड़ी होती है। अगर उसकी किस्मत होती भी होगी तो उससे बस यह तय होता है कि वह कैसे पुरुष से जुड़ती है—अच्छी किस्मतवाले से या खराब किस्मतवाले से और फिर किसी अच्छे स्वभाव के पुरुष से या क्रूर, उत्पीड़क पुरुष से। बहरहाल, जैसे के साथ भी जुड़ जाये, उससे जीवन भर निभाना है—सब कुछ सहते हुए, त्याग, सेवा और समर्पण करते हुए।

जाहिर है, आम सामाजिक मानसिकता को जाहिर करनेवाला उपर्युक्त कथन स्त्री के व्यक्तित्व की स्वतंत्रता के संपूर्ण नकार पर आधारित है। पर अब आधुनिकता ने यह संभावना पैदा कर दी है कि स्त्रियाँ इस कथन को संपूर्ण रूप से नकार कर जी सकें। आधुनिकता ने चरित्र के मायने बदल दिये हैं। स्वेच्छा और स्वतंत्रता के आधार पर स्त्री-पुरुष में मेलजोल को इसने संभव बना दिया है। रिश्ते अपनी मर्जी से बनाने के अवसर इसने पैदा किये हैं। यौन वर्जनाओं और यौन कुंठाओं को पीछे छोड़ रिश्तों का एक स्वस्थ एवं प्रगतिशील माहौल इसने बनाया है। यह प्रक्रिया व्यापक रूप से समाज, राजनीति और अर्थव्यवस्था में हो रही आधुनिकता की परिघटनाओं का हिस्सा है। जैसे समाज में न्याय, राजनीति में लोकतंत्र और अर्थव्यवस्था में समानता की आकांक्षा जाग्रत होना मानवीय चेतना का हिस्सा बनती गयी है, वैसे ही स्त्री-पुरुष रिश्तों में आपसी समझ, स्वेच्छा और भावनाओं की प्रेरणा का महत्व स्थापित होता गया है। कोई स्त्री सिर्फ इसलिए दुश्चरित्र नहीं हो जाती कि वह एक से अधिक पुरुषों के साथ समझ और दोस्ती का रिश्ता बनाती हो या विवाह के दायरे के बाहर भी उसके मित्र हों। आधुनिक समाजों में ये सब बातें आम स्वीकृति प्राप्त करती गयी हैं। भारतीय समाज के लिए ये नयी बातें हो सकती हैं, लेकिन यहाँ भी इनकी जड़ें जम रही हैं। जहाँ तक उस कथन के दूसरे भाग का सवाल है तो किस्मत बनाना भी आज सिर्फ पुरुषों का एकाधिकार नहीं रह गया है। व्यापार, व्यवसाय और नौकरी हर क्षेत्र में स्त्रियों ने अपने कदम रखे हैं और उल्लेखनीय सफलताएँ भी हासिल की हैं। जाहिर है, स्त्रियों के संदर्भ में 'परंपरा' खतरे में है। 'आधुनिकता' के पाँव पसर रहे हैं और उसकी आकांक्षा व्यापक हो रही है।

अब चूँकि परंपरा खतरे में है तो यह स्वाभाविक ही है कि इससे जिनके निहित स्वार्थों पर आघात हो रहा है, वे इसका प्रतिरोध और प्रतिवाद करें। इन लोगों और समूहों की पहचान करना कठिन भी नहीं है। भारतीय समाज में आज एक तरफ दलित-पिछड़ी जातियों और हाशिये पर के समूहों में अपने अधिकारों के प्रति अभूतपूर्व जागृति आ रही है तो दूसरी तरफ इसके खिलाफ सवर्ण जातियों और सुख-सुविधा में रह रहे समूह अधिक उग्र ढंग से गोलबंद भी हो रहे हैं। लोकतंत्र के विस्तार के साथ-साथ अधिनायकवादी प्रवृत्तियाँ भी मजबूत हो रही हैं। इसी व्यापक परिघटना का यह हिस्सा है कि आधुनिकता की बढ़ती आकांक्षा के साथ-साथ परंपरा का आग्रह भी बढ़ रहा है। अगर सारी परिघटना को एक जगह ला कर देखें तो दलित-पिछड़ी जातियों, शोषित समूहों और आधुनिकता के समर्थकों के खिलाफ सवर्ण जातियों, शहरी उच्च और मध्य वर्ग, धर्म सत्ता से जुड़े समूहों आदि का दक्षिणपंथी-प्रतिक्रियावादी गठबंधन हो रहा है।

यहाँ कई अंतर्विरोध भी दिख सकते हैं। मसलन, आधुनिक ढंग की जीवन शैली सबसे ज्यादा शहरी उच्च और मध्य वर्ग की है। लेकिन ये तबके आज जिन

राजनीतिक और सांस्कृतिक विचारों की अभिव्यक्ति कर रहे हैं, वे घोर दक्षिणपंथी और प्रतिक्रियावादी हैं। उधर दलित और पिछड़ी जातियों का आंदोलन आम तौर पर प्रगतिशील और मुक्ति की भावना पर आधारित है। लेकिन इसके भीतर कई स्तरों पर घोर स्त्री और आधुनिकता विरोधी प्रवृत्तियाँ नजर आती हैं। क्षेत्रीय अस्मिता के आंदोलनों में भी ये प्रवृत्तियाँ हावी होती रही हैं, जबकि उन आंदोलनों का कुल स्वरूप लोकतंत्र और विकेंद्रीकृत संघीय व्यवस्था के पक्ष में रहा है, गौरतलब है कि लोकतंत्र और संघीय व्यवस्था अपने आप में आधुनिक अवधारणाएँ हैं।

इस मुकाम पर आ कर स्थिति बहुत उलझी हुई लग सकती है। लेकिन वास्तव में ऐसा नहीं है। समाज में स्थितियाँ कभी भी सरल एवं सहज नहीं होती हैं। अलग-अलग स्तरों पर अलग-अलग परिघटनाएँ एक साथ हो रही होती हैं। फौरी तौर पर इनसे उलझन हो सकती है। लेकिन दीर्घकालिक तौर पर समाज का विकास इन सारी परिघटनाओं के कुल प्रभाव से होता है। आधुनिक मूल्य आज घोषित कर कोई स्वीकार करता हुआ भले न दिखे, लेकिन अपने जीवन में और अवचेतन मानस में लगभग हर समूह इसे स्वीकार करता हुआ चल रहा है।

लड़कियों को पढ़ने के लिए जब घर से बाहर भेजा जाता है, तभी स्त्री के संदर्भ में आधुनिकता के एक पहलू को स्वीकार लिया जाता है। आखिर हमारी परंपरा स्त्रियों को ज्ञान से वंचित रखने की ही रही है। जब स्त्रियों को राजनीति में भागीदारी देने की बात चल रही है, तो इसके एक अन्य रूप को स्वीकार किया जा रहा है। सबसे दक्षिणपंथी और प्रतिक्रियावादी ताकतें भी आज खुल कर स्त्री की आजादी का विरोध नहीं कर पाती हैं। ऐसा वे 'अगर और मगर' लगा कर करती हैं। ऐसा वे 'परंपरा बनाम आधुनिकता' और 'भारतीय बनाम पश्चिमी संस्कृति' की बहस खड़ी कर करते हैं। लेकिन इतिहास की जो स्वाभाविक दिशा है, उसे महज ऐसी बहसों से नहीं रोका जा सकता। यह सभ्यता के विकास का एक क्रम है। तर्क और बहस में यह क्रम हमेशा भारी पड़ता है।

यही वजह है कि बहुत-से समाजों में इस क्रम को रोकने के लिए निहित स्वार्थी तत्वों ने हिंसक और बर्बर तरीके अपनाये हैं। अपने ही बगल में अफगानिस्तान के तालिबान की मिसाल देख सकते हैं। 'तालिबानी' दिमाग कोई बहस और तर्क नहीं करता। वह अपनी धारणाओं और अपने हितों को ताकत और हथियारों के सीधे इस्तेमाल से लागू करता है। 'तालिबानी' प्रवृत्ति अनेक देशों में सक्रिय और काफी हद तक सफल भी रही है। लेकिन ऐसा सभ्यता को नष्ट करने की कीमत चुका कर ही किया गया है। भारत में भी 'तालिबानी' प्रवृत्ति जब-तब सिर उठाती रही है। पंजाब में खालिस्तानी आतंकवाद के दौरान और कश्मीर में अलगाववादी आंदोलन जब शिखर पर था, हमने इसकी मिसालें देखीं। बंदूक के जोर पर वहाँ सिनेमाघरों को बंद करवा दिया गया, स्त्रियों के लिए परिधान संहिता लागू करने की कोशिश

की गयी और धार्मिक कट्टरपंथ का उन्माद फैला दिया गया। पूरे देश के स्तर पर हिंदुत्ववादी तालिबानों के हावी हो जाने की आशंका आज हम सबको घेरे हुए है। इससे धर्मनिरपेक्ष लोकतंत्र और उदार मूल्यों के लिए गहरा खतरा पैदा हो रहा है। जाहिर है, यह सब 'परंपरा' के नाम पर ही हो रहा है।

आधुनिकता का संबंध मनुष्य की चेतना के विकास से है। यह एक मानसिक परिघटना है। तर्क और विवेक इसका आधार हैं। खुले लोकतांत्रिक माहौल में ही यह अपनी अभिव्यक्ति कर सकती है। स्त्रियों ने ऐसे ही माहौल में अपने ढंग से चीजों को देखने और समझने, उनका इजहार करने, और उनके पक्ष में माहौल बनाने के लिए सामाजिक-राजनीतिक पहल करने की शुरुआत की। इसलिए यह बेहिचक कहा जा सकता है कि हर प्रतिक्रियावादी और कट्टरपंथी उभार से सबसे ज्यादा नुकसान उन्हीं का हुआ है। एक तानाशाही या धर्म सत्तावाली व्यवस्था में स्त्री के स्वतंत्र अधिकारों या नारीवाद जैसी आधुनिक विचारधारा का अस्तित्व भी नहीं हो सकता। ऐसा कहीं भी हुआ हो, इसकी कोई मिसाल नहीं है, जबकि स्त्रियों का अगर एक स्वतंत्र इकाई के रूप में अस्तित्व हो सकता है तो यह नारीवादी विचारधारा के साथ ही हो सकता है। नारीवाद ने पूरे सभ्यता के इतिहास में पहली बार नारी के नजरिए से दुनिया को देखने और एक वैकल्पिक विश्व दृष्टि विकसित करने का काम किया है। सौंदर्य और मर्यादा, कर्तव्य और अधिकार, इच्छा और आकांक्षा आदि के इसने वैकल्पिक मानदंड विकसित किये हैं। इन मानदंडों को अधिक से अधिक लोकप्रिय बनाने और उन्हें स्वीकृति दिलाने के लिए यह विचारधारा दुनिया भर में संघर्ष कर रही है।

नारीवाद ने दो स्तरों पर स्त्रियों के अधिकारों की वकालत की है। एक, निजी पसंद-नापसंद के अधिकारों को स्थापित करने के स्तर पर और दूसरा, सामूहिक अधिकारों के स्तर पर। निजी चयन के अधिकार के तहत ही लंबे संघर्ष के बाद यह मूल्य स्थापित किया गया है कि स्त्री का शरीर उसका अपना है और शरीर संबंधी सारे निर्णय लेने का हक उसे है। इस मान्यता के आधार पर ही बलात्कार को एक जघन्य अपराध घोषित किया जा सका है। परंपरागत नजरिये में बलात्कार के खिलाफ आक्रोश परिवार की इज्जत लूटे जाने की धारणा के तहत रहा है। जैसे किसी की संपत्ति की चोरी गलत है वैसे ही किसी परिवार की इज्जत की लूट भी। इसमें स्त्री के व्यक्तित्व के हनन का सवाल कहीं नहीं रहा है। इसीलिए विवाह के भीतर होनेवाले बलात्कार का सवाल परंपरा में कभी नहीं उठा। हर तरह के बलात्कार के खिलाफ आवाज नारीवाद की विचारधारा आने के बाद ही उठी। परंपरा में तो स्त्री के शरीर पर तो पति की मिल्कियत रही है। साथ ही अपने शरीर पर अपना अधिकार की मान्यता के तहत ही प्रजनन संबंधी अधिकारों की वकालत हुई है। स्त्री बच्चा जने या नहीं, यह उसका अधिकार है। कोख उसकी है और बिना उसकी मर्जी के उसे

गर्भधारण के लिए विवश नहीं किया जा सकता। इसी सिद्धांत के तहत स्त्रियों को सुरक्षित गर्भपात का अधिकार मिला है। यौन संबंधी स्वतंत्रता के उनके अधिकार भी इसी सिद्धांत के तहत स्थापित हुए हैं।

सामूहिक अधिकारों के तहत नारीवाद ने पैतृक संपत्ति में लड़कियों की समान भागीदारी, उत्पीड़क वैवाहिक संबंधों से अलग होने के लिए तलाक के अधिकार, स्त्रियों के सम्मानजनक रोजगार, समान काम के लिए पुरुषों के समान वेतन और समाज और राजनीति के स्तर पर निर्णय में स्त्रियों की समान भागीदारी के मुद्दे उठाये हैं। निजी और सामूहिक दोनों ही अधिकारों की लड़ाई अभी कुल मिलाकर आरंभिक चरण में ही है। सिद्धांत और विचार के स्तर पर जिन स्त्री अधिकारों को स्थापित करने में सफलता मिली है, उन्हें परिवार और समाज के स्तर पर अभी आम तौर पर व्यावहारिक रूप नहीं दिया जा सका है। यह एक महान प्रयास और कष्टसाध्य कार्य है। दरअसल, इन आधुनिक विचारों ने पारंपरिक व्यवस्था की जड़ों पर चोट कर दी है। लेकिन ये जड़ें इतनी कमजोर नहीं हैं कि महज सिद्धांत और विचारों की तर्कसंगतता की चोट से हिल जायें। इनके खिलाफ दरअसल लंबे सामाजिक और जन संघर्षों की जरूरत होगी। ये संघर्ष अभी शुरुआती दौर में हैं। इन संघर्षों को दबाने के लिए ही परंपरा और प्राचीन संस्कृति का सारा आडंबर खड़ा किया गया है। 'नयी आधुनिक स्त्री' के बरक्स ही फिर से 'सीता' और 'सावित्री' के आदर्शों की दुहायी दी जा रही है।

लेकिन यह स्पष्ट है कि ऐसी दुहाइयों से आधुनिकता का गति चक्र रुकनेवाला नहीं है। दीर्घकालीन नजरिये से देखें तो यह किसी भी तरीके से रुकनेवाला नहीं है। तालिबानी तौर-तरीकों से इसे थोड़े समय के लिए जरूर रोका जा सकता है। लेकिन इन तौर-तरीकों का परिणाम कैसा विध्वंस और विघटन के रूप में होता है, यह भी किसी से छिपा नहीं है। इसे देखने के लिए हमें सिर्फ एक बार तालिबान के देश पर सरसरी निगाह ही डालनी होगी। इसलिए कहा जा सकता है कि पूर्व निर्धारित और गतिरुद्ध रूप में 'परंपरा' का कोई भविष्य नहीं है। इसका भविष्य विकासमान रूप में ही है, जिसका व्यावहारिक रूप में मतलब आधुनिकता ही है। यह बात सभी क्षेत्रों के लिए समान रूप से सच है, लेकिन सबसे पहले और सबसे ज्यादा सच यह शायद स्त्रियों के संदर्भ में ही है।

आधुनिकता की भी एक परंपरा है

संजय सिन्हा

बीस के दशक में एक फिल्म आयी थी–'एक्सटॅसी'। इस फिल्म में नायिका घोड़े की पीठ पर अपने कपड़े रख कर नहाती हुई दिखायी गयी, जिसमें घोड़ा चल पड़ता है और नायिका अपने कपड़ों को पाने के लिए निर्वस्त्र ही घोड़े के पीछे भागती है। सिर्फ इसी एक दृश्य और इसी के लिए सेंसर के साथ हुए झगड़े के चलते यह फिल्म चर्चित हुई थी। द्वितीय विश्व युद्ध के बाद नग्नता और सेक्स का खुल्लम-खुल्ला प्रदर्शन होने लगा और यही दौर था जब स्त्री की नग्नता को आधुनिकता से जोड़ा जाने लगा। इस बात का कोई वैज्ञानिक तथ्य मौजूद नहीं है कि 'ईव' ने कब और क्यों अपनी नग्नता को ढकना अनिवार्य माना होगा। पर यह मान्यता है कि मौसम की मार से बचने के उद्देश्य के अलावा आदम और ईव को जब अपनी जाति भिन्नता का ज्ञान हुआ तो उन्होंने पत्तों के परिधान से अपने जाति सूचक अंगों को ढक लिया। फिर यही परंपरा बन गयी।

परंपराएँ कई बार और कई ढंग से टूटती रही हैं। हजारों वर्ष पहले बनी अंगों को ढकने की परंपरा अगर तब से चली आ रही है तो उसे निर्वस्त्र देखने की लालसा भी तभी से है। बेशक बीस के दशक में उसका सार्वजनिकीकरण हुआ, लेकिन इससे कौन इन्कार कर सकता है कि वस्त्रालंकार का एक उद्देश्य जातीय आकर्षण को अधिक आह्लादक और अवगुंठन से अधिक तीव्र बनाना भी प्रारंभ से रहा है। शायद आदम और ईव के समय से। अगर वैज्ञानिकों की करतूतों, थोड़ी सक्रिय शिक्षा और कैलेंडर में बदल गयी तारीखों की अनदेखी कर दी जाये, तो आज भी आदम और ईव वही हैं। उनकी परंपराएँ भी वही हैं। आधुनिकता के नाम पर बदल गया है वस्त्रालंकार। स्त्रियों के लिए यह और भी महत्वपूर्ण हो गया, क्योंकि उनका आकर्षण ही उसे ढक देने में छिपा था। आदम के लिए इस छिपे आकर्षण की अलग अहमियत

थी। इसी का अंश दर्शन और संपूर्ण प्रदर्शन उसे प्राचीन, मध्य और आधुनिक काल में विभाजित करता है। ठोस शब्दों में कहें तो ईव का पत्तों से खुद को ढक लेना परंपरा बन गयी, इसीलिए एक्सटसी में नायिका का निर्वस्त्र हो जाना आधुनिकता माना जाने लगा। लेकिन ईव से एक्सटसी की नायिका के बीच तक का सफर भी इन्हीं परंपराओं के पालन और समय-समय पर उन्हें तोड़ देने का इतिहास है।

स्त्री-पुरुष का परस्पर आकर्षण पूरी मनुष्य जाति की सृष्टि का आधार है। इसे प्रेम कह कर इसे अलग मान्यता दे दी गयी है। हृदय का यह भावप्रेरित झुकाव सर्वानुभवी सत्य है। हमारे तमाम दर्शन और हमारी तमाम कल्पनाएँ इसी पर रची गयी हैं। चित्रकारी, संगीत और नृत्य जैसी ललित कलाएँ भी मानव हृदय के इस आकर्षण को मूर्त आकार देने का प्रयत्न करती हैं। स्त्री के ढके होने की परंपरा और उसकी नग्नता की आधुनिकता केवल निर्लज्ज पशुता या कामलोलुपता ही नहीं है। यह उसके उत्तमोत्तम भावों की कलात्मक अभिव्यक्ति भी है। जातीय आकर्षण अनिवार्य और नैसर्गिक है। लेकिन एक्सटसी की नायिका आधुनिकता की आड़ में अपने प्राकृतिक तत्व के जरिये कृत्रिम आवेग को पोषण देती हुई दिखती है। कई दफा विशिष्ट प्रकार की समाज रचना भी ऐसे कृत्रिम आवेगों को जन्म देती है और जान-बूझ कर ऐसे आकर्षण को तीव्र बनाने का प्रयास करती है।

स्त्री के परंपरा से जुड़ने और आधुनिक होने को अलग-अलग समाज में अलग-अलग नजर से देखा जाता है। भारत जैसे देश में किसी स्त्री का गाँव से शहर आ जाना, फिर विशेष भाषा बोलना, कोई विशेष कार्य करना या फिर ऐसा कुछ करना जो परंपरा से अलग हो उसे 'आधुनिक' बना देता है। लेकिन स्त्री की यह आधुनिकता गुजरे हुए समय में उसे पारंपरिक ही करार देता है। अच्छे गुण, अच्छे चरित्र, और समाज व समय के साथ कदम ताल करनेवाली तमाम स्त्रियाँ, जो अपने समय में आधुनिक मानी जाती होंगी आज 'पारंपरिकता' की मिसाल बन गयी हैं। सीता, द्रौपदी, दमयंती और संयुक्ता से अधिक पारंपरिक किसे माना जाता है ? आज भी विवाह के लिए सजी-धजी दुल्हन की तुलना सीता से ही की जाती है। तमाम परंपराओं से जुड़ी सीता अपनी शिक्षा, योग्यता में अपने समय की स्त्रियों की न सिर्फ नायिका थीं, बल्कि औरों से आधुनिक भी थीं। राम के प्रति उनके प्रेम ने रामायण के कथानकों की पूरी परंपरा खड़ी कर दी, पर क्या आज हम सीता को आधुनिक कह सकते हैं ? इतना कहने भर से भी कइयों की भावनाएँ आहत होंगी लिहाजा उन्हें परंपरा से ही जोड़ा जाना उचित है। ठीक यही स्थिति द्रौपदी की है। पाँच पतियों को एक साथ वरण करनेवाली द्रौपदी के प्रति प्रेम के कारण पांडवों ने कौरवों के विरुद्ध महाभारत की योजना बनायी। महाभारत काल में द्रौपदी से आधुनिक कौन था ? लेकिन उन्हें भी आज परंपरा से ही जोड़ा जाता है। सीता, द्रौपदी, दमयंती और संयुक्ता अगर आधुनिक न होतीं तो स्वयंवर में मनपसंद वर

चुनने का जोखिम कैसे उठातीं ? लेकिन यहाँ उनका आधुनिक होना भी तब की परंपरा से उन्हें जोड़ता है।

क्या सत्तरहवीं, अठारहवीं शताब्दियों की भी कोई स्त्री आज आधुनिक हो सकती है ? बेशक हो सकती है। फ्रांस में इस युग की क्लाडीन नामक सुप्रसिद्ध स्त्री अनचाहे विवाह से मुक्ति पाने के लिए एक मठ में साध्वी के रूप में रहने लगी थी। यह मठ बाद में उसके प्रेमियों का अड्डा बन गया। यहीं उसे एक पुत्र हुआ जो बाद में द लमबर्ट नामक गणितज्ञ और दार्शनिक बना। क्लाडीन बाद में मठ छोड़ कर पेरिस चली गयी और वहाँ उसने अपनी 'प्रेम कला' से खूब धन कमाया। यहाँ यह बताना अप्रासंगिक है कि बाद में क्लाडीन ने कई धार्मिक पुस्तकें और उपन्यास भी लिखे। सैकड़ों साल बाद भी फ्रांस के लोगों की नजर में क्लाडीन एक आधुनिक स्त्री ही है। लोग उसे परंपरा से नहीं जोड़ते। ठीक इसी तरह किसी भी स्त्री का परंपरा से बाहर निकल कर आधुनिक बनना उसे क्लाडीन न सही, 'एक्सटसी' की नायिका तक का सफर तो तय करने पर बाध्य करता ही है। आधुनिक काल में आधुनिकता के बड़े फूहड़ पैमाने हैं। मसलन शहर की किसी स्त्री को सिगरेट के छल्ले बनाते देख सामान्य लोग उसे ही आधुनिक मानने लगते हैं। गाँव की तमाम महिलाएँ जब बीड़ी पीती हैं तो उसे आधुनिक नहीं माना जाता। सच्चाई यह है कि खास समय के लिए शहरी स्त्रियों का धूम्रपान करना, क्लबों में जाना या खास वस्त्र पहनना आधुनिकता की संकीर्ण परिभाषा है। पश्चिम के देशों में भारत की यही आधुनिकता परंपरा है।

पुरुष सुविधाओं का ध्यान रख कर ही अत्यंत प्राचीन काल में स्त्री जाति के दो विभाग कर दिये गये थे। एक पुरुष की वंश वृद्धि करती है तो दूसरी को अतिरिक्त काम वासना की संतुष्टि का जिम्मा सौंपा गया। स्त्री का पुरुष की वासनातृप्ति के साधन से अधिक महत्व नहीं माना गया, वजह चाहे जो हो, आर्थिक प्रभुत्व या शारीरिक बल। स्त्रियों की शारीरिक और मानसिक रचना में प्रकृति ने भी कुछ ऐसे तत्व मिला दिये जिनके चलते पुरुष के सुख के लिए अपना उपयोग होने देने में ही उसे कृतार्थता का अनुभव होता है। माना जाता है कि आधुनिक काल की आधुनिक स्त्री का मन इससे अलग है। पर यह सच नहीं है। हाँ, अगर स्त्री अपनी मर्जी से यही सब कर गुजरे तो बेशक वह आधुनिकता होगी। फ्रांस की क्लाडीन इसीलिए सैकड़ों साल बाद भी आधुनिक है, क्योंकि उसने सब कुछ मर्जी से किया था। लेकिन बौद्ध काल की आम्रपाली को जब सार्वजनिक स्त्री घोषित किया था तो यह आधुनिकता नहीं थी। आम्रपाली और क्लाडीन के काम में कोई फर्क नहीं था। फर्क सिर्फ यह था कि आम्रपाली को उसकी इच्छा के विरुद्ध वह सब करना पड़ा जिसे क्लाडीन ने खुशी से और अपनी मर्जी से किया।

फ्रॉयड और कई अन्य विचारकों का मानना है कि हमारी सारी क्रियाओं, प्रवृत्तियों

और बर्तावों का नियंत्रण तत्व यौन आकर्षण है। इस आकर्षण से जनित संबंधों की व्यक्तिगत और सामाजिक व्यवस्था करने में ही मनुष्य का ज्यादा समय खर्च होता है। इसी आकर्षण में मनुष्य के भीतर कई कोमल व उत्कृष्ट भावों का जन्म होता है और कई दफा यही मानव संस्कृति की अमूल्य निधि बन जाती है। लेकिन यह 'कई दफा' ही होता है, 'हर दफा' नहीं। वासना तृप्ति की अतिशयता अंत में वितृष्णा, शिथिलता और जुगुप्सा को जन्म देती है। यही कारण है कि अंश नग्नता में तो आकर्षण है, पर पूर्ण नग्नता में नहीं। बीस के दशक की आधुनिक स्त्री अगर किसी 'ब्लू फिल्म' की नायिका होती तो वह आधुनिक नहीं होती, क्योंकि वहाँ यही नग्नता अतिशयता में होगी। पर 'एक्सटॅसी' में वह चंद सेकंड की नग्नता है जो वितृष्णा की बजाय आनंद और आकर्षण को जन्म देता है। यही आकर्षण उसे परंपरा से अलग कर आधुनिक बनाता है, जो स्थायी है।

आखिर 'ईव' और आज की महिला में क्या फर्क है ? दार्शनिकों से पूछें तो वे कई उदाहरण दे देंगे। लेकिन यह माननेवाले कम ही मिलेंगे कि 'ईव' ने भी परंपरा को तोड़ा था। उसने नग्नता की परंपरा को तोड़ा और अपने को ढक लिया। आधुनिकता की भाषा में वह उसकी 'मार्केटिंग' थी। उसने सर्व सुलभ को दुर्लभ बना दिया और यही दुर्लभता बाद में आधुनिकाओं का हथियार बन गया। जब-जब जिसने खास 'मार्केटिंग' के लिए ईव की परंपरा को तोड़ा, वह आधुनिक हो गया। इसके लिए समय, देश और कैलेंडर का मोहताज नहीं हुआ जा सकता। जिसने परंपराएँ तोड़ी हैं, वही आधुनिक है। बेशक 'एक्सटॅसी' से शुरू हुआ सफर आधुनिक काल की आधुनिकता है। लेकिन यह सफर अभी जारी है।

मनुष्य जाति की दो प्राथमिक आवश्यकताएँ हैं—अन्न भूख और यौन भूख। काल मार्क्स के साम्यवादी सिद्धांत की रचना इसी सत्य के आधार पर की गयी है। क्षुधा तृप्ति के लिए अनाज की जरूरत है तो काम तृप्ति के लिए यौन संबंध की। बेशक यही दो बुनियादी जरूरतें हैं और इन दोनों के संतुलन को आदर्श माना गया है। लेकिन स्त्रियों की परंपरा में जहाँ दूसरी जरूरत दबी-छिपी और उत्कट इच्छा के बावजूद एक हद तक गौण रही है, वहीं आधुनिकता की ओट में यह प्रबल हो गयी है। आधुनिक स्त्री भले जेट युग से सरोकार न रखती हो, पर वह यह दावा तो करती ही है कि वह काम तृप्ति का साधन बनने के बजाय अपने काम की तृप्ति करती है। आज जिन्हें हम जिद्दी और गुमानी युवती कहते हैं, उनसे पूछिए तो वे अपने को आधुनिक बतायेंगी। मतलब यह कि उन्होंने उन परंपराओं को तोड़ दिया है जिसकी परिपाटी ईव ने शुरू की थी। ईव ने ही अगर जाति सूचक अंगों को न ढका होता तो आधुनिकाएँ उन्हें उघारने की जगह ढकती नजर आतीं। उनका वैमनस्य ईव से है। ईव ने जो किया, वह परंपरा की शुरुआत थी। 'एक्सटसी' की नायिका ने जो किया वही आधुनिकता है।

परंपराओं से मुक्ति पानेवाली ये आधुनिकाएँ आज रूप यौवन और कला का विक्रय करनेवाली कुशल व्यापारी बन गयी हैं। इनका लक्ष्य मुनाफा पाना है। यह तो सर्वविदित है कि मुनाफा कमाने के किसी भी व्यवसाय में आज तक ऐसे समाजोपकारी तत्वों का विकास नहीं हो पाया है, जिनकी वजह से उन्हें समाज सेवा या उनके संचालकों को समाजसेवक माना जाये। हर तरह के व्यापारी से यह उम्मीद की जाती है कि वह अपने 'मूल धन' को सुरक्षित रखते हुए अधिक से अधिक मुनाफा कमाने की कोशिश करे। स्त्री का मूलधन है उसका रूप और यौवन। यही दो तंत्र हैं, जिनकी बदौलत वह चाहे तो पारंपरिक का खिताब पा ले या फिर वह आधुनिक हो जाये। इन दोनों के नष्ट होने के बाद समाज को उसके आधुनिक हो जाने में न तो दिलचस्पी रहती है और न ही पारंपरिक होने का अफसोस। इसी पूँजी के बल पर अपनी मार्केटिंग करना आधुनिकता है। यही वजह है कि हम जिन्हें प्रत्यक्ष आधुनिक मानते हैं, उनमें अपने मूलधन की बदौलत ज्यादा से ज्यादा लाभ पाने की वृत्ति होती है। यह लाभ कई अर्थों में हो सकता है और इस तरह की आधुनिकाओं की गिनती अनगिनत है।

हम जिन्हें अपनी आँखों से देख कर, अपने कानों से सुन कर और हाथों से स्पर्श कर आधुनिक करार देते हैं, वह दरअसल हमारे सामने परंपराओं का निर्वस्त्र हो जाना भर है। यहाँ निर्वस्त्रता का मतलब नग्नता से नहीं है, बल्कि परंपरा रूपी परिधान को हटा देने से है। शुरुआत में ही हम इस निष्कर्ष पर पहुँच गये थे कि आदम की संगिनी ने परिधान पहन कर परंपरा को तोड़ा था, जो तब की आधुनिकता थी। उसके बाद से शुरू हुआ आधुनिकता का संघर्ष दरअसल ईव की आधुनिकता से है। अर्थशास्त्र की भाषा में परंपरा और आधुनिकता के बीच जो भी विवाद है वह पूँजीवाद और गैरपूँजीवाद के बीच का विवाद है। यह माँग और पूर्ति का नियम भी है, आधुनिक मार्केटिंग भी है। नतीजा सामने है—अगर परंपरा तोड़ कर आधुनिक बननेवाली एक भी स्त्री पर नजर डाली जाये तो हम साफ-साफ देख सकते हैं कि उसके व्यापारी, मुनीम और दलाल तीनों की भूमिका बहुत महत्वपूर्ण है। मनुष्य होने के नाते आधुनिक स्त्री का हृदय उसकी भावनाएँ और उसके आदर्श कभी-कभी उसके लिए बाधाएँ खड़ी करते हैं तो उपर्युक्त तीनों तत्व उसे यह समझाते हैं कि सारी चीजें पुरातन हैं, पारंपरिक हैं। इन्हें उतार कर फेंक न भी दें तो भी बाजार में यह दिखाने का साहस तो करना ही पड़ेगा कि वह इसे उतार सकती है। जिस पारंपरिक स्त्री में उसे उतार देने का साहस है, वह आधुनिक है। 'एक्सटेसी' की नायिका ने तो 70 साल पहले यह साहस किया था इसलिए वह 70 साल बाद भी आधुनिकाओं की नायिका है।

चूँकि समाज की मर्यादा और नीति के बंधन पुरुष की अपेक्षा स्त्री पर अधिक चौकन्नी नजर रखते हैं, इसलिए जो खोना या पाना है, वह उसे ही है। आधुनिकता

की दौड़ में कोई भी स्त्री अपने सबसे निजी को सार्वजनिक बना देती है। यह उचित है या अनुचित, इसका फैसला समाजशास्त्री करेंगे। समाजशास्त्री स्त्री की आधुनिकता को सीधे-सीधे उसकी स्वतंत्रता से जोड़ते हैं। भारत जैसे देश में स्त्री-स्वातंत्र्य के हिमायती अक्सर नाराज रहते हैं। उनका मानना है कि स्त्रियों को किसी भी हालत में स्वतंत्र नहीं रहना चाहिए। मतलब उन्हें आधुनिक भी नहीं होना चाहिए। लेकिन ये लोग इस तरह की टिप्पणी भी दरअसल एक पक्षपात के तहत करते हैं। स्त्रियों की आधुनिकता को नारी जाति के प्रति अन्याय मान कर पुरुष श्रेष्ठता के समर्थन के लिए उनकी निंदा करते हैं। लेकिन निंदा से कोई फर्क नहीं पड़ता। ईव के समय से ही शुरू हुई आधुनिकता की परंपरा बदस्तूर जारी है।

और कितना !

वंदना भारतीय

एक

धरती बनने के बाद विकास के क्रम में सृष्टि ने छोटी-बड़ी अनेक हैरतअंगेज चीजें बनायीं, नर-मादा बनाये। स्त्री-पुरुष नर-मादा सीढ़ी के सबसे उच्चतम सोपान पर विकसित देहधारी थे। इन्हें बना कर सृष्टि ने जैसे निःश्वास छोड़ा, कौतुक से थोड़ा अलग भी हटी, जैसे अब आगे का खेल वह देखना चाहती हो। यदि आज कहीं वह 'तत्त्व' पकड़ में आ पाता (वैज्ञानिक खोजों और विश्लेषणों से अलग) जिसने इन देहधारियों को रचा, तो सबसे पहला सवाल होता 'पहले किसे बनाया ?'

कितनी दिलचस्प बात है कि विकास के क्रम में, सामाजिक-आर्थिक संरचनाओं के संदर्भ में 'पहले कौन' के सवाल के साथ ही स्त्री-पुरुष में पहले कौन की एक अंतर्धारा-सी बहती चलती है। सारा बखेड़ा ही जैसे यहीं से शुरू हुआ है। पौराणिक विश्वासों और मिथकों को यदि सभ्यता की आधारशिला मानें तो आदम की पसली से 'हौवा' का निर्माण हुआ। यानी मानव जीवन की उद्‌गमस्थली भले औरत की कोख हो, पर खुद औरत का निर्माण पुरुष से हुआ है। इस विचार-क्रम को थोड़ा आगे बढ़ायें, तो 'पुरुष ने किया है, अपने लिए किया है' की धारणा रूढ़ होती है। यदि ऐसा है तो, फिर छटपटाहट का, निजता का सवाल क्यों उठना चाहिए ? पर मिथक ही बताते हैं कि हौवा के पास इतना चौकन्ना 'क्या', 'क्यों', 'कैसे' जैसे सवालों से भरा दिमाग था कि वह सही मायने में ईश्वर और शैतान का मिला-जुला संपूर्ण संस्करण थी। निरा गावदी-सा आदम ईश्वर की आज्ञाओं का पालन बिना कोई सवाल उठाये चुपचाप करता था। हौवा तो सजीव होते ही आदम को देख हँस पड़ी। भगवान सावधान हुआ, हिदायत दी–'बगीचे में मत जाना !' 'क्यों ? आप जा सकते

हैं तो हम क्यों नहीं ?' आदम के विपरीत दुबली-पतली हौवा ने सर उठा कर पूछा। 'ठीक है जाओ, पर वर्जित फल मत खाना।' 'हम उधर देखेंगे भी नहीं !' आदम ने आश्वस्त किया। पर हौवा कहाँ माननेवाली थी ! उसने आदम को उकसाया। बार-बार उकसाया। आदम ने फल तोड़ा, दोनों ने साथ-साथ खाया। नतीजा, स्वर्ग से निकाले गये। तब से धरती पर रहने का आनंद चाहे दोनों उठा रहे हों, स्वर्ग का लालच आदम की नस्लवालों के मन से मिटता नहीं और हौवा की नस्ल स्वर्ग से निकलवाने का कलंक ढोये जा रही है। फर्क सिर्फ इतना है कि स्वर्ग की याद जहाँ आदम की जात को रोष से भर देती है, वहीं हौवा ने स्वर्ग की हर अच्छी यादगार जतन से सँभाल कर रखी और अपनी दुनिया को स्वर्ग बनाने में खुद भी जुटी और आदम को भी जोता।

सदियों से ये मिथक हमारे जीवन में रच-बस गये हैं। परंपरावादी पुरुष कहता है, हमारी ही पसलियों से बनी हमारी बराबरी कैसे कर सकती है ! आधुनिक औरत कहती है, सबसे उत्कृष्ट मानव जीवन की गोपनीय जानकारी तुम्हें मुझसे मिली, स्वर्ग को धरती पर उतारने के जुनून में आओ मेरा साथ दो। परंपरा कहती है, इस छटाँक भर की औरत की हिम्मत देखो, ईश्वर से मुकाबला करने चली है। परंपरा तो और भी बहुत कुछ कहती है। स्त्री को पुरुष के मुकाबले कमतर मान उसे अपने अधीन रखने का इतिहास करोड़ों वर्ष पुराना है और उतना ही पुराना है अपनी 'निज' की पहचान के लिए उसका संघर्ष ! हर देश, काल में अपनी बराबरी के लिए उसने संघर्ष किया है—कभी मुखर रूप में कभी मौन रह कर। परिस्थितिवश सामाजिक दबावों में पड़ कर चाहे कई बार औरत ही औरत के खिलाफ खड़ी दिखायी देती हो, पर हर माँ ने बेटी को चाहे संकेतों में चाहे उलाहने के रूप में नारी की 'परवशता' समझायी है और इस तरह अनजाने में ही विद्रोह का सूत्र अगली पीढ़ी के हाथ में सौंपा है।

आखिर एक वृत्त जो औरत-मर्द के सहयोग से ही पूरा बनता है, उसके केन्द्र में इतना तनाव इतनी शिकायतें क्यों हैं, इसे समझना होगा। ऐसा क्यों हुआ कि औरत को सबसे ज्यादा शिकायत अपने सहयोगी से ही रहने लगी। एक-दूसरे के बगैर जीवन दोनों ही तरफ अपूर्ण है, अधूरा है। एक-दूसरे को पाने की ललक भी दोनों तरफ एक-सी है। फिर एक 'विजेता' दूसरा 'विजित' क्यों है ? हाड़-मांस के शरीर के साथ एक अदद दिमाग की औरत जैसे यहीं पर फनफना उठती है। कई बार, कई उलझे जटिल सवालों का जवाब व्यक्ति नहीं समाज दे पाता है। पर पुरुष के संदर्भ में औरत की 'क्यों' के जवाब में मोटे तौर पर समाज का रुख नकारात्मक रहा है। इसका कारण भी बड़ा सीधा-सादा और जाना-पहचाना है समाज का पुरुष-प्रधान होना। पूरे सामाजिक ढाँचे में औरत की पहल के लिए कहीं कोई जगह ही नहीं छोड़ी गयी है। सभ्यता का सबसे पुराना, सबसे पूर्ण और विकसित मानवीयता का सबसे सुंदर आयाम जिस परिवार या घर नामक ढाँचे में उभरा है, जिसके केन्द्र

में औरत है, वहीं औरत की स्थिति कितनी नगण्य है, इसे कोई भी संवेदनशील मन आसानी से देख-पहचान लेगा।

इस संदर्भ में एक महत्वपूर्ण तथ्य यह है कि लंबे संघर्ष के बाद समाज में स्त्री ने अपनी जितनी भी जगह बनायी है, उसमें परिवार की चारदीवारी के अंदर अपनी पहल के लिए वह पहले से ज्यादा पहले से बड़ी संख्या में सन्निद्ध रहने लगी है, नतीजा है कि परिवार की आधारशिला जिस वैवाहिक संस्था पर टिकी है, वही गैरजरूरी करार दी जाने लगी है। आधुनिक पुरुष-औरत दोनों को ही यह एक फंदा लगता है—कुछ हद तक गैरजरूरी। यह पंक्ति पढ़ते हुए कई पाठकों के मन में यह आया होगा कि आखिर 'औरत भी'! तब सारी बातों के लिए सिर्फ पुरुष ही दोषी क्यों ? इस संदर्भ में सिर्फ इतना कि आधुनिकता एक ऐसा शब्द है जिसके मर्म को नहीं समझ पाने के कारण ज्यादातर इसकी चकाचौंध ही हाथ लगती है और अँधेरे की अभ्यस्त औरत की आँखें (भौतिक मामलों में) ज्यादा ही चुँधियायी हैं। कहीं पिछड़ न जायें, इस डर से हर ऐसी बात जो भौचक करती है आधुनिक है, ऐसा मानकर कइयों द्वारा अपना ली गयी हैं। आधुनिक का मतलब क्या केवल अधुनातन यानी नवीन होना ही होता है ? किसी भी विचार की आधुनिकता जीवन के संदर्भ में ही समझी जा सकती है और जीवन की समग्रता के संदर्भ में ही उसकी कोई कीमत भी है। इसे जिस समाज ने जितनी अच्छी तरह समझ कर पचाया है, वह उतना आधुनिक है। पर फिलहाल इस बहस में न पड़कर सिर्फ औरत के संदर्भ में देखें तो आधुनिकता और परंपरा की रस्साकशी के बीच भी सबसे ज्यादा फँसी वही दिखती है। मिथक यह कि वह आदम की पसली से बनी है। परंपरा यहाँ ठहरी कि वह पुरुष से कमतर है, इसलिए जैसे नचाये नाचो ! आधुनिकता यहाँ पहुँची कि नाच बहुत हो चुका, अब नचाया जाये। और औरत के इशारे पर नाचते पुरुषों की जमात क्या कोई आज की है—सदियों पुराना इतिहास है। पर कौन किसको नचा रहा है यह सवाल अनसुलझा ही है और आगे कौन किसको नचायेगा, इस स्पर्धा में मानवीयता के शुभ्र और शिव तत्व पारिवारिक सामाजिक जीवन से तेजी से बाहर होते जा रहे हैं।

दो

एशिया, अफ्रीका, यूरोप, अमेरिका सभी महादेशों की औरतें एक-दूसरे की तुलना में चाहे कमतर, बेहतर हों, पर अपने-अपने समाजों में शूद्रों से भी ज्यादा पाबंदियों के बीच वे रहती आयी हैं। फिर भी अपना रास्ता अंततः उन्होंने बनाया है। धर्म का कोई भी घेरा हो हर धर्म औरत से सशंकित रहा है। यदि सर झुकाये मूक पालतू पशु की भाँति वह चरणों में आकर बैठने को तैयार है तो उसे पनाह दो, उसकी

रक्षा करो, पर यदि अपने सत्व को वह पहचानने लगी है, बराबरी में आकर सत्य का शोध करना चाहती है तो उससे सावधान रहने की जरूरत है। ज्यादा अच्छा होगा कि उसे इतना दबा दिया जाये कि 'सत्व' का एहसास ही उसके अंदर मर जाये। सभी धर्मों के अंदर कमोबेश इस तरह के आदेश छुपे थे, सो उनका पालन करने के लिए समाज ने परंपरा की बेड़ी औरत के पाँव में डालना शुरू किया और गले तक उसे उसमें जकड़ दिया। धर्म औरतों से डरता क्यों है ? शायद इसलिए कि जो देह औरत ने पायी है—जो उसे ही कभी अपनी मुक्ति की राह में सबसे बड़ा बंधन लगती है और कभी अस्त्र, उसी देह के सामने आदम की जात लाचार हो जाती है—इसे धर्म संस्थापकों ने समझा था। स्वस्थ सतेज मन और अपने इस शरीर के बूते औरत आरोहण की प्रक्रिया में पुरुष से कहीं आगे निकल सकती है, इसका एहसास पुरुष समाज को जैसे-जैसे होता गया, औरत को उसने घेरना शुरू किया। धर्म के निषेध ज्यादा स्पष्ट और रूखे थे अतः परंपरा के रूप में अपेक्षाकृत हलकी व मोहक जंजीरों से वे बाँधी गयीं और आज तक अपनी 'निजता' के खिलने के अवसरों और परंपरा में संघर्ष चल रहा है।

जरा देखें क्या कहती हैं परंपराएँ :

● पूरी दुनिया में घर-बच्चे सँभालना परंपरागत रूप में औरत का काम है।

● सामाजिक मर्यादाओं और परिवार की इज्जत-आबरू बचा कर रखने का ठेका औरत का है। कहावत है, बेटा आँख और बेटी नाक होती है।

● सहनशीलता, लज्जा, कोमलता, पर-निर्भरता आदि औरत के विशेष गुण हैं— परंपरागत रूप से यह धारणा एक पीढ़ी से दूसरी पीढ़ी को पहुँचती गयी।

● औरत माया है, मोह है, रौरव नरक का द्वार है। ईश्वर प्राप्ति की मार्ग का सबसे बड़ा बाधक।

● औरत का एकमात्र धर्म-कर्म है पुरुष को लुभाना।

● मर्द की तुलना में कमतर है, इसलिए औरत के अधीन काम करने में अर्थ की हेठी होती है।

● प्यार में औरत का पहल करना उसकी लफंगई का प्रमाण है।

● 'त्रिया चरित्रं पुरुषस्य भाग्यं दैवो न जानाति कुतो मनुष्यः।' कह कर जहाँ औरत का चरित्र संदिग्ध करार दिया गया है वहीं पुरुष अपने भाग्य-विधाता से बराबर की टक्कर लेता दिखता है।

मोटे तौर पर इन सारी मान्यताओं ने जो बाद में परंपरा बन कर विरासत के तौर पर एक पीढ़ी से दूसरी पीढ़ी को सौंपी जाने लगीं, अंततः औरत की दुनिया को इतना समेट दिया कि वह सिर्फ देह हो कर रह गयी।

तीन

लंबे समय तक मुग्धावस्था, ऊहापोह संभ्रम की अवस्था में रहने के बावजूद औरत ने इन परंपराओं में बँधी अपनी गुलामी को पहचाना और पहचाना अपने अंदर छिपी ऊर्जा अस्मिता और जिजीविषा को।

इज्जत, परंपरा, घर-बच्चे, ईश्वर, शांति विकास सबके नाम पर बलि तो उसकी ही ली जाती है, होम तो वही होती है। 'अब ऐसा नहीं होगा', कहना जितना आसान है, सामाजिक ताने-बाने की जटिल बुनावट में इसका पालन उतना ही कठिन। शारीरिक ताकत में कमतर और एक अदद कोख की गंभीर जिम्मेदारी से मंडित औरत का काम पुरुष और समाज दोनों के प्रति नकारात्मक रुख रख कर नहीं चल सकता। चल तो पुरुष का भी नहीं सकता, पर शक्तिशाली की उत्तर-जीविता या वीर भोग्या वसुंधरा जैसे थोथे आदर्श वाक्यों को अपने सामने रख वह हिंसा को मानव जीवन का ही नहीं, सृष्टि का मूल मानने की भूल कर रहा है। अपने इस आचरण से उसने दुनिया और मानव-समाज को कहाँ पहुँचा दिया है, स्पष्ट है।

औरत के लिए सबसे मुश्किल यह है कि सामाजिक प्लेटफार्म पर वैचारिक भूमिका में जो विपरीत लिंग उसके लिए केवल पुरुष होता है, घर की चौखट के अंदर वह 'बेटा', 'पति', 'भाई' यहाँ तक कि पड़ोसी बन कर उसके सहज स्नेह का अधिकारी हो जाता है। पारिवारिक दायरे के अंदर भूमिका तो पुरुष की भी बदलती है, पर उसकी शासक वृत्ति उसका पुरुष-दंभ किसी न किसी रूप में मौजूद रहता है।

स्त्री ने घर की देहली लाँघ कर 'काम के क्षेत्र' में अपनी पहचान बनायी है तो इससे घरेलू जिम्मेदारियों से वह मुक्त नहीं हो गयी है। घर उसकी पहली जिम्मेदारी और पहली पसंद होनी ही चाहिए। इसलिए सिर्फ बच्चे के पैदा होने पर ही नहीं, बच्चा बीमार पड़े तब भी छुट्टी वही ले, कोई आकस्मिक घरेलू काम आ पड़ने पर वह तुरत अपना 'काम पर जाना' स्थगित कर घर पर रहे—यह अपेक्षा उससे की जाती है। मध्य वर्ग में तो अपनी नौकरी की जिम्मेदारियाँ वह चाहे जैसे निबटाये, बच्चे के कैरियर की पूरी जिम्मेदारी उसकी होती है। इसलिए क्लास में बच्चे की प्रोग्रेस रिपोर्ट पर घर में माँ को 'कारण बताओ' नोटिस दिया जा सकता है और आश्चर्य नहीं कि उसे घर बैठने की सलाह भी दी जाये। यहीं औरत और घर से जुड़ा सवाल यह भी है कि पेशेगत स्वतंत्रता के बावजूद औरत है पुरुष के अधीन ही और घर के पुरुष के सामने अपने सारे कामों के लिए जवाबदार भी। दफ्तर में यदि उसे अपने दूसरे सहयोगियों से पहले प्रोन्नति मिलती है या यदि दुर्भाग्यवश पति भी वहीं है और उससे पहले उसे प्रोन्नति मिलती है, तो 'यह कैसे हुआ, क्या कोई चक्कर चला रखा है' का जवाब देना पड़ता है और यदि प्रोन्नति नहीं मिलती है तो 'क्या खाक काम करती है, अब तक एक प्रमोशन भी न पा सकी' जैसे कमेंट्स

सुनने पड़ते हैं। मामला यहीं तक नहीं है। घर टूटने से बचाने की जिम्मेदारी चूँकि औरत की है, इसलिए बेहतर ग्रेड और पोजीशन के लिए ट्रांसफर आदि तो उसे स्वीकारना ही नहीं चाहिए। दूसरी तरफ पति की प्रमोशन पोस्टिंग कहीं हो, तो अपनी नौकरी छोड़ कर भी तुरत साथ जाने को तैयार रहना चाहिए। जिन नौकरियों में विदेशों में पोस्टिंग का प्रावधान है, वहाँ विदेश जाने के लिए कैसी मारामारी रहती है—यह किसी से छिपा नहीं। पर उन्हीं जगहों पर कई औरतों को मैंने ऐसे प्रस्ताव ठुकराते देखा है, क्योंकि उनके पीछे घर का क्या होगा, यह सवाल रहता है। यही नहीं, यदि 'दोनों' एक ही विदेशी पोस्टिंग वाली नौकरी में हैं, तो पत्नियाँ अपना चांस पतियों के लिए छोड़ देती हैं या उन्हें छोड़ देना चाहिए—यह आम सामाजिक मान्यता है, चाहे औरत कितनी भी काबिल हो। घर और परिवार की यह जिम्मेदारी कुछ इस तरह औरतों से जुड़ गयी है, जैसे यह नारी-संरचना का कोई महत्वपूर्ण तत्व हो। इसलिए सारी पुरानी परंपराओं के विरुद्ध जब कोई औरत खड़ी होती है तो सबसे पहले वह घर या घरेलू कामों को ही नकारती है। बहुत प्राचीन सूक्ति है कि दूसरों से इज्जत पानी हो तो अपनी इज्जत करना सीखो। औरतों के प्रति संवेदनशील और उन्हें बराबर की दृष्टि से देखनेवाले कई लोगों का मानना है कि अपने परंपरागत कामों को नकारने या खुद ही उन्हें हीन दृष्टि से देखने के कारण घरेलू काम समाज द्वारा भी महत्वहीन करार दिये गये हैं। पर वास्तव में स्थिति क्या है ? सदियों से परंपरागत रूप में माँ द्वारा बेटियाँ गृह-कार्य सीखती आयी हैं और हर लड़की शुरू-शुरू में अपने घर और घर के कामों के प्रति उत्साहित रहती है, पर जल्द ही उसकी समझ में आ जाता है कि घर का एक भी सदस्य उसके इन कामों को सम्मान या महत्व की दृष्टि से नहीं देखता है। आखिर जिस दिन वह 'तुम करती क्या हो'—जैसा वाक्य सुनती है वह अपने प्रति हीन भाव से भर उठती है। आज जब चारों तरफ माहौल ही 'पैसा कमाओ' का है, बेचारी गृहिणी अपने को गृहिणी कहते हुए जैसे शर्म से भर उठती है। 'नारी मुक्ति अभियान' के सदस्य (स्त्री-पुरुष दोनों ही) चाहे जितना कहते रहें कि घरेलू कामों के द्वारा औरत दिन भर में दो-तीन सौ रुपये का काम कर लेती है, उनकी बातों पर कोई कान देनेवाला नहीं। यही नहीं, पुरुष उसके कामों में सहयोग भी नहीं देते। विदेशों में जहाँ आधुनिक व्यवस्था के तहत घरेलू कामों के लिए कई तरह के उपकरण हैं, वहाँ उन उपकरणों से काम लेना भी पुरुषों के लिए भारी पड़ता है। चाहे डिश-वाशर में बरतन धोने हों या वाशिंग मशीन में कपड़े डालना हो, करेगी तो औरत ही। 'औरताना काम' और 'मर्दाना कामों' की ऐसी अजीब-सी सूची समाज द्वारा बनायी गयी है जिसने एक तरफ इन दोनों के बीच की खाई को चौड़ा किया है तो दूसरी तरफ इन परंपराओं को ढोते हुए औरत बेदम हुई जा रही है।

मुझे याद आती है रामकली जिसकी चार बेटियाँ और दो बेटे हैं। सबसे छोटी

बेटी गोद में थी जब रामकली का पति मरा। अपने पूरे परिवार का बोझ उसने अकेले दम पर उठाया। आज उसकी चारों बेटियाँ और वह खुद चौका-बरतन द्वारा अलग-अलग हजार बारह सौ तक कमा लेती हैं। पर लड़के कुछ नहीं करते और इसी का उसे रोना था। गुब्बारा बेचना, सब्जी बेचना, रिक्शा चलाना जैसे कई काम उसने किये, पर सफल नहीं हुए। 'फिर वे भी चौका-बरतन क्यों नहीं करते, आखिर तुमसे ज्यादा ही कमा लेंगे।' 'घर-घर जा कर चौका-बरतन का काम तो औरतोंवाला हुआ न बीबी जी। हाँ, कहीं घर में कोई हजार-बारह सौ पर नौकर रख ले तो बात अलग है !' यहीं महरी या बाई के काम से जुड़ी दूसरी औरत 'आमना' है जो पहले घर के दो बच्चों के साथ दूसरे घर के दो बच्चों और एक निकम्मे पति को भी ढो रही है जो कुछ नहीं करता सिवाय खाने और बीवी पर निगाह रखने के। 'तुम छोड़ क्यों नहीं देतीं इसको, शादी कर बेकार का रोग पाल लिया !' 'अकेले कौन रहने देगा बीबी जी जैसा भी निखट्टू है है तो मरद।' इन मान्यताओं और परंपराओं ने औरत की जिंदगी और भी मुश्किल बना दी है फिर चाहे वह किसी भी वर्ग से आती हो।

एक औरत को सबसे ज्यादा डर किससे लगता है ? बिना शक पुरुष से और पुरुषों से अपनी सुरक्षा के लिए एक अदद पुरुष का साथ होना ही चाहिए। मोटे तौर पर इस परंपरा के तहत औरत के लिए ब्रह्मचर्य का निषेध किया गया। पर हर काल में और हर वर्ग में सुरक्षा के लिए अनुबंधित पुरुष की बेचारगी, बेबसी अत्याचारियों के सामने झलकती रही है। यानी पुरुष औरत की सुरक्षा की गारंटी नहीं, बल्कि सभ्य और विवेकसम्मत समाज और खुद औरत की पहल उसे तुलनात्मक रूप से ज्यादा सुरक्षित रखती है। ऐसा जानने के बाद आधुनिक नारी ने पुरुष को सुरक्षा गार्ड की जगह एक दोस्त की तरह देखना-समझना शुरू किया है और बसों में, स्कूल-कॉलेजों में, कार्यक्षेत्रों में, खुद घर में (पति के अलावा अन्य लोगों से) पुरुषों से ज्यादा सहज हुई हैं। परंपरा ने इसका निषेध कर रखा था इसलिए परंपरा से बाहर आयी स्त्रियों से अभी तक पुरुष सहज व्यवहार नहीं रख पा रहे। कार्यक्षेत्रों में बराबरी की होड़ लेतीं औरतें उन्हें कुछ अजब ही लगती हैं और वे उन्हें 'मनचली' घर में मन न लगने के कारण 'आवारा' घमंडी, ठंडी कुछ भी कह सकते हैं। घर के सारे काम-काज निबटा कर समय पर दफ्तर पहुँचने, दफ्तर से जल्दी निकल कर घर लौटते हुए शाम की सब्जी-भाजी का प्रबंध करना उसकी सहज दिनचर्या का अंग है। परंपरा और आधुनिकता में ताल-मेल बिठाती औरत अपने लिए एक नयी दुनिया बसाने की जुगाड़ में है, जहाँ पुरुष उसका सहचर हो—सर्जक नहीं। पर अभी दिल्ली दूर ही लगती है। आधुनिक जीवन और आर्थिक परिस्थितियों की रस्साकशी ने इस मायने में औरत की दुनिया बड़ी की है कि कमा कर लाना उसके लिए भी अनिवार्य हो गया है, इस वजह से घर में उसकी हैसियत थोड़ी बढ़ी है, पर अब भी घर में बराबर के सहयोगी की भूमिका उसकी नहीं है। कुछ प्रतिशत को छोड़

दें तो ज्यादातर मामलों में यह अपेक्षा की जाती है कि वह अपनी कमाई ला कर सास या पति के हाथों में रख देगी। यानी एक दबी ढकी सहनशील बहू और कमाऊ औरत की भूमिका वह एक साथ निभाये—यह अपेक्षा उससे अब भी है। उत्तर प्रदेश के एक गाँव में परंपरा और आधुनिकता की अच्छी कशमकश उन दिनों हुई थी जब एक ठाकुर परिवार लखनऊ से एक पढ़ी-लिखी लड़की ब्याह ले गया था। लड़का कुछ करता हो या नहीं, पुश्तैनी खेती-गृहस्थीवाला संपन्न परिवार था। पढ़ी-लिखी लड़की लाने के पीछे खास मकसद था। गाँव में लड़के के दादा जी के नाम पर एक स्कूल यह परिवार चलाता था, जिसे अब सेकेंडरी स्कूल की मान्यता मिल गयी थी। अतः एक ट्रेंड पढ़ी-लिखी प्राचार्या की जरूरत थी। बाहर की कोई आये तो कई तरह के 'डर' थे, लिहाजा ट्रेंड बहू का चुनाव किया गया। लड़की को स्कूल चलाने में कोई दिक्कत न थी। पर मुश्किल यह थी कि उससे कहा गया था कि वह न सिर्फ घर से घूँघट और चादर में निकले, वरन पूरे गाँव की सड़क वह उसी तरह पार करे। हाँ, स्कूल पहुँच कर वह चादर हटा सकती है—सिर्फ सर पर पल्लू रखने से काम चल जायेगा। कुछ दिनों बाद ही लड़की ने इस बात पर बगावत कर दी। उसका कहना था कि घर से तो ठीक पर घर की चारदीवारी के बाहर वह न तो घूँघट करेगी न चादर रखेगी। वह स्कूल की प्रधानाचार्य है और ऐसा कर वह हँसी का पात्र बनना नहीं चाहती। न सिर्फ घर के बड़े-बुजुर्ग, वरन किशोर वय के लड़के भी उसके विरोध में थे कि वह ठाकुर खानदान की नाक कटवाने पर तुली है। पूरे गाँव में इसे लेकर किचकिच हो रही थी कि शहर से आयी लड़की गाँव-घर की रीति-नीति बिगाड़ रही है। पूरे महीने भर प्रधान का पद रिक्त रहा। अंततः जीत लड़की की हुई। पर कौन कह सकता है कि जीत लड़की की हुई या पैसे और रुतबे की। आखिर गाँव में स्कूल खोलना आपके रुतबे को बढ़ाना ही है।

नौकरी के संदर्भ में एक खास कठिनाई औरतों के लिए यह भी है कि यदि किसी तरह वे काम पा भी जाती हैं तो उच्च पदों पर पहुँचना उनके लिए हमेशा मुश्किल रहता है। कारण ट्रांसफर या प्रमोशन की परीक्षाएँ पास न कर पाना नहीं होता, वरन खुद सीनियर या जूनियर अफ़सर किसी महिला बॉस के तहत काम करना नहीं चाहते। चाहे तकनीकी दक्षतावाला कोई क्षेत्र हो या कार्यकुशल मजदूरों की जरूरत वाला कोई पोस्ट—तुलनात्मक रूप से औरतें वहाँ बहुत कम होती हैं। हालाँकि इसके पीछे दोषी सिर्फ सामाजिक मानदंड नहीं। आखिर गाँधी के जमाने में गाँधी की खास कार्य-पद्धति की बदौलत आजादी की लड़ाई में सहज भाव से स्त्री-पुरुषों ने कंधे से कंधा मिला कर अपनी ताकत लगायी थी। औरतों की क्षमता इतनी स्वयंसिद्ध थी कि स्वतंत्र भारत के संविधान में नागरिक जीवन के सारे अधिकार उन्हें सहज भाव से मिल गये थे। शंका की कोई गुंजायश ही नहीं थी। लेकिन आज ? आज तो नागरिक जीवन से पहल के सारे अधिकार निःसृत होकर सत्ता या सरकार में

सिमट गये हैं और राजनीति इतनी छल-छद्म से भरी कपटपूर्ण हो गयी है कि स्वस्थ, संतुलित नागरिक जीवन के लिए कोई पहल उसकी तरफ से होगी, यह विश्वास करना मुंगेरी लाल के हसीन सपने देखने जैसा है। राजनीति में औरतों के लिए 33 प्रतिशत आरक्षण की जो बात कही जा रही है, उसका कितना फायदा औरतों को मिलेगा ? ईमानदारी से डेढ़-पौने दो सौ औरतें यदि संसद में आ भी गयीं, तो औरतों की दुनिया बदलने में यह कितनी सक्षम होंगी ? खास तौर पर आज के राजनीतिक माहौल में ! क्या यह ज्यादा ठीक नहीं होगा कि उसे रोजगार की गारंटी दी जाये, नौकरियों में आरक्षण मिले। इससे न सिर्फ उसकी जिंदगी आसान बनेगी, वरन पारिवारिक जीवन में उसकी हैसियत भी बढ़ेगी। अपने जन्म के समय से लेकर नौकरी के द्वार तक पहुँचने के बीच उसे कितनी जद्दोजहद करनी पड़ती है, यह किसी से छिपा नहीं। लड़कों की तुलना में लड़कियाँ हर मामले में पिछड़ी हैं। फिर नौकरियों में उन्हें यह प्रोत्साहन क्यों नहीं दिया जा सकता ? संसद में राजनीतिक आरक्षण को ले कर इतनी हाय-तौबा मच रही है, पर महिलाओं की वास्तविक मदद को कोई आगे नहीं आता।

चार

यहाँ भी समाज के अवचेतन मन में यह परंपरा ही तो जड़ जमा कर नहीं बैठी है कि रोजगार के अवसर मिलते ही कहीं तराजू के पासंग ही न बदल जायें। ऐसे में औरतों की तरफ से समाज को आश्वस्त किये जाने की जरूरत है कि नैसर्गिक कामों और परंपरागत कामों के फ़र्क को समाज समझे तो डरने की कोई जरूरत नहीं ! माँ और बच्चे के बीच के नैसर्गिक नाते को नकारने से काम नहीं चलेगा और उसकी बुनियादी जरूरतों को ध्यान में रखते हुए घर और घरेलू जिम्मेदारियाँ औरत पर ज्यादा रहेंगी। पर इक्कीसवीं सदी की औरत मर्द से इन कामों में सहयोग की चाह रखती है, इसकी माँग करती है, क्योंकि घर और बच्चे केवल औरत की जिम्मेदारी नहीं होते। औरत काम पर जाये या न जाये, घरेलू उलझनों या कामों में पति की दिलचस्पी होनी ही चाहिए—आज की आधुनिकता यह माँग कर रही है। परंपरा और आधुनिकता का ज्यादा टकराव इसी मोड़ पर है। अपनी-अपनी सोचने से उच्छृंखलता तो बढ़ती है—स्वतंत्रता नहीं मिलती।

एक बात और भी है, शायद सब बातों के मूल में। किसी भी बिंदु से औरत के बारे में सोचें, सोच—पुरातन हो या अधुनातन—क्या औरत केवल देह है ? परंपरा इसे क्या मानती है ? बिहार में एक मुहावरा है उघड़ा हुआ और बेबाक—'जाँघतर की औरत—उसकी क्या हैसियत !' पहले जब 35-36 की होते न होते पुरानी औरत (सास) का स्थान लेने नयी-नवेली आ जाती थी, तो दुनिया भर की तोहमतें पुरानी

पर जड़ दी जाती थीं—वह झगड़ालू, शक्की, तानाशाह यहाँ तक कि डायन-चुड़ैल भी हो सकती थी। (हालाँकि सच यह भी है कि दो औरतों की रस्साकशी में बेचारी बहुएँ भी कम नहीं पिसी हैं) चौका-चूल्हा तो हाथ से जाता ही था, पति के लिए भी विशेष उपयोगी न होने के कारण वे हर तरह से घर के लिए फ़ालतू हो उठती थीं। इसके विपरीत नौजवानों की तुलना में पोठियाये हुए मर्द (ससुर) अपनी बहुओं पर कुदृष्टि डाल सास-बहू दोनों का जीवन नरक कर डालते थे। आज स्थिति क्या है ? आज घर में बहुएँ जल्दी नहीं आ पातीं, तब भी क्या 40-50 की औरत उतना ही सहज विश्वास अपने आदमी और घर पर रख पाती है जितना 20 की उम्र में उसे था ? और विवाहेतर संबंध ? यद्यपि आज यह संबंध दोनों तरफ से हो रहे हैं, पर नुकसान किसका ज्यादा हो रहा है ? परंपरागत रूप से औरत क्या आज भी उसी लोक मुहावरे पर नहीं तौली जा रही है ? इस मायने में पश्चिम में औरत निःसंदेह बेहतर स्थिति में है। कम से कम यौन शुचिता जैसे सवाल वहाँ इतनी कुंठाओं-वर्जनाओं को जन्म नहीं देते। आम हादसों की तरह यह भी एक हादसा है। आज बिल क्लिंटन पर आरोप लगानेवाली लड़कियाँ औरतें अपने प्रेमियों और परिवार के साथ सर ऊँचा कर जी रही हैं। टीवी, प्रेस या वकीलों के सवाल-जवाब उन्हें उस तरह बार-बार नंगा नहीं करते जैसे हमारे यहाँ है। किसी पराये मर्द का शिकार होते ही हमारी सामाजिक मान्यताएँ औरत को अपवित्र, अछूत, पापी मानने लग जाती हैं। पर 'स्त्री-मन' ! वह तो नष्ट होता नहीं। बहुत गहरे में कहीं अपने को अपवित्र या अछूत भी नहीं मानता।

सदियों से परंपरा के खिलाफ औरत देह और मन की यह लड़ाई लड़ रही है। इसमें कौन उसका साथ देगा—सबसे ज्यादा वह खुद, शायद सबसे ज्यादा उसका सहयोगी पुरुष ! इस संबंध में सदियों पुरानी बात याद आ रही है। तुलसीदास को उनकी कई चौपाइयों के लिए नारी-विरोधी करार दिया गया है। लोक मानस में परंपरागत रूप से औरत की जिंदगी को दुश्वार बनाने का काम इन चौपाइयों ने भी किया है। संत तुलसी कह गये हैं...से बात शुरू होती है। पर गंभीरता से देखें तो नारी प्रताड़ना की कोई भी चौपाई तुलसीदास के निजी विचार नहीं हैं। जिस प्रकृति के पात्र हैं, उसके अनुरूप बात उन्होंने कही है। वे खुद तो नारी स्वतंत्रता के बहुत बड़े हिमायती थे। मीरा उनके काल में हुई थीं। मीरा के पति राणा मीरा के विचारों से संभ्रमित थे, उसकी बहुत इज्जत भी करते थे। अपने युग से कई युग आगे की मीरा महल के परकोटे के बाहर दिवानी न समझ ली जाये और इससे राणा वंश की खिल्ली न उड़े ऐसा सोच उन्होंने संगति, बैठक, आराधना, उपासना की सुविधा उन्हें महल में ही दे रखी थी। लेकिन मीरा का विद्रोही मन सामाजिक गैर-बराबरी, छुआछूत, महंतों, मठाधीशों के शोषण अन्याय आदि के खिलाफ़ महल के अंदर चुप बैठने को तैयार न था। पर जायें तो किस बहाने ? आखिर राणा उनके पति थे और

उनकी सुख-सुविधा के सारे साधन महल में जुटे थे। फिर बाहर निकलना तो पति पर आरोप लगाना हुआ न ! मीरा दुविधा में थीं। आख़िर उन्होंने अपनी ऊहापोह तुलसीदास को लिख भेजी। तुलसीदास ने स्पष्ट दिशा-निर्देश भेजे :

जाके प्रिय न राम वैदेही
तजिए ताहि कोटि बैरी सम, जद्यपि परम सनेही।

मीरा को रास्ता मिल गया। आधुनिकता, परंपरा से अलग हट कर ऐसे सहधर्मियों-सहकर्मियों की माँग करती है।

इतना-सा स्त्री का देश

स्मिता

सैकड़ों-हजारों साल के अभ्यास, जो समाज ने अपनी सुविधा के लिए विकसित किये थे, धीरे-धीरे स्त्री के आँचल से चिपकते चले गये। सदियाँ बीतती गयीं, हर क्षेत्र में उन्नति हुई, फिर भी बनी रहीं आँचल से चिपकी ये परंपराएँ, जो ऊपर से स्त्री का आभूषण दिखती हैं पर असल में बेड़ियाँ हैं। खेद की बात यह है कि इन नियमों को स्त्री ने नहीं बनाया, बल्कि पुरुष ने बनाया। सिर्फ बनाया ही नहीं, उन्हें कभी स्नेह-प्यार-सहानुभूति, तो कभी छल-बल से लागू करने की जिम्मेदारी अपने ऊपर ले ली। नियम कभी न टूटें, इसके लिए दण्ड-विधान भी निर्धारित किये गये। इस दण्ड-विधान में उपेक्षा, बहिष्कार, शारीरिक यातना, संगसारी और मृत्युदण्ड के कई तरीके हैं। (तस्लीमा नसरीन आज भी निर्वासित जीवन व्यतीत कर रही हैं।) इसके अलावा कुछ अलिखित विधान भी हैं, जिनके द्वारा पुरुष की किसी गलती को स्त्री के मत्थे मढ़ा जाता है। मसलन, अनेक पुरुषों की कामेच्छा पूरी करनेवाली स्त्री समाज बहिष्कृत होती रही है।[1] बहरहाल, आज आधुनिकता के नाम पर जो बेड़ियाँ टूटती दिखाई पड़ रही हैं, वास्तव में वे नये बंधनों के लिए जगह बना रही हैं। परंपरा और आधुनिकता के बीच की कशमकश में एक बात समान है कि परंपरा भी स्त्री विरोधी है और यह आधुनिकता भी।

अक्सर यह देखा जाता है कि एक समान प्रसव-काल और प्रसव-पीड़ा के बाद एक स्त्री जब एक कन्या को जन्म देती है तो वह अपमान की भागीदार बनती है और उस नन्ही बच्ची को देख कर पिता के होठों की मुस्कान ललाट की सिकुड़न में बदल जाती है। बेटा जन्म ले तो सोहर गाये जाते हैं, लड्डू बँटते हैं पर बेटी

---

1. इन्द्र का कुछ नहीं बिगड़ता, पर पत्थर अहल्या बनती है।

के जन्म से माहौल गमगीन हो जाता है। यह फिर भी कुछ कम अमानवीय है, क्योंकि आज भी कुछेक जगहों पर उसके जन्म के तुरत बाद उसे दफनाने की तैयारियाँ शुरू हो जाती हैं। अभी हाल में एक खेदजनक रिपोर्ट प्रकाश में आयी है कि राजस्थान के एक गाँव में एक सौ सोलह साल बाद किसी लड़की की शादी हो रही थी। उस लड़की के अलावा उस गाँव में सिर्फ चार लड़कियाँ हैं।[1] यह महज एक रिपोर्ट नहीं, वरन स्त्री विरोधी मानसिकता का ज्वलंत उदाहरण है जिसे सरकार, प्रशासन, पुलिस में भरे पुरुषों ने बनाये रखने में मदद की। आधुनिक विज्ञान की मार्फत लोगों ने इस प्रथा को आधुनिक स्वरूप दिया और अब गाँवों की जन्मती बच्चियों की हत्या शहरों की भ्रूण-हत्या में बदल गयी है। आधुनिकता ने लोगों की मानसिकता नहीं बदली, बल्कि उसे बनाये रखने में आधुनिक तरीके लोगों को बताये।

इन सबके बावजूद लड़की जीवित रहती है तो पुरुष की सहूलियत के लिए। और, इसी बात को ध्यान में रख कर उसका पालन-पोषण किया जाता है। उसी प्रकार के खिलौने उसे दिये जाते हैं, जिनसे घर की चारदीवारी के अन्दर उसका मन लगा रहे। वह गुड़िया खेलती है, उसका ब्याह रचाती है, बरतननुमा छोटे-छोटे खिलौनों से खाना बनाने का खेल खेलती है। उसे खेलने के लिए लट्टू नहीं दिये जाते, गलियों में गिल्ली-डंडा या कंचा वह खेल नहीं सकती, छत पर पतंग उड़ा नहीं सकती। खेल के सामान में यह अलगाव उसके आनेवाले भविष्य की नींव को बनाता है। बच्ची गुड़िया खेलते-खेलते धीरे-धीरे उन्हें ताखे पर सजाना शुरू कर देती है। उसकी रसोई के छोटे-छोटे खिलौने उसकी अम्मा की रसोई के बरतनों में बदल जाते हैं।

खिलौनों के बड़े होने के साथ बच्चियाँ भी सयानी हो जाती हैं। इस सहज प्राकृतिक क्रिया को छिपाने का प्रयास भी शुरू हो जाता है। उसकी फ्रॉक की जगह सलवार-कुर्त्ता, भारी-भरकम लहँगा-चोली-दुपट्टा, फिर साड़ी लेती है। गरम देश होने के बावजूद हमारे देश में महिलाएँ सिर से एड़ी तक खूब कपड़े लादती हैं, जबकि पुरुष मौसमानुसार कम कपड़े का इस्तेमाल करता है। इस मायने में पश्चिम की महिलाएँ आजाद हैं। हालाँकि हमारे देश में भी पश्चिम की नकल कर फिल्मों, विज्ञापनों, सौन्दर्य प्रतियोगिताओं में, महिलाएँ न्यूनतम वस्त्रों में खूब दिख रही हैं, अपने को आधुनिक भी मान रही हैं, पर इस अंधानुकरण ने उन्हें व्यक्ति की जगह वस्तु में बदल दिया है—इस बात की वे अनदेखी कर रही हैं। अगर यह सब उनकी मर्जी से होता है तो आम जीवन में इन्हें अपनाने से कतराती क्यों हैं ? सही तो बस इतना है कि स्त्री अपनी इच्छा और सुविधानुसार अपने पहनावे का चयन करे और हर पुरुष ,र स्त्री की पोशाक का सम्मान करे।

---

1. इन एक सौ सोलह सालों में इस गाँव में जितनी लड़कियाँ पैदा हुईं, वे मार डाली ,ती रहीं। ये पाँच लड़कियाँ खुशकिस्मत कही जा सकती हैं कि बच गयीं।

तभी एक सुन्दर और स्वस्थ समाज की परिकल्पना संभव हो सकती है न कि इस बात से कि स्त्री सुन्दर कैसे लगे। उसे कैसे-कैसे और किन-किन आभूषणों से सजाया जाये कि उसका हर अंग पुरुष को आकर्षित कर सके। उसके केश तमाम असुविधाओं के बावजूद लम्बे, काले और घने क्यों हों ? वह कुँवारी, विवाहित या विधवा है—इन्हें चिह्नित करने के लिए सिन्दूर क्यों ? इस 'क्यों' का सिर्फ एक जवाब है कि यह सब पुरुष को अच्छा लगता है। घोर स्त्री विरोधी बात है। पुरुष को अच्छा लगता है कि स्त्री उसकी लम्बी आयु के लिए तीज, करवा चौथ करे, बेटे के लिए व्रत रखे। पर पत्नी या बेटी के लिए कोई व्रत की परंपरा नहीं रही है।

वैसे पुरुष को लड़कियों का पढ़ना अच्छा नहीं लगता है। फिर भी अब लड़कियाँ पढ़ रही हैं, मगर उसकी पढ़ाई अभिभावक की जिज्ञासा का विषय नहीं है। वह पढ़ने में कमजोर हो तो अपनी बला से। लड़का पढ़ाई में कमजोर हो, तो ट्यूटर रखा जाता है। लड़की के लिए नहीं। दूसरी तरफ लड़का अगर तेज हो तो माँ-बाप पूरी दिलचस्पी लेकर उसके भविष्य के बारे में सोचते हैं। उसके लिए हर व्यवस्था की जाती है। फिर भी लड़कियाँ लड़कों के मुकाबले पढ़ाई में अव्वल रहती हैं। ज्यादा पढ़ी-लिखी लड़की के लिए वैसा ही लड़का ढूँढ़ना पड़ेगा या फिर दूसरों की अमानत को पढ़ा कर पैसा-समय क्यों बर्बाद किया जाये आदि-आदि वजहों से उनकी पढ़ाई पर प्रश्नचिह्न लगाया जाता है। बहुत बार लड़कियाँ पढ़ कर नौकरी कर लेती हैं तब अभिभावक (पुरुष) उसमें सकारात्मक पहलू ढूँढ़ निकालते हैं कि कम दहेज में उसका ब्याह हो जायेगा। हालाँकि नौकरीपेशा महिलाओं की स्थिति घरेलू महिलाओं से बेहतर नहीं है, बल्कि उन्हें दोहरी जिम्मेदारी का बोझ उठाना पड़ता है। स्त्री यदि बाहर के कामों में पुरुष का हाथ बँटाती है तो पुरुष को भी घरेलू कामों में उसकी मदद करनी चाहिए। गोबर पाथना हो या बच्चे का पाखाना साफ करना—यह सिर्फ स्त्री-कार्य नहीं होना चाहिए।

इतने सारे कार्यों को करने के बाद महिलाओं के पास अपने लिए सोचने या करने को कुछ बचा नहीं रहता शायद इसलिए घर के अन्दर भी रसोईघर, सोने का कमरा (बिस्तर का एक कोना) और ड्रेसिंग टेबल आदि के अलावा कोई अलग से कमरा उनके लिए नहीं होता। यदि घर में एक कमरा अधिक होता है तो वह पुरुष को पहले मिलता है—स्त्री को नहीं। मानवता और समानता दोनों का तकाजा यह है कि स्त्री को वक्त के साथ-साथ जगह भी मिलनी चाहिए। जब नारी एक जीवित इनसान को पैदा कर सकती है, तो दूसरे सृजनात्मक कार्य क्यों नहीं कर सकती ?

जब घर में स्त्री के लिए एक अलग कमरा नहीं होता है, तो संपत्ति में उनके हक की बात ही अकल्पनीय है। वैसे तो कानून की किताबों में स्त्री-पुरुष की समानता की बात लिखी है, पर संपत्ति का बँटवारा बेटे-बेटियों में समान रूप से नहीं होता। उत्तराधिकारी बेटा ही होगा, यह बात पुरुष सत्तात्मक समाज को बनाये रखती है।

कम या ज्यादा दहेज दे कर स्त्री के लिए एक पुरुष की व्यवस्था की जाती है, पर संपत्ति सीधे उसे नहीं दी जाती जिसे वह अपनी इच्छानुसार खर्च कर सके। अगर पैतृक संपत्ति या परिवार की किसी संपत्ति में स्त्री-पुरुष को वास्तव में बराबर-बराबर हिस्सा मिले, तो स्त्री काफी हद तक स्वतंत्र होगी ही और दहेज का उन्मूलन भी हो सकेगा। पति की मृत्यु या तलाक होने पर स्त्री की स्थिति दयनीय नहीं होगी।

एक और विकट समस्या जो अक्सर तलाक-शुदा महिलाओं या फिर कुँवारी माँओं के सामने होती है, वह है बच्चे के पिता के नाम की समस्या। वास्तव में जन्मदात्री तो माँ होती है, फिर पिता का नाम क्यों ? पुरुष का बच्चा जायज और स्त्री का बच्चा नाजायज क्यों होता है, जबकि जन्मदात्री माँ है ? समाज विवाह की अनिवार्यता, जो पुरुष दिमाग की उपज है, को बनाये रखने के लिए कुँवारी माँ के बच्चे को अवैध घोषित करता है। जीवन भर के लिए चरित्रहीनता का ठप्पा उनके माथे लग जाता है। उनके बच्चे अनाथालय में रहने को मजबूर हो जाते हैं। ऐसे बच्चों को स्कूल-कॉलेजों में दाखिला नहीं मिलता, हालाँकि इस विषय में सकारात्मक चर्चा हो रही है। यदि इस चर्चा का कोई ठोस परिणाम निकलता है तो यह स्वस्थ समाज के निर्माण में सार्थक पहल होगी। गर्भ निरोधक गोलियों, या गर्भपात आदि तरीकों का परदा क्यों और कब तक ?

इन सारी समस्याओं की जड़ में स्त्री शरीर की यौन शुचिता का आग्रह है। पुरुष हमेशा खुद को शुद्ध और पवित्र मानता है। इससे एक बात स्पष्ट होती है कि पुरुष अपने शरीर का इस्तेमाल चाहे जैसे करे—वह इस बाबत स्वतंत्र है, पर नारी अपने शरीर से मनचाहा सुख नहीं प्राप्त कर सकती है। स्त्री के लिए हमेशा एकनिष्ठता जरूरी है। यौन सुख के लिए, नारी को वैवाहिक बंधन में बँधना अनिवार्य है, अन्यथा वह बदलचन कहलायेगी। पुरुष के लिए यह बंधन अनिवार्य नहीं, उसके लिए यौन शुचिता जैसी कोई बात भी नहीं है। इसलिए वह जबरन या मजबूरी का फायदा उठा कर अनेक महिलाओं से संबंध बना सकता है और ऐसी स्थिति में पुरुष पाक-साफ रह जाता है उल्टे महिलाओं को वेश्या की संज्ञा दे दी जाती है। वे समाज-बहिष्कृत हो जाती हैं। सदियों से चली आ रही यह परंपरा पूर्णतया अन्यायपूर्ण और पक्षपातपूर्ण है। पुरुष एक ओर सामाजिक व्यवस्था और सभ्यता की दुहाई देकर विवाह संस्था को अनिवार्य बनाता है, तो दूसरी तरफ महिलाओं को वेश्या, देवदासी बनने पर मजबूर करता है। दोनों हालात में पिसती स्त्री ही है। एकनिष्ठ पत्नी भी बहुत बार सहज उपलब्ध होनेवाला शरीर मात्र बन कर रह जाती है, जिसकी इच्छा-अनिच्छा का कोई मतलब नहीं रहता। एक और प्रताड़ना जो स्त्री के हिस्से आती है, वह है बलात्कार की। प्रताड़ित करनेवाले पुरुष बच निकलते हैं। अपवित्रता और अपमान का बोझ लिये स्त्री आत्महत्या कर लेती है, क्योंकि उसका जीवित रहना परिवार समाज दोनों को खलता है। इन मामलों में परिचय का समाज इन दुराग्रहों

से मुक्त समाज है। तभी तो बलात्कारी अगर देश का राष्ट्रपति भी हो तो वह न्यायिक घेरे में आ जाता है।

इस तरह हम देखते हैं कि जन्म के साथ ही स्त्री के साथ दूसरे दरजे का व्यवहार शुरू हो जाता है। पहले तो उसे जिन्दा रहने की इजाजत ही नहीं मिलती है। फिर भी वह बच निकलती है, तो उसकी प्रतिभा को कुंठित करने के, उसके व्यक्तित्व को नष्ट करने के उपाय किये जाते हैं। वह ज्यादा से ज्यादा पुरुषों के लिए उपयोगी हो सके, इसी लायक उसे बनाया जाता है। सहनशीलता को उसका सबसे बड़ा गुण बताया जाता है, ताकि वह पुरुष की सारी ज्यादतियाँ चुपचाप झेलती रहें। सहनशीलता कोई दुर्गुण नहीं है, पर वह स्त्री-पुरुष दोनों में होनी चाहिए। लेकिन जब स्त्री को सहनशील बनाया जाता है तो इसका मतलब होता है कि वह सारे अपमान झेल ले, अपनी इच्छाएँ मार ले, और किसी अन्याय का विरोध न करे।

सहनशीलता के साथ-साथ सुन्दरता उसका दूसरा गुण हो जाती है। सुन्दरता को बनाये रखने के उपक्रम में उसके दूसरे गुण नष्ट होते चलते हैं। वह पुरुष के लिए काम्य बनी रहे, यही उसका लक्ष्य रह जाता है। आज भी लड़कियों के लिए विवाह का पहला पैमाना सुन्दरता ही है। दूसरा पैमाना पति की सेवा है।

यह किसी भी रूप में अतिशयोक्ति नहीं है कि यह सभ्यता अपने चरित्र में मूलतः स्त्री-विरोधी है। जिस तरह मनुष्य (पुरुष) प्रकृति का दोहन करता है, उसी तरह स्त्री का दोहन भी करता है। पहले माना जाता था कि जब शिक्षा का प्रसार होगा, ज्ञान-विज्ञान के सभी क्षेत्रों में तरक्की होगी, तब स्त्री के प्रति पुरुष की दृष्टि बदलेगी। यह नहीं कहा जा सकता कि ऐसा बिलकुल नहीं हुआ है। स्त्री ने बहुत सारी आजादियाँ अर्जित की हैं। लेकिन यह सब कुछ पुरुष ने उसे दिया नहीं है, उसने अपने संघर्ष से पाया है। सच तो यह है कि पुरुष मानसिकता को अभी भी बदलना बाकी है। अभी भी उसकी यौन इच्छा बेलगाम है (बिल क्लिंटन), यह वियाग्रा जैसी दवाओं की अंधाधुंध बिक्री से पता चलता है। ऐसी गोलियों के नतीजे भी स्त्री को भुगतने पड़ेंगे। उससे अपेक्षा रखी जायेगी कि वह ज्यादा उम्र तक सुन्दर और सुडौल बनी रहे ताकि पुरुष वियाग्रा का सेवन कर उसके साथ रिश्ते बना सके। जो स्त्रियाँ इस लायक नहीं होंगी, उन्हें उनके पति छोड़ देंगे। अमेरिका की एक 70 वर्षीय बूढ़ी महिला ने वियाग्रा बनानेवाली कम्पनी फाइजर पर मुकदमा किया है। उसकी शिकायत है कि इस दवा का सेवन कर उसके पति ने उससे संबंध बनाने की कोशिश की और जब संतोष नहीं मिला तो उसे छोड़ दिया। यह घटना बताती है कि अमेरिका जैसे आधुनिक देश में भी स्त्रियाँ शरीर से ज्यादा कुछ नहीं समझी जाती हैं।

औरतों को बधिया बनाने के लिए

मनीषा मिश्रा

औरत को, औरत बनाने का जिम्मा समाज और परंपराएँ परस्पर निभाती हैं। अपने देश में ही नहीं, बल्कि दुनिया भर की संस्कृतियों में परंपराएँ औरत को 'काबू' में रखने के लिए ही बनायी गयी थीं। उन्हें वह सदियों से थोड़े परिवर्तन के साथ ढोती चली आ रही हैं। समय, समाज और जीने का अंदाज भले ही आधुनिक माहौल में बदल गया, मगर परंपराएँ लगभग वही हैं जो हमारी दादी-नानी और बड़ी-बूढ़ियों के समय थीं। आधुनिकता ने भले ही उन्हें नया जामा पहना दिया हो, मगर उनके अंदर की असलियत किसी से छिपी नहीं है। बस समयानुसार उनमें परिवर्तन होते जाते हैं। विकास और क्रांति के बीच घिसटती औरत निःसंदेह परंपराओं को नहीं ढो सकती।

दरअसल, किसी भी समाज में परंपराएँ इतनी जटिल और गूढ़ होती हैं कि इनके बंधन से विमुख होने के लिए औरत को ढेर सारे दुस्साहस और आत्मविश्वास की आवश्यकता होती है। चूँकि परंपराओं को तर्कों से तौला नहीं जा सकता इसलिए आधुनिक औरत के लिए इन्हें अपने 'स्व' की बलि के बावजूद अपनी सुविधानुसार तोड़-मरोड़ कर प्रयोग किया जाता है। पीढ़ी-दर-पीढ़ी महिलाएँ परंपराओं को अपनी धरोहर, अपने विश्वासों (यानी अंधविश्वासों), अपने भ्रमों और अपने ही बुने एक जाल में समेटे रही हैं। एक से दूसरे में फैलती गयीं ये परंपराएँ इतनी जटिल और अविवेकपूर्ण हैं कि उत्तर आधुनिक महिला के समक्ष भी इनके खिलाफ कुछ उगलना उसे दुश्मन बनाना है।

जैसे बड़ी मछलियाँ छोटियों को अपना शिकार बना कर जीवन चलाती हैं, ठीक वैसे ही बड़ी-बूढ़ियाँ समाज में अनहोनी और खौफ का वातावरण बना कर बच्चियों के दिमाग में परंपराओं का बीज बो देती हैं। यही बच्चियाँ जब प्रौढ़ या युवा होती

हैं तो इनको परंपराओं के खिलाफ एक भी शब्द समझाना निहायत बचकानापन साबित होता है। डॉक्टर, वकील, वैज्ञानिक से ले कर प्रोफेसर महिलाएँ तक कहीं न कहीं परंपराओं को ढोती नजर आती हैं। तमाम वर्जनाओं को तिलांजलि दे चुकी उच्च वर्गीय उत्तर आधुनिकाएँ भी परंपराओं को ओढ़े दिखती हैं। फर्क केवल इतना है कि उन्होंने उन्हें अपने अनुरूप ढाल लिया होता है।

आज के दौर की महिला, जो महिला और पुरुष दोनों का दायित्व बखूबी निभाती है, आधुनिकता और परंपराओं के बीच पिस रही है। वह अपने सुहाग को, अपने पुत्र के लंबे सुखमय जीवन को सींचने के लिए व्रत करती है, माथा टेकने जाती है, देवी का प्रसाद चढ़ाती है, दान-दक्षिणा करती है। कहने का तात्पर्य यह कि 24 में से 18 घंटे की दौड़-भाग, जिम्मेदारियों के साथ वह परंपराओं के बीच फँसी सब कुछ स्वाभाविक ढंग से जी लेती है। परंपराओं में शामिल रूढ़ियाँ और जटिलताएँ उसे तंग करती हैं, दुविधा में डालती हैं, मगर एक प्रकार के 'भय' के कारण वह स्वयं को इनसे मुक्त करने में असफल रहती है। दूसरी ओर आधुनिक युग के संघर्षमय जीवन में परंपराओं को दर-किनार करनेवाली गिनी-चुनी महिलाएँ एक प्रकार के अपराधबोध से ग्रस्त दिखती हैं। क्योंकि कोई भी परंपरा तोड़ने का साफ मतलब है, अपने घर, पड़ोस, समाज में दुश्मन तैयार कर लेना। असुविधाओं और जिम्मेदारियों से मुक्त आरामपसंद महिलाओं की एक पूरी जमात आप पर उँगली उठाये तैयार रहती है। वे परंपरा से परे हटनेवाली औरत पर ताने कसेंगी, अपशब्द कहेंगी, उसे तरह-तरह के अपशगुनों से भयाक्रांत करेंगी। अपने ही परिवार के रूढ़िग्रस्त लोग परंपरा तोड़क को मानसिक रूप से ब्लैकमेल करने से भी नहीं चूकते। बस, यही तमाम कारण बन जाते हैं कि महिलाएँ आधुनिकता के दौर में कई बार चाह कर भी इनका विरोध नहीं कर पातीं।

कई पढ़ी-लिखी, प्रतिष्ठित महिलाओं को परंपराओं की खिलाफत करते अक्सर देखा जा सकता है, जबकि वास्तविक जीवन में ये महिलाएँ भी कहीं न कहीं उनकी दास होती हैं। ऐसा प्रायः विचारों और व्यवहार में अनुरूपता के अभाव में होता है। हिंदू धर्म में विवाहित महिला के लिए सिंदूर लगाना अनिवार्य है, सूनी मांग अपशगुन मानी जाती है। अमूमन आधुनिका विवाहोपरांत यदा-कदा ही सही सिंदूर लगाने के मोह से बच नहीं पातीं। यही है उनके अंदर बैठा 'खौफ', जो तमाम तर्कों-कुतर्कों के बावजूद अपना अस्तित्व जता ही देता है। ठीक यही स्थिति है कुल नाम की। पति का कुल नाम लगाना, औरत का जन्म नाम बदला जाना हमारी प्राचीन परंपरा है। ऐसा वेद-पुराणों में भी संकेत है, यह कहा जाता है। पत्नी को पति में पूर्ण समर्पित होने का यह प्रतीक है। आधुनिक दौर में कुछ महिलावादी, जुझारू, अपने व्यक्तित्व पर गर्व कर सकनेवाली महिलाएँ इन वर्जनाओं को तोड़ने का दुस्साहस करने लगी हैं। लेकिन उनके इस निर्णय से पति रूपी जीव के स्वाभिमान को ठेस

लगती है। यह स्वाभाविक भी है क्योंकि अब तक जो केवल भोग्या थी, घर रखे कलर टी. वी. और फ्रिज की तरह इस्तेमाल की एक वस्तु थी, उसका 'मैं' जागना पति और उसके परिवारवालों के लिए विरोध में किया गया प्रहार साबित होता है। सरकारी नियमानुसार अब यदि माँ चाहे तो बच्चे के नाम के साथ अपना नाम दर्ज करवा सकती है। यानी 'पिता' की गारंटी देना अब अनिवार्य नहीं है। पिता के नाम के बिना अब बच्चा 'अवैध' या (सामाजिक भाषा में कहें) 'हरामी' नहीं होगा, उसका अस्तित्व उसकी 'माँ' से स्वीकार्य होगा, लेकिन कितनी माँओं ने बच्चे को अपना नाम दिया होगा ? नाम बदलने या हटाने से बाप की हैसियत या अधिकारों में फर्क तो नहीं आ जायेगा। मगर यह परंपरा है—पिता का ही नाम लिखा जायेगा, माँ के अस्तित्व की जरूरत ही कहाँ है ? ऐसा करनेवाली माँ बदचलन, आवारा या कामोन्मादी जैसे विशेषणों से भी नवाजी जा सकती है, क्योंकि समाज के ठेकेदार सरकारी मान्यता से संतुष्ट नहीं होते, उन्हें तो परंपराओं का निर्वाह करवाना है, न !

हिंदू समाज में एक बलशाली परंपरा है—दाह संस्कार की। इसे पुत्र ही संपन्न करवाता है। पुत्र को जन्मसिद्ध अधिकार है कि वह अंतिम संस्कार के वक्त पंडों की मदद से माँ-बाप को मुखाग्नि दे और उनकी कपाल-क्रिया करे। बेटी और दामाद इस प्रक्रिया में कितने अछूत माने जाते हैं, इसे सिर्फ इतने से समझा जा सकता है कि दामाद के मृतक की अर्थी को हाथ लगाने भर से वह नरक का भोगी हो जाता है। जिन परिवारों में पुत्राभाव है, वहाँ रिश्ते-नातेदार से क्रिया करवायी जाती है। अब यह परंपरा इतनी गूढ़ और दबावों से भरी है कि अव्वल तो बेटी-दामाद इसे संपन्न करने की कल्पना ही नहीं कर सकते। मान लीजिए कुछ अति विकासवादी दंपति तैयार भी हो जायें, तो पंडे, परिवार और रिश्तेदार इसे कैसे स्वीकार कर सकते हैं ?

निःसंदेह, यह कहना लाजिमी है कि महिलाएँ ही परंपराओं का निर्वाह करती हैं, सदियों से, पीढ़ियों से वह लीक पीटती चली आ रही हैं। इसका एकमात्र अकेला कारण है कि दरअसल समाज ने औरत को इतना अकेला, बेबस, गैरजिम्मेदार और अछूत बना दिया कि वह अपने चारों तरफ आत्मरक्षा और आकर्षण का केंद्र बनाने के लिए एक चक्र बनाने लगी। परंपराएँ वही चक्र हैं, जिन्होंने अन्ततः औरत को अपने में जकड़ लिया है। पुरुष को खुश करने के लिए औरत ने सिंदूर लगाया, चूड़ियाँ पहनीं और उसकी दीर्घायु के लिए व्रत-पूजन किया। इसका सीधा साफ कारण था—उसे सम्मोहित करना, यह जताना कि मैं सिर्फ तेरे लिए कामना करती हूँ, मैं तुझमें हूँ, तेरी समृद्धि के पीछे मैं हूँ, तेरी दीर्घायु, स्वास्थ्य और परिवार के लिए मैं ही उपाय कर सकती हूँ। पुरुष उसके छलावे में आ गया, उसके मोहपाश में बिंध गया। परंपरा बन कर यही छल औरत के अंतर्मन में उतरता गया और पीढ़ियों में उसने इसे बाँटना शुरू कर दिया। आज की औरत जानती है कि 'चाँद' को पूजने से कुछ नहीं होगा, मगर पुरुष के अहं को संतुष्ट करने के लिए वह आसमान की

तरफ अक्षत फेंकती है। वह डरती है कि वैज्ञानिक बातों या तर्कों से यदि पुरुष को 'हरा' दिया, तो कहीं वह स्वयं सब कुछ न 'हार' जाये। यथास्थिति बनाये रखने की चाहत, डर और असुरक्षा की भावना उसे यह सब करने के लिए मजबूर करते हैं।

व्यावहारिक तौर पर यह कहना उचित ही होगा कि आधुनिक युगीन महिला में जहाँ अपनी देह के प्रति मोह बढ़ा है, वहीं उसकी जिम्मेदारियों में भी इजाफा होता जा रहा है। सामाजिक, नैतिक, पारिवारिक और अब भौतिक दायित्वों के दबावों में उसे आत्म-सुरक्षा को खोजना है। इस भीड़ में उसे अपने खुद के लिए तो वक्त निकालने में तमाम दिक्कतों को झेलना पड़ता है, ऐसे में कैसी परंपराएँ—कैसी रूढ़ियाँ ? ये सब तभी तक हावी हैं, जब तक औरत मानसिक रूप से स्वतंत्र नहीं हो जाती। ज्यों ही उसे 'स्व' का एहसास हुआ, वैसे ही परंपराओं की जंजीरें छिन्न-भिन्न हो जायेंगी। यहीं अंत हो जायेगा उसके दिमागी बधियाकरण का—वह अध्याय, जिसे वह भय और असुरक्षा के कारण सहती चली आ रही है। समय उसे उसकी 'ऊर्जा' से जैसे-जैसे परिचित कराता जायेगा, वैसे ही वैसे वह अपनी शक्ति को पहचानने लगेगी। अन्ततः एक वक्त वह आयेगा, जब औरत पूर्णतः स्वतंत्र होगी—परंपराओं से, पुरुषवादी वर्चस्व से, सामाजिक बंधनों से और मानसिक दबावों से। स्पष्ट है कि यहाँ उच्छृंखलता और पश्चिमीकरण की 'तूती' नहीं बजायी जा रही—गुलामी और दिमागी बंध्याकरण से छुटकारे की 'लालसा' जतायी जा रही है, जो दुनिया की हर औरत के लिए अनिवार्य है, और जिसका उसे पूरा अधिकार है।

स्त्री जो महज त्वचा है

सुधीश पचौरी

महिलाओं में खास पठनीय एक अंग्रेजी पत्रिका के कुछ विज्ञापन इस प्रकार पढ़े जा सकते हैं :

एक लेप का विज्ञापन कहता है : 'मेरी जैसी त्वचा के लिए। यह लेप (लोशन)'। हरी धरती पर, लेप की बोतल हलके बादामी रंग की पड़ी है। शीशी के पास लिखा है 'त्वचा इतनी तरोताजा...त्वचा इतनी स्वच्छ।' विज्ञापन का पाठ कहता है।

जिंदगी आनंद है। और इतना सब करने की है। किंतु अपनी त्वचा की खातिर वक्त निकालना जरूरी है। साबुन, पानी से धोने के बाद यह शीशी है जो आपकी त्वचा को चाहिए। रोजाना चेहरे पर लगाइए। एक ऐसे रंग को पाने के लिए जो सुंदर लगे। वर्षा, आतप कुछ हो। देर रात में आयें। यह शीशी कोमल बनायेगी। झाइयाँ हटायेगी। इस भाषा को बोलनेवाला स्त्री का चेहरा बायें बाजू में है और गौर से देखें तो चेहरा बच्चों जैसा लगता है। ताजगी, कोमलता और स्वच्छता का प्रतीक। शीशी के उपयोग का जबरदस्त प्रमाण।

एक अन्य विज्ञापन त्वचा-लेप के महत्व को समझाता है : 'एक खूबसूरत त्वचा स्त्री की बहुमूल्य संपदा है। हर स्त्री चाहती है कि उसकी त्वचा सुंदर और कोमल दिखे। अब एक ऐसा लोशन आ गया, जो आपकी खाल की देखभाल करेगा, उसे छुए जाने योग्य बनायेगा।' दायीं ओर चमत्कारी शीशी है हल्के गुलाबी रंग में, बायें एक बूँद में एक सुंदरी समझाती है : 'अमेरिकी और यूरोपीय लोगों की त्वचा सफेद होती है। भारतीय लोगों की खाकी होती है। धूप में पाँच मिनट खुली रहने पर यह त्वचा काली पड़ जाती है। इससे खाल को बचाना जरूरी है। उसे एक छाते या टोपी की जरूरत है। यह शीशी एक पर्दा बना देती है जो खाल को जलने नहीं देता।'

आगे पृष्ठ पलटें तो एक नीबूवाले साबुन का विज्ञापन आता है। इसमें झरने

के बीच एक सुंदरी साबुन के साथ अठखेलियाँ करती दिखती है। विज्ञापन का चित्र ही उसका संदेश है। फिर भी नीचे गहरे हरे पीले रंगों में लिखा है : 'हल्की महक। और उत्तेजक नीबू की ताजगी एक ताजा अनुभव।'

एक विज्ञापन गोरे रंग का पूरा शास्त्र ही रच डालता है : बायें बाजू एक साँवली लड़की उदास नीची नजर किये दिखती है। नीचे लिखा है। 'अगर आप इसे पढ़ेंगी तो गोरे होने के स्वप्न को साकार कर सकेंगी। दायें बाजू में एक रंगीन तस्वीर है जिसमें एक लड़की खुश है। वह एक फिल्म अभिनेत्री है जो कहती है 'मेरे स्वप्न साकार हुए और मेरी दुनिया बदल गयी।' विज्ञापन के नीचे नारियल, खीरा, दूध आदि दिखाया गया है।

एक अन्य साबुन 'दोहरी ताजगी' दिखाता है। एक मर्द का गोरा चेहरा हँस रहा है। दो स्त्रियाँ दो तरफ से चूम रही हैं। फिर मुँहासा खत्म करनेवाली क्रीमवाला कहता है : 'उस मुँहासे को कैसे रोकें जो आपके चेहरे से आकर्षण को चुराता है।' एक साबुन के बारे में एक सुंदरी कहती है : 'यह साबुन मेरी त्वचा की देखभाल जिस ढंग से करता है उसके उस ढंग से मुझे प्यार है।'

स्त्रियों को सीधे संबोधित तमाम अंग्रेजी हिंदी पत्रिकाएँ और फैशन पत्रिकाएँ ऐसे विज्ञापनों से भरी होती हैं जो स्त्री के चेहरे की त्वचा और बालों के प्रसाधनों को विज्ञापित करती हैं। इन तमाम विज्ञापनों में 'गोराई' 'ताजगी' और 'आकर्षण' जैसे शब्द बारंबार प्रयुक्त होते हैं। स्त्रियों के लिए विज्ञापित वस्तुओं—खासकर प्रसाधन सामग्री आदि के लिए अनिवार्य शब्दकोश की तरह हैं। ये नये सौंदर्यशास्त्र की आधार शिलाएँ हैं।

हम मानें या न मानें, प्रसाधन सामग्री और विज्ञापनों ने मिल कर हमारे समाज में स्त्री सौंदर्य का एक नया मानक स्थापित कर दिया है। धीरे-धीरे हमारे बीच एक ऐसी स्त्री उठ खड़ी हुई है जो भयानक आकर्षक है। उसकी त्वचा चमकदार है। वह तरोताजा है। मुस्कान उसके चेहरे पर हमेशा रहती है। फिल्मों में, सीरियलों में, विज्ञापनों में तमाम जगह स्त्री का चेहरा युवा, चमकदार, तरोताजा और आक्रामक है।

इस सौंदर्यशास्त्र का आधार 'त्वचा' है। समूचा बल ताजा, चमकदार और गोरी त्वचा पर है। सारा ध्यान स्त्री के चेहरे पर है। 'तरोताजा' बनाये रखने का दर्शन कहता है कि मनुष्य का सौंदर्य, उसकी खाल में रहता है। इस तरह समूचा प्रसाधन तंत्र मूलतः एक खाल-तंत्र में तब्दील हो गया है।

आखिर इतनी तरोताजा खाल क्यों चाहिए ? तिस पर स्त्रियों की खाल ही क्यों चाहिए ? मर्दों की खाल क्यों नहीं ? इसलिए कि मर्दों के लिए 'ताकत' का संदेश तय पाया गया है। मर्द 'ताकत' का प्रतीक माने जाते हैं। उन्हें लक्षित विज्ञापन उनकी कोमलता का बखान नहीं करते। 'कोमलता' स्त्री का विशेषण ठहरा। कोमलता हो तो 'मुरझायी' नहीं हो। कोमल हो कोई चीज और 'ताजा' न हो तो कोमलता

दिखेगी कैसे ? ताजा न हो तो 'आकर्षक' कैसे लगेगी ? आकर्षक दिखना है तो 'कोमलता' को 'ताजा' होना होगा। हर सूरत में 'आकर्षक' दिखना अनिवार्य है। कारण ? 'आकर्षण' सौंदर्य की जगह ले चुका है। प्रसाधनशास्त्र ने यह सिद्ध कर दिया है कि वह 'असुंदर' को 'आकर्षक' बनाते हुए 'अनिवार्य' बना सकता है। अंग्रेजी के रूमानी कवियों ने सौंदर्य को शाश्वत आनंद का कारण कहा। वह सौंदर्य वायवीय था, अमूर्त था, भावना का था, हृदय का था। सौंदर्य प्रायः द्रष्टा की दृष्टि या भावना में रहता था। वह अमर, शाश्वत और नित्य नवीनता से युक्त होता था, रमणीय वही होता था जो नित्य नया होता रहे। परंपरागत सौंदर्यशास्त्र में रूप-सौंदर्य से अधिक भाव सौंदर्य पर जोर रहता था।

नये सौंदर्यशास्त्र का सारा दारोमदार 'रूप' पर है। इसीलिए नखशिख रूप वर्णन का नया रीतिकाल एक उद्योग की शक्ल में पैदा हो गया है। इस नये रीतिकाल ने पुराने रीतिकालीन दरबारी ग्राहक को हर जगह पैदा कर लिया है। विशाल मध्यवर्ग उन तमाम सुखों की लूट में व्यस्त है जो एक जमाने में सिर्फ सामंतों, राजाओं को उपलब्ध थे और जिनका एकाधिकार था। उपभोक्तावादी युग ने उस सामंतीय अहंकार की मूँछें मरोड़ कर धर दी हैं। सामान्य परिवार की लड़कियों के चेहरे रूपसज्जा में नूरजहाँ के चेहरे का मुकाबला करते हैं। कभी-कभी तो स्वयं नूरजहाँ प्रसाधन बेचने निकली होती है। विज्ञापन जगत के विशेषज्ञों ने कड़ी मेहनत से कुछ नुस्खे तैयार किये हैं। उनमें स्त्री के सामान्य भावों, गुणों और नाकनक्श का 'मानकीकरण' किया जाता है। रूप वैविध्य, जो प्रकृति का धर्म है, में ऐसे सामान्य सूत्र ढूँढ़ लिये गये हैं जो हर स्त्री के लिए प्रीतिकर हो सकते हैं। सुंदर एवं आकर्षक दिखने की इच्छा एक उम्र में नैसर्गिक होती है, किंतु बाल रँगने, झुर्रियाँ मिटाने और युवा दिखने की गारंटी करनेवाले विज्ञापन सबसे ज्यादा उन्हें फुसलाते हैं जो नैसर्गिक सौंदर्य से अधिक कुछ और चाहते हैं।

स्त्री का मॉडल कोमल, युवा आकर्षक, सुंदर और उत्तेजक ही हो सकता है। विज्ञापन जगत स्त्री की इस छवि को एक ही साथ उत्तेजित और मजबूत बनाता हुआ चलता है। त्वचा और चेहरे की देखभाल, केश एवं नाखूनों की देखभाल आदि की बढ़ती हुई चिंता बताती है कि विज्ञापन शास्त्र ने मनुष्य की हमेशा जवान बने रहने की इच्छा को महाकाव्यात्मक विस्तार दे दिया है।

'हमेशा तरोताजा दिखें', 'हमेशा आकर्षक दिखें', 'हमेशा प्रभावशाली दिखें'—इन संदेशों में 'तरोताजा रहने' की जगह 'दिखने' पर अधिक जोर रहता है। 'दिखना' ही होता है। आप कैसे दिखते हैं, वही आपको 'होना' है। यदि आप दूसरे का ध्यान नहीं खींच सकते, तो आपका 'होना' कहाँ हुआ ?

आजकल तो समूची देह ही हमलावर बना दी गयी है। त्वचा पर अतिरिक्त जोर इस देहवाद का नया पहलू है। इससे पहले नेत्रों, गालों और बालों पर जोर

था। आज से बीस-पचीस वर्ष पहले के विज्ञापन देखें तो पता चलता है कि प्रसाधन सामग्री त्वचा की चमक, ताजगी और कोमलता पर जोर न दे कर आँखों की नजर, केशों की चमक और मजबूती और गालों की लाली पर जोर देती थी। त्वचा बुनियादी कैनवस नहीं थी। आज त्वचा यानी देह एक जीता-जागता कैनवस बना दिया गया है।

त्वचा को कैनवस, क्रीड़ास्थली और रंगस्थली बता देने के गहरे सांस्कृतिक अनुरोध हैं। चूँकि प्रसाधन सामग्री का सबसे बड़ा लक्ष्य स्त्री है, इसलिए त्वचा पर जोर देने के अर्थ भयावह हो उठते हैं। इन विज्ञापनों को पढ़ते हुए ऐसा लगता है कि हम स्त्री नहीं, सिर्फ एक त्वचा के बारे में सोच रहे हैं। स्त्री त्वचा मात्र बना दी गयी है। सौंदर्य का उद्योग स्त्री को मार कर उसकी खाल को उतार कर बेचता है।

और यह एक संयोग ही तो है कि आज से पचासेक वर्ष पहले जो देह क्रांति अमेरिका-यूरोप में शुरू हुई थी, वह अपने विकसित रूप में हमारे समाज में घट रही है। प्रसाधन उद्योग ने देशों की सीमाएँ तोड़ दी हैं। एक नया पश्चिमी सौंदर्यशास्त्र हमारे बाजारों, घरों के ड्राइंगरूम तक फैला है। हजारों लाखों बार हम इस नये सौंदर्य के आदर्शों को निहारते रहते हैं, मोहित होते रहते हैं।

कस्बों, छोटे नगरों तक में पहुँच गये ब्यूटी पार्लर बहुत-सी स्त्रियों के लिए दैनिक, साप्ताहिक और पाक्षिक जरूरतें बन गये हैं। नये सौंदर्यशास्त्र ने लोगों को अत्यधिक सचेत कर दिया है कि वे यह खयाल रखें कि वे कैसे दिखते हैं। उसने जीवन की सफलता और उपलब्धियों को इस 'दिखने' से जोड़ दिया है।

इसने एक नया नस्लवाद पैदा किया है। हम ताजादम चमकदार चेहरे का रोब खाते हैं और मलिन चेहरों से, चाहे हमारे अपने हों, घृणा करते हैं। प्रसाधन के इस त्वचावाद ने साधन-संपन्न को आकर्षक बना दिया है, संपन्नता के बदबूदार ठीहों को कमनीय बना डाला है। दिल्ली में साधारण घूरों को दिल्ली प्रशासन टाइलों से इसीलिए सजाता है ताकि गंदगी छिपी रहे। रंगीन बदबू अगर आये भी तो रहस्य की तरह अनिवर्चनीय बनी रहे। जो बात घूरे के बारे में सच है, वह चेहरे के बारे में भी सच है। परंपरागत रूप से सुंदर चेहरे, अनेक कुरूप चेहरों की चमक के आगे फीके लगते हैं। प्रसाधन सामग्री ने कुरूपता कुछ ऐसे मिटायी है कि हर चेहरा एक-सा नजर आता है। इस क्रम में यह तो हुआ कि जिन्हें पुराने किस्म के नस्लवादी काला, नकटा, चुंधा आदि कह कर स्वयं को श्रेष्ठ माना करते थे, अवाक् हुए हैं, किंतु यह भी हुआ है कि चेहरों की कुदरती विविधता गायब कर दी गयी है। सौंदर्यीकरण की इस मुहिम में नाक, आँख, केश, होठ आदि इच्छानुसार बनाये या बिगाड़े जा सकते हैं।

त्वचा और चेहरे के सौंदर्यीकरण की इस मुहिम की सबसे बड़ी शिकार स्त्री है। उसे मानवीय अधिकार और सम्मान देने की जगह एक आकर्षक वस्तु में बदल दिया गया है। हर विज्ञापन में यहाँ तक कि टायर या पेंट के विज्ञापन में भी स्त्री

बैठा दी गयी है। वही विक्रेता है, वही खरीदार। विज्ञापन जगत में स्त्री एक 'अति' की तरह है। यह अति विज्ञापनशास्त्र की एक मात्र उपलब्धि है। स्त्री विज्ञापनों का सबसे बड़ा औजार है। इसलिए भी, शायद, स्त्रियों का होना इतना सहज लगता है कि उपभोक्ता आसानी से ढेर हो जाता है।

प्रसाधन सामग्री के विज्ञापनों के देहवाद ने स्त्री देह को आकर्षक बना कर चौराहे पर टाँग दिया है। इसे सच का एक पहलू कहा जा सकता है। स्त्री के प्रति तमाम परंपरागत बोध और प्रतिक्रियाओं को, किसी कानून या आंदोलन ने उतना झटका नँहीं दिया जितना विज्ञापनों ने, खासकर प्रसाधन सामग्री के विज्ञापनों ने दिया है। यह सच का दूसरा पहलू है। विज्ञापनों ने स्त्री को एक नये सौंदर्यशास्त्र का औजार बनाते हुए उसके शोषण के नये आयाम खोले हैं, किंतु यह भी सच है कि समाज में स्त्री की दावेदारी को बढ़ाया है। हर तरफ दिखनेवाली स्त्री की छवि स्त्रियों को चौकों-चूल्हों से बाहर निकालने में किसी हद तक मददगार भी हुई है। जिन समाजों में परदा प्रथा है, वहाँ स्त्री-छवि के हमले से पैदा होनेवाले सांस्कृतिक झटकों को देखा जा सकता है कि कैसे विज्ञापन समाज में एक नया उपद्रव पैदा करते हैं और दृष्टिकोण बदलते हैं।

प्रसाधन सामग्री की क्रांति ने हमारे समाज के लगभग सभी स्तरों को चपेट में ले लिया है। त्वचा और चेहरे भर के सौंदर्यशास्त्र ने भले स्त्री को एक निर्लज्ज प्रतीक में ढाल कर पुरातन आत्माओं को कष्ट दिया हो, किंतु उसने स्त्री को एक कृत्रिम व्यक्तित्व भी दिया है जो 'सूर्यंपश्या' की लाजवंती की लाज को बंधन नहीं मानता। समाजशास्त्री ऐसा मानते हैं। हम हजार नाक-भों सिकोड़ें, चिढ़ें-चिल्लायें, किंतु प्रसाधन सामग्री और विज्ञापन ने मिल कर हमें एक नया रूप सौंदर्य दिया है जिसके साथ हमारे रिश्ते अभी तक सामान्य नहीं बने हैं। मन ही मन हम चाहते हैं कि वह आकर्षक स्त्री हमारे पास हो जो एक महक में नहा रही है, किंतु प्रकटतः हम वैसा कभी नहीं कहते। हम इस नये रूप-सौंदर्यवाद के शिकार हो चुके हैं। वह इतना हावी है कि विवाह से पहले या पार्टी में जाने से पहले हम ब्यूटी पार्लर जाते हैं और 'प्रेजेंटबिल' हो कर जाते हैं। नये सौंदर्यशास्त्र ने देह के सौंदर्य को ही एक मात्र सौंदर्य सिद्ध किया है और हमारे समाज ने उसे चुपके से बहुत दूर तक स्वीकार भी कर लिया है। जितना आकर्षण आज हमारे समाज में ग्लैमर, चकाचौंध का है, उतना चिंतन और विचार का नहीं है।

सुंदरता और स्त्री

राजकिशोर

एक : सुंदरता के विरुद्ध

दुनिया भर में औरतों की चापलूसी में जितना साहित्य लिखा गया है, शायद राजाओं, साधकों और क्रांतिकारियों की प्रशंसा में भी उतना नहीं लिखा गया होगा। इसी के साथ ही यह भी सच है कि दुनिया भर में औरतों का जितना शोषण हुआ है, उतना शायद ही किसी और वर्ग का हुआ होगा। इससे अगर हम यह निष्कर्ष निकालें कि औरतों की चापलूसी और उन्हें गुलाम बनाने की इच्छा, दोनों एक ही सिक्के के दो पहलू हैं, तो कुछ गलत नहीं होगा। जब तक औरत हमारे वश में नहीं आती, तब तक उसकी असीमित चापलूसी और जब वह हमें स्वीकार कर लेती है, तब उस पर हुक्म चलाना–यह प्रक्रिया उतनी ही पुरानी है, जितना वन्य अवस्था को त्याग कर सुव्यवस्थित और सभ्य ढंग से जीने का हमारा इतिहास। विवाहित औरतों की तारीफ में कितनी कविताएँ लिखी गयी हैं ? क्या किसी पुरुष को जीवनसाथी के रूप में स्वीकार कर लेने के बाद औरत का चेहरा चाँद जैसा नहीं रह जाता ? या, उसकी केश-राशि देख कर घटाओं को लज्जित होने की जरूरत नहीं रह जाती ? सच्चाई यह है कि वही चेहरा चन्द्रमा का टुकड़ा दिखाई पड़ता है, जिसकी मुस्कान हमारे आदेश की मोहताज नहीं होती। चापलूसी का इस्तेमाल तभी किया जाता है, जब दूसरे हथियार बेकार हो जाते हैं।

एक हैं सर जेम्स मैथ्यू बारी। या शायद बेरी। मैं नहीं जानता कि वे कौन हैं। लेकिन जब सूक्तियों के एक अंतर्राष्ट्रीय संकलन में उनका नाम है, तो वे जरूर कोई उल्लेखनीय हस्ती होंगे। सुंदरता के बारे में उन्होंने एक बड़ी मजेदार बात कही है, जिसे पढ़ते ही लगता है कि कितना सच कहा है ! वे फरमाते हैं कि सुंदरता

किसी औरत पर वसंत की तरह है। अगर आपके पास यह है, तो आपको और किसी चीज की जरूरत नहीं और अगर यह नदारद है, तो आपके पास और क्या-क्या है, इससे कोई फर्क नहीं पड़ता। ध्यान दीजिए कि सुंदरता की तुलना किससे की जा रही है। बहार से ! बहार पेड़ों पर आती है और हम जानते हैं कि किसी पेड़ पर बहार आयी हुई है, तो इसमें उसका कोई निजी श्रेय नहीं होता। यह मूलतः एक नैसर्गिक प्रक्रिया है—कोई सांस्कृतिक घटना नहीं। कोई पेड़ फूलों से सुसज्जित है या फलों से लदा है, तो यह पेड़ का अपने चरमोत्कर्ष पर होना है। और एक पेड़ के रूप में यही उसकी सार्थकता है। यही उसकी शोभा है, यही उसका मूल्य है। एक सूखा हुआ पेड़ या ठूँठ भी प्रकृति का उतना ही बड़ा सच है, लेकिन हमारे लिए उसकी कोई उपयोगिता नहीं। हम तो उसी पेड़ पर फिदा होंगे, जिस पर बहार आयी हुई है। कहना न होगा कि औरत की भी लगभग यही सामाजिक स्थिति है। सुंदरता ही उसका सामाजिक पासपोर्ट है। अगर वह खूबसूरत है, तो उसे किसी और चीज़ की चिंता करने की जरूरत नहीं। वह अपनी सुंदरता को बनाये रखे, दुनिया की सारी नियामतें उसका चरण-चुम्बन करने के लिए प्रतिद्वंद्विता करती नजर आयेंगी। अगर वह अपनी सुंदरता को ही खो देती है, तो दुनियावी अर्थशास्त्र में उसकी माँग का ग्राफ आधार-रेखा को छूता दिखाई पड़ेगा। निष्कर्ष यह कि औरत को चाहिए कि वह अपनी सांस्कृतिक हैसियत बढ़ाने के बजाय अपनी चमड़ी पर ज्यादा ध्यान दे। उसका अंग-सौष्ठव ही उसका युद्ध क्षेत्र है।

सर जेम्स मैथ्यू बारी (या बेरी) ने अगर उपर्युक्त बात औरतों की वास्तविक स्थिति पर व्यंग्य करने के लिए कही है, तो यह एक बहुत ही सटीक टिप्पणी है। और अगर यह व्यंग्य नहीं, स्त्रियों के संबंध में एक सुचिंतित स्थापना है, तो जाहिर है, यह उस व्यापक और लोकप्रिय दृष्टि का ही एक उदाहरण है, जिसके अनुसार औरत की पहली और अंतिम पहचान उसका शरीर ही है। लेकिन क्या यह कोई स्वीकार्य स्थिति है ? शायद ही कोई स्वाभिमानी औरत यह चाहेगी कि उसका सम्मान उसके गालों की ललाई और उसके वक्ष-प्रदेश की सुदृढ़ता के आधार पर किया जाये। अगर ऐसा होता है, तो वह इसे अपने व्यक्तित्व का अपमान समझेगी। सुंदरता अपनी जगह एक सच्चाई है, लेकिन उसकी ओर तारीफ भरी निगाहों से देखना एक बात है और उसे ही स्त्री के मूल्यांकन की एकमात्र कसौटी बना लेना बिलकुल दूसरी बात। लेकिन चूँकि आम तौर पर औरत की स्थिति परजीवी और पराश्रित की रही है, इसलिए वह अपने अवचेतन में हमेशा उन्हीं मूल्यों से परिचालित होती रही है, जो पुरुष ने उसके लिए निर्धारित किये हैं। इसी का नतीजा है वह सुंदरता को ही अपनी पहचान के रूप में देखने की अभ्यस्त हो चुकी है। यह उसे व्यक्ति से वस्तु बना देता है। और चूँकि वस्तुएँ एक सीमा तक ही आदमी को आकर्षित कर सकती हैं, उसके बाद ऊब पैदा करने लगती हैं, इसलिए औरतें अपने मर्दों की जिंदगी में

एक बहुत ही तुच्छ स्थान की अधिकारिणी रही हैं। ज्यादातर खिलौने की तरह, जिसकी फुरसत के समय तो बहुत उपयोगिता होती है, किन्तु काम के वक्त या संकट की घड़ी में जिसकी ओर आँख उठा कर देखने की भी इच्छा नहीं करती। इससे औरत और मर्द, दोनों की जिन्दगी में एक परस्परानुपाती खोखलापन आया है।

इतिहास के जानकारों में अकसर एक बहस चलती है कि क्लियोपेट्रा की नाक अगर जरा छोटी होती, तो क्या उसके दौर में इतिहास का प्रवाह कुछ और होता ? इस तरह की बहस सिर्फ क्लियोपेट्रा के संदर्भ में ही उठती है—किसी दूसरी औरत को ले कर नहीं, शायद यही अपने आप में औरत की खूबसूरती को केन्द्र में रख कर गढ़े गये तमाम मिथकों और सिद्धान्तों को खण्डित करने के लिए काफी है। आखिर क्या कारण है कि मानव इतिहास के काफी लम्बे दौर में ऐसी औरतों की संख्या बहुत नगण्य है, जिनके सौंदर्य ने अपने समकालीन जीवन में गहरी हलचल मचायी है ? क्लियोपेट्रा भी सिर्फ सुंदर होती रानी न होती, तब भी क्या उसकी नाक का यही महत्व होता ? सुंदरता के साथ सबसे बड़ी विडंबना यह है कि अपने आपमें इसके पास आकर्षण तो प्रचण्ड है, किन्तु इस आकर्षण को बरकरार रखने के मामले में यह अकेले अक्षम है। इसके लिए उसे व्यक्तित्व के दूसरे गुणों का मुखापेक्षी होना पड़ता है। यही वह बिन्दु है, जहाँ उस विभाजन का मतलब समझ में आता है, जिसे बाह्य और आभ्यांतर सौंदर्य कहते हैं। कोई औरत, जो सिर्फ सुंदर है उस कलम की तरह है, जिसकी शोभा निस्सीम है, लेकिन जो लिखने के लिहाज से बेकार है। यह सच है कि किसी औरत की तुलना न लिखनेवाली कलम से करना भी एक बेहूदगी ही है, क्योंकि यह भी कहीं न कहीं व्यक्ति को औजार के रूप में देखने की प्रवृत्ति का ही अंग है। लेकिन यहाँ आशय व्यक्ति की अंतर्निहित स्वायत्तता से नहीं, बल्कि उसके सामाजिक या कह सकते हैं अंतर्वैयक्तिक संदर्भों से है, जिनके द्वारा उसका व्यक्तित्व पूर्ण होता है। क्लियोपेट्रा भी अगर सिर्फ सुंदर होती, तो वह कवियों और कलाकारों के ज्यादा काम की होती—अपने समय की राजनीति को उस तरह प्रभावित नहीं कर पाती जैसे उसने किया।

अभी हाल ही में पश्चिम की औरतों का एक वर्ग उस दौर से गुजरा है, जिसे हम सुंदरता-विरोधी दौर कह सकते हैं। जिन वस्तुओं को औरतें अब तक अपनी सम्पत्ति मानती आयी थीं, वे ही अचानक बोझ की तरह दिखाई पड़ने लगीं। सौंदर्य प्रसाधनों को लात मार दी गयी, चोलियाँ कूड़ेदानी में फेंक दी गयीं, बाल रूखे-सूखे रहने लगे और कपड़ों का यह हाल बना कि फटा-चीथड़ा जो उठा लिया, वही पहन लिया। लेकिन सुंदरता विरोधी यह अभियान बहुत जल्द उतर गया। अब उसके अवशेष ही रह गये हैं। दरअसल, यह भोगवादी संस्कृति की एकरूपता से उपजी जबरदस्त ऊब की स्वाभाविक प्रतिक्रिया थी। पुरुषों को एक नये प्रकार के सौंदर्य की आवश्यकता महसूस हो रही थी—बनजारा सौंदर्य की, जो अपनी असाधारणता के कारण सुंदर

लगे। शोभा और अलंकार से घबराया हुआ मन आदिवासी सौंदर्य की कामना कर रहा था। पूँजीवादी संस्कृति की विशेषता यही है कि यहाँ हर इच्छा को तर्क का जामा पहना कर पेश किया जाता है। इसलिए हिप्पीवाद का एक नया दर्शन पेश किया गया। लेकिन अब यह ज्वार उतर चुका है। स्त्रियाँ फिर सजने-सँवरने लगी हैं। उन्होंने देख लिया है कि बनजारापन पुरुषों को बहुत देर तक नहीं लुभा सकता। हाँ, विद्रोही पीढ़ी की प्रतिध्वनियों ने इतना जरूर किया है कि हर औरत अब अपने ढंग से विशिष्ट होने की कोशिश करती है। लेकिन सवाल तो यह है कि विशिष्ट दिखाने के सारे उपादान वहीं से आते हैं, जहाँ से सबकी जिंदगी को एक ही रंग में रंग देने का सुनियोजित अभियान चल रहा है। गरज यह कि विशिष्टता भी सामान्यता का ही एक कौशल है।

आखिर कोई भी औरत अपनी सुंदरता को विशिष्ट ढंग से प्रक्षेपित क्यों करना चाहती है ? क्या बुनियादी तौर पर सभी औरतें एक जैसी नहीं होतीं ? यहाँ हम शायद एक बहुत ही खतरनाक बहस में फँसने जा रहे हैं। दुनिया की सभी औरतें एक जैसी होती हैं, क्योंकि वे एक ही प्रजाति की सदस्य हैं। कहना न होगा कि यह अस्तित्व का जैविकीय स्तर है। हालाँकि फर्क इस स्तर पर भी होते हैं और हम इससे अवगत भी हैं लेकिन कुछ ऐसी सामान्य विशेषताएँ हैं, जो औरत को परिभाषित करती हैं। लेकिन परिभाषा का कार्य न्यूनतम का निर्धारण है। अर्थात कम से कम इतनी विशेषताएँ मौजूद हों, तो कोई व्यक्ति औरत है। लेकिन मनुष्य होने की खूबी ही यह है कि हम लगातार विकास करते हैं। शारीरिक विकास एक सीमा के बाद अवरुद्ध हो जाता है और उसकी विविधताओं को पहचान के संदर्भ में ही ज्यादा लिया जाता है न कि उपलब्धि के रूप में। किन्तु सांस्कृतिक विकास की कोई सीमारेखा नहीं है। यह दौड़ की प्रतिद्वंद्विता नहीं है कि अमुक बिंदु (लक्ष्य) छू कर धावक को रुक जाना है। इस स्तर पर, पुरुषों की तरह, औरतों के भी सैकड़ों स्तर हो सकते हैं, बल्कि कहना चाहिए कि हैं। तो क्या सुंदरता भी इन्हीं स्तरों में से एक है ?

नहीं। सुंदरता कोई मूल्य नहीं, किसी खास समय में किन्हीं खास शर्तों को पूरा करने की स्थिति है। कम से कम शारीरिक सुंदरता, जिसकी चर्चा यहाँ की जा रही है, के बारे में तो यह शत-प्रतिशत सत्य है। यह सत्य है कि सुंदरता के भी कुछ नियम बनाये जा सकते हैं। (सौंदर्य प्रतियोगिताओं में और क्या होता है !) जैसे अमुक-अमुक अंगों का अनुपात यह होना चाहिए, लेकिन हमें यह नहीं भूलना चाहिए कि इस तरह के नियम न तो स्थायी हो सकते हैं और न उनका कोई सार्वदेशिक पैटर्न हो सकता है। जरूरी नहीं कि जो औरत भारत में सुंदर मानी जाये, वह स्वीडन में भी उतने ही अंक पाये। यानी सुंदरता एक सापेक्ष गुण है। लेकिन जब औरतें अपनी सुंदरता को निजी ढंग से प्रक्षेपित करना शुरू करती हैं, तो वे अपने को एक व्यापारिक वस्तु में बदल रही होती हैं, जो सिर्फ तत्व से नहीं, विज्ञापन से चलता

हैं। सुंदर दिखाने का प्रयत्न करना यह साबित करता है कि मेरा मूल्यांकन उसके आधार पर मत करो जो मैं हूँ, बल्कि इस आधार पर करो कि मैं कैसी दिखती हूँ। जाहिर है, दिखने में जोर उस पर नहीं रहता, जो दिख रहा है, बल्कि खिसक कर उस पर चला जाता है, जो देख रहा है। इस तरह सुंदर दिखने का महत्व व्यक्ति के संदर्भ में नहीं रह जाता, बल्कि वह अलग से अपनी एक हैसियत बना लेता है। माल बनना और किसे कहते हैं ? स्त्रियों को सुंदर दिखने के लिए प्रोत्साहित कर पुरुष वर्ग एक तरह से हर वक्त उनका निरीक्षक (एग्जामिनर) बना रहता है और औरत की हैसियत उस छात्र जैसी हो जाती है, जिसे परीक्षा कक्ष से निकलने की इजाजत नहीं है। जाहिर है, सुंदरता एक तरह का कैदखाना है जिससे निकलने के बाद औरत मुक्त तो हो सकती है, पर वह क्योंकि उसके बाद वह एक व्यक्ति की तरह पेश आना चाहेगी और यहीं से पुरुष की तानाशाही का तिलस्म टूटना शुरू हो जाता है।

आखिर क्या कारण है कि श्रमिक वर्ग की औरतों में सुंदर दिखने की चाह उतनी सबल नहीं होती, जितनी उच्च और मध्य वर्ग की औरतों में ? एक किसान की औरत या मजदूर की बीवी और सुविधाभोगी वर्ग की औरतों में सबसे बुनियादी फर्क शायद यही है कि एक की भौतिक उपयोगिता अभी समाप्त नहीं हुई है और दूसरी सिर्फ विलासिता का सामान है। यों चीजें सुंदर न हों, तब भी काम चल जाता है। कहावत है कि घी का लड्डू टेढ़ा भला। लेकिन बैठकखाने में सजाने के लिए खरीदी गयी मूर्ति में कोई दाग नहीं होना चाहिए। उच्च-मध्य वर्ग की औरतों की आम हालत यही है। अगर वे सजने-सँवरने से इन्कार कर देती हैं, तो उनकी कीमत खत्म हो जाती है। उनका आत्यंतिक मूल्य कम है, सजावटी मूल्य ज्यादा। इसीलिए भौतिक दृष्टि से संपन्नता के सारे लाभ उठाते हुए भी वे कहीं ज्यादा पराधीन होती हैं। वे अपनी मर्जी के रास्ते पर तभी चल सकती हैं, जब या तो खुद प्रचुर कमाती हों या उनके पास काफी पैतृक संपत्ति हो। इसके विपरीत, श्रमिक वर्ग की औरत अपने परिवार में उतनी ही अहमियत रखती है, जितना उसका कमाऊ पति।

ऐसा लगता है कि मानव शरीर की सुंदरता को एक मूल्य के तौर पर स्थापित करने की चेष्टा जितनी एकांगी और हास्यास्पद है, उसकी प्रतिक्रिया से जनमी यह धारणा भी कि सुंदरता को परे रख कर ही हमें किसी व्यक्ति के संदर्भ में सोचना चाहिए, अमनोवैज्ञानिक और शुष्क है। सुंदरता हमें आकर्षित करती है—चाहे वह वस्तुओं में हो, वस्तुओं की व्यवस्था में या मानव शरीर के संतुलन में। बेडौल, बहुत ही मोटा या एकदम सींकिया शरीर हमारे मन में प्रतिकूल प्रतिक्रियाएँ पैदा करता है। इसके विपरीत, सुंदर नाक-नक्श, संतुलित आकृति और मोहक अवयव हमारी आँखों को ठंडक प्रदान करते हैं। यह एक स्वाभाविक स्थिति है। स्त्री की सुंदरता की तो एक जैविक भूमिका भी है। लेकिन खतरा भी शायद यही है, क्योंकि यह

स्थिति स्वाभाविक है—सांस्कृतिक नहीं। यह हमें याद दिलाता है कि हम मनुष्य नामक प्राणी हैं यानी शरीर के तल से ऊपर नहीं उठ पाये हैं। शरीर के स्तर पर होना कोई बुरी बात नहीं है। इसके अपने मजे हैं और अपनी अहमियत भी है। शरीर को छोड़कर हम हम नहीं रह जाते। लेकिन क्या इसीलिए हमें इसे सब कुछ मान लेना होगा ? मनुष्यता की यात्रा शायद वहीं से शुरू होती है, जहाँ से हम शारीरिक सीमाओं का अतिक्रमण करते हैं। और उसके बाद किसी की पीठ पर कूबड़ देखकर हँसना असंभव हो जाता है। उसी तरह सिर्फ आवयविक सुंदरता अभिभूत नहीं कर पाती, क्योंकि इस हँसने और अभिभूत होने में कहीं न कहीं शरीर को पदार्थ समझने का भाव भी होता है। मानव शरीर भी पदार्थ है, लेकिन क्या हम उसे सिर्फ पदार्थ मान कर चल सकते हैं—और उसके बाद भी मनुष्य होने का दावा कर सकते हैं ? जिस दार्शनिक ने सुंदर के साथ सत्य और शिव को जोड़ा था उसने इसी की तरफ इशारा किया था।

दो : सुंदरता के पक्ष में

हाल ही में दो औरतों के बारे में एक ही जैसी बात सुनने को मिली। उनमें से एक पत्रकार है और दूसरी फिल्म अभिनेत्री। दोनों के बारे में यही टिप्पणी की गयी कि वे सुंदर तो बिलकुल नहीं हैं। पत्रकार की चर्चा का प्रसंग यह था कि वह है तो कुमारी, लेकिन आजकल एक विवाहित व्यक्ति के साथ सार्वजनिक रूप से रहती है, जो उसका बॉस भी है। उसके बारे में मुझे बताया गया कि वह देखने में बिलकुल ही अच्छी नहीं है। अभिनेत्री की चर्चा का प्रसंग उसकी लोकप्रियता का था। इस संदर्भ में बात यह कही जा रही थी कि उसके प्रशंसकों की संख्या ज्यादा नहीं है। इस पर तपाक से सुनने को मिला कि वह सुंदर नहीं है। यानी अपनी इसी अभिनय क्षमता के साथ अगर वह सुंदर भी होती, तो उसके प्रशंसकों की संख्या काफी बड़ी होती।

ये दोनों ही टिप्पणियाँ एक ही व्यक्ति ने की थीं और वे कोई ऐसे-वैसे आदमी नहीं हैं। अत्यंत ही संवेदनशील हैं, स्त्री को 'भोग का सामान' नहीं मानते और उनकी नैतिक चेतना इतनी विकसित है कि उन्हें हम धार्मिक किस्म का आदमी भी मान सकते हैं। फिर भी औरतों की चर्चा के समय उनके मन में यदि यह बात आये बिना नहीं रह सकी कि वे देखने में कैसी हैं—सुंदर हैं या नहीं, तो यह मान कर चलना चाहिए कि मामला उतना आसान नहीं है, जितना कुछ आधुनिकतावादियों ने मान रखा है। यहाँ आधुनिकतावादी शब्द का प्रयोग उसके अच्छे अर्थ में किया गया है। एक तरह का आधुनिक वह भी है, जिसके लिए औरत सिर्फ आस्वाद की

वस्तु है, इसे हम उपभोग की आधुनिकता कह सकते हैं। विचार की आधुनिकता दूसरी है। यहाँ स्त्री भी उतनी ही मनुष्य है, जितना पुरुष। दोनों को एक जैसा दरजा दिया जाता है और माना जाता है कि दोनों के बीच किसी भी प्रकार के संबंध का आधार एक गहरी नैतिक चेतना होनी चाहिए। लेकिन सवाल तो यह है कि इस नैतिक चेतना के होने से ही क्या औरत की शारीरिक हैसियत बदल जाती है ? क्या दोनों ही तरह की मंडलियों में स्त्री को सबसे पहले स्त्री के रूप में नहीं देखा जाता ? क्या एक कुरूप स्त्री की उपस्थिति से वही प्रतिक्रियाएँ पैदा होंगी, जो एक सुंदर स्त्री के अचानक मौजूद हो जाने से होती हैं ? संत भी शायद सुंदर स्त्रियों की ओर पहले उन्मुख होते हैं।

स्त्री-पुरुष समानता के नारे ने मानव समाज को कई दृष्टियों से उन्नत किया है, लेकिन कुछ गलतफहमियाँ भी फैलायी हैं। इन्हीं गलतफहमियों के कारण आधुनिक स्त्री के मन में यह ख्वाहिश पैदा हुई है कि वह पुरुष जैसी हो जाये। स्त्री यह मान कर चलना चाहती है कि कुछ शारीरिक भेदों को छोड़ दिया जाये, तो उसमें और पुरुष में कोई फर्क नहीं है। इसीलिए जहाँ भी स्त्री को स्त्री की तरह पेश किया जाता है, उसे गुस्सा आ जाता है। यानी आधुनिक स्त्री सबसे पहले अपने स्त्रीत्व को भूल जाना चाहती है। लेकिन प्रकृति ने पुरुष और स्त्री को जो भूमिकाएँ सौंपी हैं, उनके कारण और चाहे जो संभव हो जाये, यही संभव नहीं हो पाता। अपनी तमाम उपलब्धियों के बावजूद स्त्री पाती है कि पुरुष समाज में उसे स्त्री के बतौर ही स्वीकृति मिल सकती है। संभव है, उसे दूसरे कारणों से बड़ी से बड़ी मान्यता मिल जाये, लेकिन उसके बारे में सोचते समय यह भुलाया नहीं जा सकेगा कि वह आखिरकार स्त्री ही है। आधुनिकतावादी स्त्री की कुंठा का एक बड़ा स्रोत यही है। वह स्त्रीत्व से परे जाना चाहती है—क्योंकि उसके सामने बार-बार यही आदर्श रखा जाता है, लेकिन जहाज के पक्षी की तरह उसे बार-बार उसे अपने शरीर में वापस लौटना पड़ता है।

वस्तुतः आज भी जब हम किसी स्त्री से सुंदर होने की माँग करते हैं, तो कोई अपनी भोगवादी दृष्टि का परिचय नहीं देते। जो लोग यह समझते हैं कि मानव जीवन का सृजन किसी बड़े उद्देश्य को लक्ष्य में रख कर किया गया है, उन्हें अपने यूटोपिया में रहने की पूरी छूट है। लेकिन सच्चाई के करीब तो यही प्रतीत होता है कि स्त्री और पुरुष जुदा-जुदा इसीलिए बनाये गये हैं, ताकि प्रजनन की प्रक्रिया लगातार जारी रहे। प्रकृति में जहाँ भी जीवन है, वह अपने को बार-बार दुहराना चाहता है, मनुष्य में भी यह इच्छा बुनियादी है—उसके अस्तित्व का अंग है। स्त्री और पुरुष के बीच आकर्षण का रहस्य भी यही है। कुरूप से कुरूप स्त्री भी पुरुष

को उससे कहीं ज्यादा आकर्षित करती है, जितना एक सुंदर शक्लवाला युवक। (समलैंगिकों की बात छोड़ दीजिए, उनकी दुनिया ही और है)। यह कहना कि सौंदर्य मात्र आकर्षित करता है, एक अधूरा सच है। सुंदर फूल, सुंदर कलाकृति, सुंदर भवन या सुंदर झील–इनकी सुंदरता का आकर्षण एक चीज है और स्त्री की सुंदरता का आकर्षण बिलकुल दूसरी चीज। सुंदर फूल की आप तारीफ कर सकते हैं, लेकिन उससे आप वह रिश्ता नहीं बना सकते, जो एक भद्दी से भद्दी औरत के साथ बनाना चाहेंगे। इसीलिए कुछ लोगों की मान्यता है कि हर स्त्री सुंदर होती है। संभव है, इसके पीछे स्त्री के मानवीय व्यक्तित्व का सम्मान करने की प्रबल इच्छा हो, लेकिन जैविक स्तर पर यह एक प्रकार की अनिवार्य माँग भी है। स्त्री सुंदर होने के लिए बाध्य है, क्योंकि प्रकृति ने हमारे लिए जो योजना बनायी है, उसमें स्त्री की एक महत्वपूर्ण भूमिका है।

कोई भी वैचारिक क्रांति इस बुनियादी सच्चाई को बदल सकेगी, इसमें संदेह है। यही कारण है कि जो स्त्रियाँ 'भोग का सामान' बनने के खिलाफ विद्रोह करती हैं, वे भी सज-सँवरकर रहना पसंद करती हैं। न्याय के बारे में कहा गया है कि वह केवल होना ही नहीं चाहिए, बल्कि उसे होता हुआ दिखायी भी पड़ना चाहिए। इसी तरह स्त्री का सुंदर होना ही जरूरी नहीं है, उसे सुंदर दिखायी भी पड़ना चाहिए। जो स्त्रियाँ सौंदर्य के परंपरागत उपकरणों पर ज्यादा ध्यान नहीं देतीं, उनके बारे में यह मानने का कोई कारण नहीं है कि उन्होंने सुंदर दिखने से इन्कार कर दिया है। दरअसल, सुंदरता की कोई एक परिभाषा नहीं होती। वह देश, काल, रुचि, आवश्यकता, आदत आदि विभिन्न तत्वों से प्रभावित होती है, लेकिन उसका सबसे महत्वपूर्ण तत्व है विशिष्टता। दूसरों से अलग दिखाई पड़ने की इच्छा। यह दुर्भाग्य ही है कि आधुनिक युग में एकरूपता के प्रति आग्रह कुछ ज्यादा ही बढ़ रहा है। सभी स्त्रियाँ एक ही तरह से भौंहें बनाना चाहती हैं, एक ही तरह का लेप लगाकर खुश होती हैं। इसी को फैशन कहा जाता है। फैशन का सबसे घटिया पहलू यह है कि सभी लोग एक ही जैसा दिखायी पड़ना चाहते हैं। लेकिन किसी खास फैशन की दौड़ में जितने ज्यादा लोग शामिल हो जाते हैं, वह फैशन उतना ही बेकार हो जाता है, क्योंकि तब वह विशिष्टता का द्योतक नहीं रह जाता, इसीलिए फैशन स्वभाव से ही अल्पायु होता है। वह जैसे-जैसे फैलता जाता है, वैसे-वैसे मरता जाता है। संचार और आवागमन के तेज आधुनिक साधनों ने लोगों को एक-दूसरे के नजदीक ला दिया है। यह भी एक कारण है कि फैशन की उम्र अब और घटती जा रही है।

मुश्किल यह भी है कि फैशन से अलग रहने का फैशन भी ज्यादा दिन नहीं टिक पाता। हिप्पी, बीटल आदि आंदोलनों के माध्यम से स्त्रियों ने सिंगार-पटार से

विद्रोह कर दिया था। वे एकदम 'कैजुअल' (अनौपचारिक) हो गयी थीं। क्या यह स्त्री शरीर के गिरते हुए मूल्य के खिलाफ भी एक विद्रोह नहीं था ? क्या इसके द्वारा कुछ लोग अपने आकर्षण का एक नया शास्त्र नहीं बना रहे थे ? मुझे लगता है कि यह मूलतः पुरुषों का ही विद्रोह था। स्त्री कभी भी परिवार, संतान, समाज आदि के विरुद्ध विद्रोह नहीं कर सकती। वह स्थायित्व और निरंतरता चाहती है। पुरुष भी है तो मूलतः वैसा ही, लेकिन वह अपनी जैविक सत्ता से ऊपर उठने के लिए बराबर कोशिश करता रहता है। यह अकारण नहीं है कि स्त्रियों की तुलना में पुरुष ही ज्यादातर संत और संन्यासी हुए हैं। स्त्री के लिए संन्यासी होना कठिन है। वह सृष्टि के प्रवाह को बनाये रखना चाहती है, जबकि पुरुष उच्छृंखल होता रहता है। यह बात इन पुरुष और स्त्री संन्यासियों के घर को देख कर भी समझ सकते हैं। पुरुष संन्यासी का घर किसी कुँवारे आदमी के घर की तरह बेतरतीब और उखड़ा हुआ मिलेगा, जबकि स्त्री संन्यासी अपने घर में हर चीज को व्यवस्थित और सजा कर रखती है। संन्यासी हो जाने के बाद भी स्त्री अपनी जैविक माँगों से पलायन नहीं कर पाती। उसके सत्य में उसके सुंदर का एक संतुलन बना ही रहता है।

इसका मतलब यह नहीं है कि स्त्री का उत्कर्ष स्त्री होने में ही है। जो ऐसा कहता है, वह स्त्री को जैविक गुलामी की सलाह देता है। सच तो यह है कि जैविक गुलामी को ही अपनी मुक्ति का मार्ग मान लेने के बाद स्त्री अपनी सभी दूसरी उपयोगिताएँ खो देती है। पुरुष को सिर्फ बिस्तर का साथी नहीं चाहिए, उसे एक अच्छी दोस्त, सहचरी और अपने बच्चों की दक्ष माँ भी चाहिए। लेकिन यह तो स्त्री के उस संबंध की माँगें हुईं, जो वह अपने पुरुष के साथ बनाती है। उसके अलावा भी तो दुनिया में लाखों पुरुष हैं। फिर वह दुनिया में अकेली स्त्री नहीं–उसके अलावा भी लाखों स्त्रियाँ हैं। बच्चों की संख्या भी कम नहीं। इन सबके साथ कोई औरत किस तरह सार्थक रिश्ता बना सकती है ? इसके लिए उसे बेहतर आदमी बनना पड़ेगा। और, बेहतर आदमी बनने के लिए जिन गुणों की दरकार है, उनका स्त्रीत्व की बुनियादी भूमिका से कोई विरोध नहीं है। बल्कि इन गुणों से वह और चमक उठती है। वह दूसरों के लिए जितनी ज्यादा उपयोगी होती जाती है, अपने पुरुष के लिए उतनी ही काम्य हो जाती है।

ऊपर जिस पत्रकार और अभिनेत्री की बात कही गयी है, वे करीब-करीब ऐसी ही औरतें हैं। उन्होंने अपने-अपने स्त्रीत्व का अतिक्रमण किया है या कहना चाहिए विकास किया है। इसीलिए असुंदर होने के बावजूद उनका अपना एक आकर्षण है। जब हमारे मित्र उनकी शक्ल पर अपने विचार व्यक्त कर रहे थे, तो वे एक

व्यापक स्त्री में एक संकुचित स्त्री को खोज रहे थे। लेकिन यह सिर्फ उनकी बात नहीं है। हम सभी ऐसा करते हैं और कोई पाप नहीं करते। पाप तब करते हैं, जब उस संकुचित स्त्री को ही सब कुछ मान लेते हैं। लेकिन जो स्त्री अपनी जैविक सीमाओं में ही घिरी रह जाती है, वह भी कम पाप नहीं करती।

तीन : सुंदरता के सभी शिकारी

सुष्मिता सेन के बाद ऐश्वर्य राय–भारतवासियों के लिए गर्व करना कितना आसान होता जा रहा है। दक्षिण एशियाई मन आमतौर पर इतना पिटता रहता है कि उसकी खुशी का कोई भी अवसर देखकर कुछ कटु सत्यों की याद दिलाना क्रूरता लग सकती है। लेकिन हमारी विश्व सुंदरियों को भी पता होगा कि यह दुनिया कितनी क्रूर हो चुकी है। सौंदर्य की विश्व प्रतियोगिता में अव्वल आना कोई मामूली साधना नहीं है। प्रकृति बहुतों को सौंदर्य प्रदान करती है, किंतु सौंदर्य प्रतियोगिताएँ प्राकृतिक सौंदर्य का मूल्यांकन करने के लिए आयोजित नहीं की जातीं। वहाँ जो सौंदर्य प्रतिद्वंद्विता करता है, उसमें मानवीय कला-कौशल का काफी हाथ रहता है। और, अब जो आयोजक यह भी सिद्ध करने पर तुले हुए हैं कि हम आन्तरिक सौंदर्य भी देखते हैं। इसकी कसौटी के रूप में जो सामने आता है, वह विदग्ध किस्म का सवाल-जवाब है। बताया जाता है कि अन्तिम निर्णय इस वाग्वैदिग्ध्य के आधार पर ही होता है। कह सकते हैं कि यह एक और किस्म की चपलता–स्मार्टनेस–की माँग है। जाहिर है, आधुनिक युग में सफल होने के लिए सिर्फ बाह्य–यानी शारीरिक और परिधानगत–चपलता काफी नहीं है। मुँह खोलते ही मोती भी झरने चाहिए। यह इस बात का संकेत है कि स्त्री अब पहले की तरह गूँगी गुड़िया के रूप में स्वीकार्य नहीं रही। उसे सामाजिक तौर पर उपस्थित होने योग्य भी बनना पड़ेगा। इस तरह सौंदर्य प्रतियोगिता को एक ऐसी विषम प्रतिद्वंद्विता बना दिया गया है, जिसके लिए लंबी और गहरी तैयारी की जरूरत है। यह सारी प्रक्रिया भीतरी तौर पर एक क्रूर प्रक्रिया नहीं तो क्या है, जिसके तहत हमेशा यह जुगत भिड़ाते रहना पड़ता है कि अपने प्रतिद्वंद्वियों को–जो स्वयं इस प्रक्रिया से गुजर रही होंगी–कैसे परास्त किया जाये। तिस पर असंभव माँग यह है कि प्रतियोगिनी सहज और अविचलित दिखाई दे तथा बाह्य सौंदर्य के साथ-साथ आंतरिक सौंदर्य का भी परिचय दे। निश्चय ही यह हर दृष्टि से एक कठिन कर्म है और किसी भी विश्व सुंदरी को ढेर सारी बधाइयाँ पाने का हक है। लेकिन सौंदर्य के ही हित में इस पर विचार करना भी जरूरी है कि यह सारी कसरत क्या हमारी दुनिया को कुछ असुंदर भी नहीं बना रही है ?

इस बात पर बहस बेकार है कि सौंदर्य सिर्फ स्त्री का ही क्यों देखा जाता

है। वैसे तो देखा पुरुष का सौंदर्य भी जाता है, किन्तु इसकी चर्चा कम की जाती है। पुरुष की शक्ति तथा अन्य गुणों का बखान ज्यादा होता है। लेकिन स्त्री का परिचय उसकी शक्ल-सूरत के मूल्यांकन के बिना पूरा नहीं माना जाता। इसके गहरे जैविक कारण हैं। स्त्री का सुंदर होना जरूरी है, ताकि प्रकृति ने प्रजननशीलता का जो दायित्व उसे सौंपा है, उसका ठीक से निर्वाह हो सके। जो स्त्री पुरुष को आकर्षित नहीं कर सकती, वह प्रकृति की इस योजना में व्यवधान बनती है। शायद इसीलिए कहा जाता है कि हर स्त्री सुंदर होती है। लेकिन यह एक अर्धसत्य ही है, जिसे छिपाने के लिए यह जोड़ना पड़ता है कि कुछ स्त्रियाँ ज्यादा सुंदर होती हैं। विडंबना यह है कि स्वयं स्त्रियों को पूरी सच्चाई का कटु एहसास रहता है। इसीलिए सभ्यता की शुरुआत से ही सौंदर्य बढ़ानेवाले उपकरणों की ख़ोज बनी रही है। पुरुषों की सौंदर्य अपेक्षाओं पर खरा उतरने के लिए स्त्रियों को कितनी कुरबानी करनी पड़ी है—इसका इतिहास रोमांचक है। इससे भी ज्यादा रोमांचक हैं वे क्रूरताएँ, जो आधुनिक सौंदर्य उद्योग को बनाये रखने के लिए जरूरी हैं। एक स्त्री के सुंदर बालों को और सुंदर बनाने के लिए जब किसी नये शैम्पू की खोज होती है, तो दर्जनों खरगोशों को प्रयोगशालाओं में अपनी आँखें गँवा देनी पड़ती हैं। लेकिन यह तो औद्योगिक क्रूरता हुई। सुंदरता के निर्धारित मानदंड हासिल करने के लिए स्त्री को अपने साथ पता नहीं कितने प्रकार के अत्याचार करने होते हैं। स्पष्ट है कि सुंदरता अब कोई नैसर्गिक या सांस्कृतिक विशेषता नहीं रही—वह एक कठिन उत्पाद है और सौंदर्य प्रतियोगिताएँ इन्हीं उत्पादों के तुलनात्मक मूल्यांकन पर आधारित हैं। यानी यह सामाजिक घटना नहीं, बल्कि औद्योगिक घटना है। वस्तुतः इस एक आधार पर ही हम चाहें तो मौजूदा औद्योगिक सभ्यता की केंद्रीय विशेषताओं की परख कर सकते हैं। यह सभ्यता उत्पादों पर और प्रतियोगिता पर आधारित है। इस दुनिया में स्त्री का पहुँचना इसे एक आत्यंतिक स्वरूप प्रदान करता है, जिसके बाद शायद कुछ भी शेष नहीं रह जाता।

निस्संदेह उत्पादन और प्रतियोगिता के तत्व हमारे जीवन में भी हैं। एक आदिवासी सभ्यता में भी ये विशेषताएँ दिखाई पड़ती हैं। जीवन को पूर्णतः रचनात्मक और प्रतियोगिता-विहीन बनाना अत्यंत कठिन है। लेकिन औद्योगिकता के मूल्य कुछ और प्रकार की करामात करते हैं। वे सौंदर्य को व्यावसायिक सफलता से जोड़ते हैं और फिर एक तरह का ब्रांड स्थापित करते हैं। मिस यूनिवर्स प्रतियोगिता में ऐश्वर्य राय सिर्फ आधे नंबर से सुष्मिता सेन से पराजित हुई थीं। अब आधे नंबर का फर्क कुछ ऐसा नहीं, जिस पर सभी की निगाह जा सके या व्यक्तिगत तथा सार्वजनिक जीवन में जिसका बहुत महत्व हो। लेकिन इस एक फर्क के कारण ही वे ब्रांड नहीं बन सकीं और सुष्मिता हो गयीं। इस पर हमेशा विवाद रहेगा कि सुंदरता को किस हद तक सांख्यिकी के द्वारा व्यक्त किया जा सकता है। यदि इसके कुछ समर्थ पैमाने

बना लिये जायें, तब भी यह प्रश्न तो बचा ही रहता है कि किसी को विश्व सुंदरी घोषित कर सिद्ध क्या किया जा रहा है। किसी को दुनिया का सबसे उदार व्यक्ति या सबसे बुद्धिमान व्यक्ति घोषित कर दिया जाये, तो वह क्या करेगा ? क्या वह इस तमगे को ले कर दुनिया की मंडियों या राजधानियों में घूमता फिरेगा ? या वह यह महसूस करेगा कि उसकी जिम्मेदारी और बढ़ गयी है तथा उसे अपनी इस प्रशंसा की लाज रखनी चाहिए ? स्पष्टतः गुण गर्व करने के लिए नहीं होते न ही उनका प्रदर्शन अच्छा माना जाता है। फिर सुंदरता के साथ दूसरी तरह का सलूक क्यों ? सौंदर्य अगर एक उपलब्धि है, तो यह उपलब्धि किसलिए है ? इसकी सामाजिक भूमिका क्या है ? इस सौंदर्य का क्या करना चाहिए ?

यह पूछना इसलिए जरूरी है कि विश्व सुंदरियों का जो उपयोग होता है, उसका सुंदरता की किसी भी स्वस्थ अभिव्यक्ति से कोई संबंध नहीं रखा गया है। विश्व सुंदरियों को किसी भी रचनात्मक या कलात्मक काम में नहीं लगाया जाता। यहाँ तक कि उन्हें सौंदर्य की पाठशालाओं का शिक्षक भी नहीं बनाया जाता, ताकि दूसरी स्त्रियाँ अपना भविष्य बेहतर कर सकें। उनका उपयोग मुख्यतः विज्ञापन जगत के लिए होता है। जिस उत्पाद को किसी विश्व सुंदरी की लोभनीय छवि के साथ जोड़ दिया जाता है, वह स्वयं लोभनीय बन जाती है। टीवी या फ्रिज बिकने चाहिए—लेकिन अपने गुणों के बल पर, न कि किसी सुंदरी की छवि के साहचर्य के कारण। दूसरे शब्दों में, विश्व सुंदरियाँ किसी सौंदर्यशास्त्र की रचना या खोज का उपादान नहीं हैं। वे इस औद्योगिक तंत्र को चलानेवाला एक असहाय पुरजा हैं। यही कारण है कि विश्व सुंदरी के लिए न तो कविताएँ लिखी जाती हैं और न ही उनके चित्र उकेरने के लिए चित्रकार व्याकुल होते हैं। इस दृष्टि से मोनालिसा की एक मुस्कान अब तक की सारी मिस वर्ल्डों और मिस यूनिवर्सों पर भारी पड़ती है। हाँ, विश्व सुंदरी को प्रचुर धन जरूर मिलता है। जिस सुंदरता का पारितोषिक सिर्फ धन है, आयोजक कम्पनी (संस्था नहीं) की एक साल की नौकरी है और मॉडलिंग यानी राजनीतिक-सामाजिक मॉडलिंग नहीं, औद्योगिक मॉडलिंग के अमीर अवसर हैं और जिसका लक्ष्य सिर्फ माल बेचना है, वह सुंदरता हर तरह से डरावनी होनी चाहिए, क्योंकि उसके माध्यम से सुंदरता के सभी सुषमामूलक पहलुओं का चतुर अपहरण कर लिया गया है। सिर्फ माल से घिरे रह कर अंततः मनुष्य भी क्या माल नहीं बन जाता ? स्त्री को स्त्री रहना चाहिए लेकिन यह जिद भी करनी चाहिए कि उसका मूल्यांकन मानवीय गुणों के आधार पर हो।

शायद इसी अंदेशे से आज का माल-दर्शन क्रमशः चतुर होता जाता है। इसीलिए सौंदर्य प्रतियोगिताओं में आंतरिक सौंदर्य का मूल्यांकन किये जाने की बात का जोर-शोर से प्रचार किया जा रहा है। सुष्मिता सेन ने जब मातृत्व के मूल्य को स्त्रीत्व का आदर्श बताया, तो निर्णायकों को ही नहीं, दूसरे लोगों को भी प्रसन्नता हुई थी।

इसी तरह ऐश्वर्य राय ने जब यह कहा कि विश्व सुंदरी के आदर्श गुण हैं अधिकारहीनों के लिए करुणा तथा मनुष्य द्वारा खड़ी की गयी सीमाओं का अतिक्रमण या अपने देश के 90 करोड़ लोगों को अपना भाई-बहन बताया, तो किसे हर्ष नहीं हुआ होगा। निश्चय ही ये किसी भी व्यक्ति के आंतरिक सौंदर्य की अभिव्यक्तियाँ मानी जानी चाहिए। लेकिन देखने की बात यह होगी कि हमारी इन विश्व सुंदरियों का जीवन इन आदर्शों से कितना संचालित होता है। सुंदरता का मूल्य मातृत्व की गरिमा है, तो सौंदर्य प्रतियोगिताओं में सिर्फ कुमारियाँ ही क्यों ? यदि ये बड़ी-बड़ी बातें सिर्फ सार्वजनिक उपभोग के लिए हैं और इनका पालन—यथाशक्य पालन—किसी का भी आन्तरिक लक्ष्य नहीं है, तो क्या इससे दुनिया में सिर्फ पाखंड राशि की वृद्धि नहीं होती ? गौरतलब है कि प्रतियोगिता के वास्तविक समय में सुंदरी का वर्तमान ही देखा जाता है—उससे यह नहीं पूछा जाता कि इन आदर्शों को चरितार्थ करने के लिए आपने अब तक क्या-क्या किया है ? आंतरिक सौंदर्य का प्रकटीकरण सिर्फ सुभाषितों या मधुर वाक्य रचनाओं में नहीं होता। यह ठोस कर्म में व्यक्त होना चाहिए। कहने की जरूरत नहीं कि इस दृष्टि से स्वयं निर्णायक मंडल के सदस्यों का मूल्यांकन करने लगें, तो उनमें भगदड़ मच जायेगी।

सुंदरता उन कुछ थोड़ी-सी चीजों में है, जिनके साथ प्राकृतिक सुषमा अभी भी बची हुई है। कह सकते हैं, यही उसकी पवित्रता भी है। इस स्तर पर कोई भी सौंदर्य किसी भी किस्म की प्रतियोगिता का विषय नहीं हो सकता। बल्कि सुंदरता उसमें है कि प्रतियोगिता का विषय बनने से इन्कार कर दिया जाये। कम से कम आन्तरिक सौंदर्य की सहज पुकार तो यही होनी चाहिए। यही कारण है कि अनेक विश्व सुंदरियों को देख कर बहुत-से लोगों को यह एहसास होता है कि इससे अधिक सौंदर्य-पुंज वे अपने आस-पास देख चुके हैं। यह एहसास सच्चा है, लेकिन इससे सौंदर्य की औद्योगिक प्रतियोगिताएँ झूठी नहीं हो जातीं। उनका सच यह है कि सौंदर्य आखेट के लिए है। इसका एक व्यक्तिगत पहलू भी है। आदि काल से स्त्रियों ने सौंदर्य का प्रयोग पुरुष चित्त के आखेट के लिए किया है। स्त्री-पुरुष का यह परस्पर आखेट सृष्टि की विनोद लीला भी है। लेकिन प्रतियोगिताएँ सौंदर्य का आखेट कुछ दूसरे उद्देश्यों के लिए करती हैं। वे एक आखेटक संस्कृति का निर्माण करना चाहती हैं तथा उसमें अपना सहयोग देना चाहती हैं। वे सौंदर्य को घटना या कला नहीं, सम्पत्ति के रूप में परिभाषित करती हैं और हमें उस तरफ धकेलना चाहती हैं जिसे वर्णित करने के लिए जेम्स हेडली चेज ने अपने एक दिलचस्प थ्रिलर को यह खूबसूरत शीर्षक दिया था—सुंदरता के सभी शिकारी।

झूठ पर खड़ी इमारत

धर्मवीर

इस देश में हिंदुओं की काफी शादियाँ केवल झूठ के आधार पर होती हैं। मुझे बताया गया है कि ब्राह्मणों में यह मान्यता है कि सिर पर जितने बाल होते हैं, यदि लड़की की शादी के लिए उतने झूठ भी बोल दिये जायें तो यह जायज है। इधर मैं बता रहा हूँ कि मनुस्मृति के बंधक मजदूरों में यह परंपरा है कि शादी के समय लड़कीवाला लड़केवाले को अपने मालिक के खेतों को अपने बताया करता है। इसका उलटा भी पूरा सच है। मैंने भारतीय समाज के अगड़ों में ऐसे विवाह होते देखे हैं। जब हाई स्कूल पास लड़के को पी-एच.डी. की डिग्री प्राप्त लड़की ब्याही जाती है। मैंने पिछड़ों में भी वे दृश्य देखे हैं जब घी की लौत को कव्वे ले-जाते हैं। पहली गलती बिना जानकारी के कारण होती है। लेकिन दूसरी गलती दोनों पक्षों की पूरी जानकारी के साथ होती है। यह विवाह की शुरुआत होती है और इसका दूसरा छोर तलाक तक की इजाजत है। इन दोनों के बीच में लंबा और दुखदायी गृहस्थ जीवन पड़ता है, जिसमें कई बार मनुष्य कुचले जाते हैं।

इस समाज में विवाह की शुरुआत बड़ी विचित्र है। हिंदुस्तान को पूरे विश्व की तुलना में एक गरीब देश माना जाना है। यदि मैं गलती नहीं कर रहा हूँ और आधुनिक परिभाषा की दृष्टि से सही हूँ, तो भारत की गिनती तीसरी दुनिया के देशों में की जाती है। लेकिन यदि संयुक्त राष्ट्र संघ की कोई टीम भारत की अगली 2001 की जनगणना दशक के आधार पर न कर विवाहों के दिनों के आधार पर आ कर करे तो बिना कुछ करे-धरे भारत की स्थिति पहली दुनिया के देशों में सबसे ऊपर हो जायेगी। यहाँ विवाह के दिन भीख माँगनेवाला भिखारी भी अपने आपको संसार का अन्नदाता कहता है और यजमानों के यशोगान करनेवाले तमाम जिंदगी के नटों और भाटों को ऐसा लगता है मानो वे इस रूप में अपना ही यशोगान कर रहे हैं।

जिस समाज में विवाह में इतने झूठ बोलने की अनुमति हो उसमें बाद में पारिवारिक फजीते नहीं होंगे तो और क्या होंगे ? बाद में इन विवाहों की निरंतर अटूटता को बल प्रयोग और ब्लैकमेल के माध्यम से पवित्र बनाये रखा जाता है। ऐसा होता है कि पुरुष या नारी में से कोई एक पक्ष पूरी तरह दब जाता है या दबा देता है। गलत पक्ष का आदमी जिंदगी भर के लिए दूसरे के ऊपर हावी हो जाता है। इसमें जो सामाजिक इज्जत की बात सोचता है, उसे ही अपने मन को मारना पड़ता है। नंग आपने काम में पूरी तरह सफल रहता है। दोनों नंग हो जायें, तो फिर पुरुष नंग जीत जाता है।

यह मैंने ऊपर अति की बात कही है, पर मैं इसके साथ यह भी कहना चाहता हूँ कि मेरी जानकारी के आधार पर हिंदुस्तानी समाज के ज्यादातर परिवार इस अति पर जीते हैं। यदि जीवन और जिम्मेदारियों को पूरी तरह भूल कर जिया जाये, तो अलग बात है, अन्यथा इन परिवारों में लोग एक-दूसरे पर खार खाये रहते हैं। तनिक-सी बात में घर से भागने की धमकी दी जाती है और एक झिड़क पर आत्महत्या के लिए जहर की गोलियाँ खा ली जाती हैं।

भारतीय लोग ऊपर से जितने सीधे और सच्चे बनते हैं ये भीतर से उतने ही टेढ़े और झूठे होते हैं। अपने सहयोगियों के प्रति बरती गयी इनकी कुटिलता का कोई ठिकाना नहीं है : फर्क केवल इतना होता है कि दूसरे समाजों के समान इनकी बातें लिखी नहीं गयी हैं। ये अपने साहित्य में ऊपर-ऊपर की बातें लिखते हैं। मन के भीतर की बातें इनके साहित्य में लिखने की परंपरा नहीं रही है। सच्ची बातों को न लिखने देने के लिए ही ब्राह्मणवादी समाज ने स्त्रियों और शूद्रों से उनका शिक्षा प्राप्त करने का अधिकार छीना था।

मैं यहाँ अपने मूल पुरुष और मूल नारी की मूल बात नहीं उठा रहा हूँ जब कि मेरा वास्तविक ईष्ट वही है। यहाँ मैं केवल सामाजिक पति और सामाजिक पत्नी की बात लेकर चल रहा हूँ। मैं इस समाज से पूछना चाहता हूँ कि मुझ दार्शनिक से मेरे मूल पुरुष और मूल नारियाँ लेकर उसने उनका पति और पत्नी के रूप में क्या बना दिया है ? यह उन्हें सामाजिकता के नाम पर आपस में लड़वाता है और आत्म-हत्याएँ करवाता है। कई लोग इसलिए शराब पीने की बुरी लत पाल लेते हैं कि उनके घर में रात-दिन का झगड़ा रहता है। इस 'पत्नी' नाम की वजह से कई औरतें चकलों में जाकर वेश्याएँ हो जाती हैं। इस सामाजिक गृहस्थी के दुख इतने गहरे हो जाते है कि पुरुष अपने 'पति' नाम की वजह से सौंदर्य के प्राकृतिक जीवन को छोड़कर संन्यासी बन जाता है। पूछा जा सकता है—इनके जीवन के साथ ये इतने सारे ऐब किसने पाले हैं ?

यदि मैं एक दार्शनिक के नाते और मनुष्य का रखवाला बन कर उधार दिये गये समाज से अपने मूल पुरुष और मूल नारियाँ माँगूँ तो यह मुझे उनकी श्मशानों

तक पहुँचाने के लिए लाशें थमा देता है। यह उनमें से हर किसी के साथ एक नया रोग प्रेमी और प्रेमिका का पाल कर एक-दूसरे को जिबह करवाने के लिए उनके हाथों में छुरे और पिस्तौलें थमा देता है। यह उन्हें मनुष्य की दृष्टि से पागलखाने के विक्षिप्त पुरुष और नारी बना कर बंदरों की तरह इस्तेमाल करता है। वास्तव में, यह समाज मेरे मनुष्य का बहुत ज्यादा नुकसान और अपमान करता है। इसने बाहरी रूप में मनुष्य को शूद्र और अछूत बनाया है तथा भीतरी रूप में पति और पत्नी को जीवन साथी के बजाय एक-दूसरे का जानी दुश्मन बना दिया है।

मेरी समझ में नहीं आता कि पति और पत्नी को एक-दूसरे से क्यों लड़ना चाहिए। यह रिश्ता एक-दूसरे की सहायता का है। इन्हें आपस में एक-दूसरे को एक-दूसरे की रोज आवश्यकता पड़ती है। ये ज्यादा से ज्यादा प्राकृतिक रूप में एक-दूसरे के पूरक हैं। लेकिन फिर भी ज्यादातर हिन्दुस्तानी घरों में ऐसा समय क्यों आता है कि यदि पुरुष से पूछा जाये कि तुम्हारा असली दुश्मन कौन है तो वह अपनी पत्नी का नाम लेता है, और यदि नारी से पूछा जाये कि यदि तुम्हें जीवन में किसी एक व्यक्ति का वध करने का अवसर दिया जाये तो किसका करोगी तो वह उत्तर में अपने पति का नाम बताती है ? ये सामाजिक होते ही प्रकृति के लाडले बालक एक-दूसरे के जी के बैरी क्यों बन जाते हैं ? क्या यह कोई विश्वव्यापी मनोवैज्ञानिक मामला है ? परिवार के बारे में मेरे ऐसे बहुत सारे प्रश्न हैं। मुझे मालूम है कि गृहस्थ जीवन में लड़ते-झगड़ते लोग ऐसी मानसिक अवस्था में पहुँच जाते हैं कि फिर उन्हें बाकी जीवन में किसी की सलाह की भी जरूरत नहीं रहती। तब वे दार्शनिक के मूल पुरुष और प्रकृति की मूल नारी को बिलकुल भूल चुके होते हैं।

सोच रहा हूँ कि हिन्दुस्तानी परिवार के बारे में मुझे तुम्हें इससे कुछ अधिक बताना चाहिए। परिवार हमारे जीवन में बहुत महत्वपूर्ण संस्था है, जिसकी जिम्मेदारी के बारे में भारतीय लोग कुछ नहीं जानते, बल्कि यह कहिये कि ये इसके बारे में कुछ जानना नहीं चाहते। इनमें से ज्यादातर लोग अपने परिवारों के कारण दुखी हैं, लेकिन किसी के पास उसका कोई निदान नहीं है। निदान इसलिए नहीं है, क्योंकि ये लोग इसे अपने ठंडे दिमाग का विषय नहीं बनाते। ये जब भी सोचते हैं, भावुक बन कर अतियों पर सोचते हैं। शायद ठण्डा दिमाग इनके शब्दकोश में एक वर्जित शब्द है।

पुरुष और नारी दोनों को एक साथ ले कर चल रहा हूँ और कह रहा हूँ कि ये लोग पारिवारिक जीवन के लम्बे समय में एक दिन भी सामान्य अवस्था में नहीं रहते। इनके बुद्ध भी, जिन्होंने दर्शन शास्त्र में मध्यमार्गी होने का ढाई हजार साल पहले भारत में डंका पीटा था, भिक्षु जीवन में गृहस्थ और परिवार को त्याग कर खुद संन्यास की अतियों पर चले थे। यही कठिनाई है कि भारतीय नारी वेश्या बन सकती है और भारतीय पुरुष संन्यासी बन सकता है, लेकिन सामान्य गृहस्थ जीवन

बिताना इनके बूते में नहीं है। जब भी सोचेंगे—दोनों ओर की अतियों पर सोचेंगे।

भारतीय लोग गृहस्थ के चिन्तन से भागते हैं। ये अपनी हत्या करेंगे और दूसरों की हत्या करेंगे, हत्या से पहले सौ-सौ बार औरतों की चुटिया पकड़ कर घसीटेंगे और खुद दीवार में अपने सिर दे-दे कर मारेंगे, लेकिन थोड़ी देर के लिए मनुष्य के सहज स्वभाव को बर्दाश्त नहीं करेंगे। इसके लिए इन्होंने अपने पक्ष में सेक्स की पवित्रता की, अर्थात लोहे की दीवार की, ऐसी पक्की परिभाषा खड़ी कर रखी है कि चक्रव्यूह की तरह उसे तोड़ा नहीं जा सकता। सच्ची बात यह है कि सब उसे तोड़ने की फिराक में लगे रहते हैं और तोड़ने में यह होशियारी बरतते हैं कि पकड़े न जा सकें। हालाँकि अगली यह बात फिर सच्ची है कि सब पकड़े जाते हैं। बस, इसके बाद इन्हें एक मौका मिल जाता है कि एक-दूसरे को ज्यादा से ज्यादा ब्लैकमेल किया जाये। अपनी बात छिपाते रहते हैं और दूसरे की बात उघाड़ते रहते हैं। घर के दूसरे सारे अच्छे कामों को छोड़ कर यह इनका मुख्य पेशा बन जाता है।

पति और पत्नी के इस शीत युद्ध से शुरू होकर विश्व युद्ध जैसा विकराल रूप धारण करने में सबसे ज्यादा नुकसान बच्चों की परवरिश का होता है। भारतीय माता-पिता अपने-अपने युद्धों में इतने मशगूल और स्वार्थी होते हैं कि इन दोनों में से किसी को अपने बच्चों के भविष्य की चिन्ता नहीं व्यापती। यदि भूल से इनमें से किसी एक ने बच्चों के भविष्य के प्रति अपनी चिन्ता प्रगट कर दी, तो उसे दूसरे के सामने जिंदगी भर के लिए म्याऊँ रहना पड़ जाता है। जरा-सी समझ की कमजोरी दिखाने पर दूसरी तरफ से तत्काल घन की चोट पड़ती है। फिर जिंदगी भर के लिए ब्लैकमेल होते रहो। दूसरा पार्टनर खुद ऐश और गुलछर्रे उड़ायेगा और तुम्हें कठपुतली के रूप में तार-तार खींच कर नचायेगा। इस खींचतान के लिए इनमें अपनी-अपनी विजय प्राप्त करने के लिए सुहाग रात से शुरू हो कर फैसला न होनेवाले मृत्यु के दिन तक का युद्ध चलता है जो आवश्यकता पड़ती रहने पर पड़ोसियों के नयन सुख के लिए बाकायदा द्वंद्व युद्ध में परिणत हुआ करता है।

गृहस्थ क्या है—यह जानने की कोशिश कभी नहीं की जाती। धर्म क्या है—इस बारे में काफी छान-बीन की गयी है और छह-सात धर्मों में से कोई एक माना जाता है। राज्य क्या है—इसमें भी हम लोग सोचते-सोचते संसदीय लोकतंत्र की प्रणाली तक आ गये हैं। इसी प्रकार, विवाह क्या है—इसमें प्राचीन काल में ही हम आठ प्रकार के मान्य विवाहों पर पहुँच गये थे। लेकिन परिवार क्या है—इसमें हमने अभी तक कुछ नहीं सोचा है। जो सोचा है, वह पारिवारिक बदलाव और विकास के बजाय, कुल, गोत्र, कुटुम्ब और जातियों के रूप में अपने निजी स्वार्थ साधे हैं।

परिवार और गृहस्थ हमारे पास मौलिक शब्द नहीं हैं। गृहस्थ 'गृह' में 'स्थ' प्रत्यय जोड़ कर बनाया गया है और परिवार में 'वार' से पहले 'परि' उपसर्ग लगाया गया है। इसलिए ये शब्द हमें भाषा के विकास के साथ किसी अवस्था में मिले हैं।

'गृहस्थ' फिर भी कुछ नजदीकी शब्द लगता है, पर परिवार तो एकदम पराया और दूर की चीज दीख पड़ता है।

यह समय शब्दों की व्युत्पत्तियाँ जानने का नहीं है। सीधी बात पर आया जाये कि परिवार कानूनी है या परिवार प्रेम है ? आजकल इसका उत्तर यही दिया जायेगा कि यह दोनों हैं। लेकिन यह सवाल भारत में पिछले तीन हजार वर्षों से पूछा जा रहा है और इसका यही धौंस भरा उत्तर दिया जाता है। पुरुष-प्रधान समाज में पुरुष नारी को यह धमकी देता है कि जा, तू मेरे घर से निकल जा। यह बात वह किसी भी उम्र में कह सकता है। वह जब चाहे, उसे अपनी परिभाषा की कुलटा सिद्ध कर सकता है। उधर, आजकल की नारी जब भी गुस्से में आती है, सन्दूक में साड़ियों को उलटी-पुलटी बाँध कर घर से जाती हुई कहती है कि कोर्ट से पैसे बँधवा लूँगी। मात्र कोई बहाना चाहिए—जब उस नारी का उस पुरुष से जी छक जाये, वह इस गुरु मंत्र का इस्तेमाल कर सकती है। पूछा जा सकता है—क्या इन दोनों को परिवार बनाने के बाद घर से भगाने का और घर को छोड़ने की धमकी देने का काम ही बचा रह जाता है ? इन झगड़ों में इनके बच्चे रोते-चिल्लाते रहते हैं, पर इन दोनों को अपनी-अपनी मुँह की आग को बुझाने की पड़ी रहती है। क्या ये एक-दूसरे से लड़ने के लिए ही जुड़ते हैं ?

और हिन्दुस्तान के बच्चे—ये अपने माँ-बाप से ज्यादा बिगड़े हुए होते हैं। परिवार की पाठशाला में बच्चे अपना मुँह तक धोना नहीं सीख पाते। स्नान करने चलेंगे तो बाल्टी को खाली करके रख देंगे और किसी दूसरे के लिए या अगले समय के लिए उसे भरेंगे नहीं। नाखून बिना कटवाये और दाँतों पर ब्रुश किये बिना स्कूल चले जायेंगे। कक्षा में बैठ पकड़-पकड़ कर सिर की जूँ मारते रहेंगे। घर पर किसी ने पढ़ने को कहा तो आँख निकाल कर घूड़-घूड़ करेंगे। ट्यूशन लगवाये जायेंगे और फेल होंगे। फेल होने का कारण पूछ लिया जाये तो आत्महत्या के लिए तेजाब पी लेंगे। इसी हालत में ये जवान हो जायेंगे और फिर लिंगों की और योनियों की पूजा करने बैठ जायेंगे। शरीर की मेहनत का कोई काम नहीं करेंगे, नौकरी का कोई कम्पीटिशन नहीं जीतेंगे, व्यापार में लगाये हुए पैसे को बरबाद कर देंगे। कुल मिला कर सारी उम्र इन्हें और इनके बच्चों को कोई और कमा कर खिलायेगा। हिन्दुस्तान के ज्यादातर बच्चे अपने माँ-बाप से मुफ्त का खाने का ऐसा प्रमाणपत्र ले कर जन्म लेते हैं। यह देश अकारण कमजोर नहीं है, बल्कि इसकी इस प्रकार की इकाइयाँ कमजोर हैं।

मेरे एक ज्योतिषी मित्र ने 200 स्त्री और पुरुषों की जन्मपत्रियाँ इकट्ठी कर रखी हैं। वे उनका इस दृष्टि से अध्ययन कर रहे हैं कि उनमें से कितनों का तलाक होगा। ज्योतिष के नौ अक्षरों के साथ-साथ वे उनके व्यावहारिक जीवन को भी देखते जा रहे हैं। उन्होंने बताया कि एक अफसर की बेटी का उसे एक बच्चा होने के

बाद तलाक हो गया है। एक मंत्री के बेटे का तलाक शर्तिया होगा—इसकी उन्होंने भविष्यवाणी कर रखी है। किसी के योग में दो औरतें लिखी हैं, तो कोई नारी चुपके-चुपके पर पुरुष से प्यार करती मिलेगी। मुझे नहीं लगता कि उनके अध्ययन की एक भी शादी बुढ़ापे तक साँई सूती चल सकेगी। पर क्यों ? वे इसका कारण शुक्र, बृहस्पति, गुरु, राहु और केतु की चालों को बता देंगे। लेकिन हम समाज से लौकिक रूप में जुड़े हुए लोग इसका कारण सामाजिक ही बता पायेंगे।

क्या पुरुष और नारी की इतनी लम्बी जिंदगी इतनी अनछेड़ बना कर रख दी जाये कि उसे सेक्स की पवित्रता के नाम पर सूली पर चढ़ा दिया जाये ? क्या सेक्स का सामाजिक अपराध हमारे सिरों पर इतना बढ़-चढ़ कर हो गया है कि उसके कारण हत्या और आत्महत्या के रूप में जीवन की इह लीला समाप्त कर दी जाये ? जबकि हम हत्या के मामले में भी मृत्युदंड को समाप्त करने की सोच रहे हैं, तब क्या हम सेक्स के अपराधी को कोई छोटा दंड देने की नहीं सोच सकते ? क्या हम योनि की पवित्रता के नाम पर आजकल भी अपनी बेटियों को घर में नहीं घुसने देंगे और समाज बहिष्कृत कर उन्हें वेश्यावृत्ति अपनाने के लिए मजबूर करेंगे ? सेक्स मनुष्यों का आपसी मामला है—इसके बारे में खुले दिमाग से सोचने में कौन-सा पहाड़ टूट पड़ता है ? यदि विवाह एक समझौता है, तो सेक्स को दूसरा समझौता क्यों नहीं बनाया जा सकता ? हम समाजवाद की सीमा में निजी सम्पत्ति पर अंकुश लगाते हुए कृषि भूमि सीमा और शहरी सम्पत्ति के कानून बनाने की सोच रहे थे, तो बच्चों को राष्ट्रीय सम्पत्ति घोषित क्यों नहीं किया जा सकता था ? जब हम परिवार नियोजन की ओर चल पड़े हैं, तो इसके साथ इस तरफ भी बढ़ा जा सकता है कि औलाद को माँ-बाप की सम्पत्ति का वारिस न बनाया जाये। इस पैतृक सम्पत्ति के नाम पर एक ओर निठल्ली औलाद पलती है और दूसरी ओर पैतृक ऋण को उतारती हुई पीढ़ियाँ खत्म हो जाती हैं। फिर समाधान के विकल्प एक नहीं, बल्कि कई हो सकते हैं। एक विकल्प यह भी हो सकता है कि सम्पत्ति का अधिकार केवल औरतों को दिया जाये, क्योंकि पुरुषों को इसकी जरूरत नहीं है और उन्होंने बच्चों को उनकी माताओं से दूर करके इसका दुरुपयोग भी किया है। जब ढाई वर्ष तक बच्चा माँ की छाती से दूध पीता है तो बच्चे को पालने के लिए सम्पत्ति का अधिकार औरत को ही मिलना चाहिए। पुरुष उस सम्पत्ति का अलग से क्या करेगा ?

मेरे मत में किसी भी हालत में सेक्स की गलतियों के लिए परिवार नहीं टूटने देने चाहिए। सेक्स ज्यादा से ज्यादा व्यक्तिगत है और परिवार ज्यादा से ज्यादा सामाजिक है। इन दोनों में सामंजस्य रखने की कोशिश की जा सकती है, लेकिन यदि किन्हीं कारणों से सामंजस्य न हो पाये तो दोनों की अलग-अलग सत्ताएँ मान कर चला जा सकता है। परिवार से मेरा तात्पर्य पति पत्नी, सन्तान, भविष्य, सम्पत्ति और कानून से है। सेक्स से मेरा मतलब पुरुष और नारी से है जिसमें भविष्य और

सम्पत्ति के बिना बच्चा भी जोड़ा जा सकता है। यहाँ मेरा पूछना है कि यदि पुरुष या नारी के सेक्स विचलन को अपराध मान कर बिना एक दूसरे को क्षमा करते हुए मनुष्य अपनी सन्तान का आर्थिक भविष्य नष्ट कर डालें, तो इसमें उनकी कौन-सी बुद्धिमत्ता रह जाती है ? यदि सेक्स को धार्मिक और दैवी दृष्टि की पवित्र क्रिया मान कर चलने से और फिर उसमें पवित्रता के मानवीय आधार पर खंडित हो जाने से 30 वर्षों की गृहस्थी एकाएक टूट जाती है तो इसका मतलब यही है कि परिवार के बन्धन, विकास और आदर्श की अपनी कोई अलग सत्ता और शक्ति नहीं है। परिवार को विकसित होने के लिए उसमें इतनी सहन शक्ति और क्षमता होनी चाहिए कि वह सेक्स की मानवीयता को अपने रास्ते में आने पर उसे अधिक तूल न दे। यदि परिवार का धागा प्रेम के धागे की तरह इतना महीन और हलका है कि सेक्स के विचलन की फूँक से टूट कर उड़ जायेगा, तो फिर मनुष्य काहे को इसके लिए इतना मरता और खपता है ? फिर तीस वर्ष की इन्तजार किये बिना इसे पहले ही दिन क्यों न तोड़ दिया जाये ? फिर इसमें रखा क्या है ? यदि सेक्स के विचलनों के लिए परिवार टूटने दिये जायें तो फिर इसका भी हिसाब होना चाहिए कि उस शादी के लिए दोनों पक्षों की ओर से कितने झूठ बोले गये थे। फिर जिस दिन उन झूठों का पता चल जाये, दोनों को उसी दिन उस परिवार को तोड़ने का स्वैच्छिक अधिकार मिलना चाहिए।

भारतीय समाज ने विवाह और परिवार को मौज मस्ती का सर्टिफिकेट मान लिया है। कैसी भी लड़की या कैसा भी लड़का दूसरे पक्ष पर थोप दिया जाता है। सुझाया जाता है कि एक बार लड़की को उस घर में डाल दो, फिर वे छोड़ कर दिखा दें, तो हमने जानी। बिरादरी की पंचायत लगवा देंगे, लठैत मँगवा लेंगे और जरूरी पड़ा तो कोर्ट-कचहरी कर लेंगे। सब कुछ कर लेंगे, पर लड़की के हिसाब से उसका वर नहीं खोजेंगे। तब कुटुम्ब की नाक की बात आगे आती है। पर यह कोई नहीं देखता कि तुम्हारे घर में सुस्त लड़की पैदा हुई है। दूसरी तरफ, लड़के को शादी से पहले दो-चार दिन का जबरन नहला देना उसके जीवन भर की स्वच्छता के लिए पर्याप्त मान लिया जाता है। अब चाहे लड़का तमाम बाकी जिंदगी अपना मुँह तक न धोये, यह बेचारी लड़की का काम है कि रातों में उस के साथ लेट कर उसके शरीर और साँसों की बदबू को भुगते। यह दुख की बात है कि चाव से कमा कर न लानेवाले पुरुष के अपराध को गृहस्थ जीवन में गहराई से नहीं लिया जाता और औरत के सुबह देर से उठने के नियमित अपराध के लिए परिवार के नियमों में कोई सजा नहीं लिखी गयी है।

विवाह झूठ या दहेज के नाम पर लड़की या लड़के को मुफ्त में मिल गया बीमा है। यह सच है कि झूठ या दहेज में लड़के या लड़की का कोई योगदान नहीं होता—यह उनके पिछले परिवारों की कारगुजारी और विरासत होती है। अपने विवाह

के लिए लड़के और लड़की को कुछ कर दिखाने का कोई मौका नहीं होता। पर जब उनकी अपनी गृहस्थी चलती है तो यह कटड़े और बछड़े का मेल हो जाता है। इनमें एक आगे खींचता है और दूसरा गृहस्थी को पीछे घसीटता है। यह पुनः दुख की बात है कि गृहस्थी को पीछे घसीटनेवाले के लिए कोई पारिवारिक मापक और कानूनी दण्ड नहीं हैं। यह बात ठीक है कि किसी भी स्थिति में गृहस्थ जीवन को पति और पत्नी के रूप में कुरुक्षेत्र नहीं बन जाना चाहिए। इन दोनों का काम है कि ये पूरक हो कर एक-दूसरे से सहयोग करें। पर यदि इनमें किसी मनोविज्ञान के आधार पर प्रतियोगिता होना जरूरी माना जाता है तो फिर इन्हें एक-दूसरे से यह डर लगा रहना चाहिए कि यदि तू आज न नहा पायी या यदि तू आज मुँह न धो पाया तो तुझसे आज ही शाम तक कोर्ट में जा कर तलाक ले लिया जायेगा। गृहस्थ जीवन में पति और पत्नी को वैवाहिक सुरक्षा प्रदान कर देने से इसमें इनके आलस्य और प्रमाद को क्षमा नहीं किया जाना चाहिए।

विवाह के द्वारा पुरुष और नारी को परिवार के जोड़ीदार पति और पत्नी बनाया जाता है। इनका काम है कि यदि रास्ते में चलते-चलते एक के पैर में खोबा गुभ जाये या काँटा लग जाये तो दूसरा उसे निकाल दे, और यदि इनमें से किसी एक को जंगली जानवर या विरोधी मनुष्य मारने लगें तो दूसरा उसे बचाये। लेकिन जल्दी ही ऐसा क्यों हो जाता है कि ये एक-दूसरे के लिए सेक्स की दृष्टि के विजिलेंस और पुलिस इन्क्वायरी के चौबीस घंटे के आला अफसर बन जाते हैं ? कोई वकील या पुलिस अफसर इन्हें ऐसे सवाल पूछ कर कोर्ट में परेशान नहीं करता जितना ये रोज़ अपने घरों में सवाल पूछ-पूछ कर मानसिक प्रताड़ना में एक-दूसरे की नींद खराब करते हैं। इन्हें एक-दूसरे के दिये गये भय से ज्यादा कोई दूसरा भय जिंदगी में नहीं व्यापता। यदि मनुष्यों के इन जोड़ों की यह कोई मनोवैज्ञानिक मजबूरी है तो फिर इससे संबंधित गलतियों और मानवीय विचलनों को इतनी तूल न देकर इन्हें हलका किया जाये। मनुष्यों में अपार शक्ति होती है और वह शक्ति इन घरेलू पुलिस इन्क्वायरियों में खर्च न हो कर अन्य अच्छे वैज्ञानिक और मानवीय सेवा के कामों में लगे तो मनुष्य जाति के लिए ज्यादा अच्छा रहेगा।

परिवार एक बड़ी जिम्मेदारी की छोटी संस्था है और स्त्री तथा पुरुष के संबंध मानव जाति के सुख के लिए बहुत महत्वपूर्ण हैं। लेकिन जब तक ठीक-ठाक चलता है—मेरा मतलब है जब तक भूल-भूल में चलता है, औरत और मर्द एक-दूसरे का विश्वास किये रहते हैं। लेकिन जिस दिन इनमें सेक्स का विश्वास खू जाता है, औरत के लिए मर्द मात्र पैसा बनाने की मशीन रह जाता है और मर्द के लिए औरत एक वेश्या बन जाती है। ऐसा क्यों है ? यदि ऐसी तनिक भीड़ पड़ने पर पूरे गृहस्थ जीवन में सभी कुछ पैसा और वेश्यापन रह जाता है तो मनुष्य की मूल सेक्स की प्रवृत्ति पर जरूर कुछ गौर से सोचा जाना चाहिए। हम इस दाढ़ी-मूँछवाले पुरुष और छाती

पर स्तन धारण करनेवाली इस नारी के भीतर छिपे जंगली जानवरों को सामाजिक रूप में कितने पालतू इन्सान बना सकेंगे ? क्या हमारी यह चाह ठीक भी है कि नहीं ? क्या हम परिवार के नाम पर मूल पुरुष और मूल नारी से लड़ने तो नहीं बैठ गये हैं ?

सेक्स के बाद परिवार की अगली कमियाँ समाज को ले कर आती हैं। ये कमियाँ दो छोरों की हैं। एक छोर के द्वारा 'पूजिय विप्र शील गुन हीना' की चौपाई पढ़ी जाती है। इसका अर्थ निकम्मी और मूर्ख औलाद को चरित्रवान लोगों के सिर पर चढ़ाये रखना है। यह ब्राह्मणवादी दर्शन की तुलसीदास की कविता के रूप में हद दर्जे की बेशर्मी है। एक तरफ औलाद को कामयाब नहीं बनाया जाता और दूसरी तरफ उसे समाज से पुजवाया भी जाता है। चूँकि हिन्दुस्तान में ब्राह्मणवाद एक आदर्श के रूप में प्रचारित किया गया है, इसलिए इसका असर केवल ब्राह्मणवादी घरों तक सीमित नहीं रह गया है। यह गैर-ब्राह्मणों के घरों में भी पाया जाता है। शूद्रों तक पहुँच गये इस ब्राह्मणवाद को हिन्दुस्तान के हर घर में मारे जाने की जरूरत है।

संतान को ले कर दूसरे छोर की कमी यह होती है कि औलाद के कामयाब न हो पाने पर उसे गोली मार दी जाती है। ऐसा भारतीय भाषाओं की आधुनिक फिल्मों में उभार कर दिखाया जाता है कि आदर्शवान पिता ने या चरित्रवान माता ने आदर्शच्युत पुत्र को या चरित्रहीन बेटी को बन्दूक से मार दिया। यह एकदम गलत बात है कि कोई माँ-बाप अपनी संतान को मारे। उनका काम संतान को पालने का है, न कि उसे मारने का। यह बात ठीक है कि किसी राष्ट्र को विदेशी राष्ट्रों के आक्रमण का भय बना रहता है, लेकिन आज के विकसित और जटिल समाजों में कोई भी औलाद समाज के लिए एकदम अनुपयुक्त नहीं हो सकती। वह माँ-बाप की चाहत की भले न हो सके, लेकिन उसका किसी न किसी अच्छे रूप में सामाजिक उपयोग हो जाता है। इसमें यह मान कर चला जाये कि मनुष्य के बच्चे ने धरती पर जन्म ले कर कोई गलती नहीं की है।

असली बात हमारी अपेक्षाओं की है। अपेक्षाओं की सारी गिनती देख ली जाती, लेकिन उनके मूल्य पारम्परिक और घटिया किस्म के और सारे के सारे भौतिक होते हैं। क्या पुरुष के द्वारा नारी से इस अपेक्षा रखने को मनुष्य जाति के प्रति तनिक भी सम्मानपूर्वक कहा जा सकता है कि वह घर की चारदीवारी से बाहर किसी अन्य पुरुष को न देखे ? क्या औरत हमेशा शक की निगाह से देखने के ही काबिल है ? क्या पुरुष की दृष्टि में नारी की सेक्स के सिवाय कोई और जिन्दगी नहीं है ? और क्या खुद नारी भी सेक्स को अपने जीवन की सबसे महँगी पूँजी नहीं मानती ? यह कब तक वेश्या बन कर और पतिव्रता दिख कर इस पूँजी के नाम पर निठल्ली बनी खाती रहेगी ? क्या पुरुष को देने के लिए उसके पास योनि की पवित्रता के सिवा और कोई श्रेष्ठ पूँजी नहीं है ? क्या यह इस जमाने में भी अपने अन्य गुणों की

पूँजी की खोज नहीं कर सकती ? यह कब तक पुरुष से यह कह कर लड़ती-झगड़ती रहेगी कि तूने मेरे लिए क्या कर दिया ? यह इस सवाल को पूछने के लिए कब योग्य हो पायेगी कि इसने खुद अपने लिए क्या कर दिया है ? नारी द्वारा घर में बैठ कर किया गया यह सवाल कि पुरुष ने उसके लिए क्या कर दिया है, नारी को पुरुष की सदा दासी बनाये रखेगा। यह इस सवाल को पूछना छोड़े और अपने शरीर और मन को पुरुष के मनोरंजन की चीज न बनाये। यह उसे उतना ही रिझाये जितना सुंदर बन कर पुरुष उसे रिझाता है। यह चौबीसों घण्टे पुरुष के लिए शृंगारदानी पर न बैठी रहे जिसमें हर नखरा इस रूप में ढलता है कि अभी तक उसे पड़ोसिन के मुकाबले में जेवर नहीं लाया गया है। कुल मिला कर पुरुषों और नारियों को अपनी-अपनी ऐतिहासिक कमजोरियों से बचना चाहिए और सेक्स की मानवीय कमजोरियों को एक दूसरे के लिए सम्मान, सहनशीलता और सहानुभूति से देखना सीखना चाहिए। इनका काम है कि एकजुट हो कर राष्ट्र को मजबूत और स्वस्थ सन्तान दें।

तुम कल्पना कर सकती हो कि एक पुरुष है। वह विदेश में काम करता है। उसे कल सुबह का हवाई जहाज पकड़ना है। आज उसने अपने आपको बेहद व्यस्त बना रखा है। उसे काम से फुरसत नहीं है कि वह विदेश के बारे में या देश के बारे में कुछ सोचे। वह रात को सोने से पहले थोड़ी व्हिस्की लेता है। व्हिस्की लेते समय वह अपने कमरे में अकेला है। लेटे-लेटे उसकी आँखों में आँसू आ जाते हैं। फिर वह धार-धार रोने लगता है। तब वह हाथ जोड़ कर भगवान को याद करता है। वह भगवान से कहता है—हे भगवान, मेरी गलती बता। मैंने कोई गलती नहीं की। मेरा कोई अपराध नहीं है। फिर भी पिछले पाँच वर्षों में मेरा परिवार मेरे साथ क्यों नहीं चला ? मेरा परिवार इतना कमजोर क्यों हो गया ? इन्हें कौन-सी दुनिया का आलस्य खा गया ? वह ऐसे ही हाथ जोड़ता और बड़बड़ाता हुआ सो जाता है।

रात को देखता है कि ढाई बजे उसकी टाँगों से कोई छेड़छाड़ कर रहा है। उसे किसी चोर, डकैत या जानवर का अंदेशा हुआ। लेकिन यह उसकी पत्नी उसकी पिंडलियाँ दाब रही थी। यह आश्चर्य था, क्योंकि पिछले पाँच सालों में उसकी पत्नी ने कभी बीमारी तक में उसकी पिंडलियाँ नहीं दाबी थीं। इस दौरान उसने एक-एक दिन अपनी इज्जत की खातिर पत्नी से हाथ जोड़ते हुए काटा था। वह डरता और घबराता रहा, लेकिन पत्नी ने किसी दिन उसका ढाढस नहीं बँधाया। उलटे, पत्नी ने उसे और अधिक डराया और कँपाया। आज भी वह पत्नी से नहीं बोला और उसकी पत्नी भी उससे नहीं बोली। उसने सुबह तैयार हो कर हवाई अड्डे से जहाज पकड़ लिया। यह भारत का बहुचर्चित पतिव्रतापन है, जिसकी औरतें अक्सर डींग मारा करती हैं। बस, व्यवहार में यह रस्म अदाई के लिए इतना ही होता है और इसी हालत में पति के मर जाने के बाद वह स्त्री स्वेच्छा से सती हो सकती है या

दूसरों के द्वारा बलपूर्वक सती की जा सकती है।

लोगों का काम है कि वे अपने-अपने मनों को थामें। मन को बेलगाम घोड़े की तरह दौड़ाना मनुष्य के हित में नहीं है। मन और विचार को जितना चाहे दौड़ाया जाये पर उनकी एक भौतिक शर्त होनी चाहिए। मन और विचार मनुष्य के बड़े लाभ के हैं, पर वे कहीं से नप कर चलने चाहिए। ये बेखूँटे के बैल बन कर मनुष्य का नुकसान ही करते हैं।

मन और विचार की यह भौतिक शर्त क्या है ? यह भौतिक शर्त दो रूपों में सामने आती है—मनुष्य कोई काम करे और खाना खाये। बिना काम करे और बिना खाना खाये मन और विचार को आगे रखना या तो शेखचिल्ली की बात है या संन्यासी के रूप में आत्मदाह की धमकी है।

काम के रूप में मनुष्य क्या करे ? इसका मोटा उत्तर यह है कि जिस इज्जत के तरीके से घर में पैसा कमाया जाये, वह वैसा करे। इसका ज्यादा विश्लेषणात्मक उत्तर यह है कि मनुष्य की हर अवस्था में उसका एक अलग काम नियत होता है। छोटा बच्चा खेले, क्योंकि यह उसका नियत काम है। यदि बच्चा खेलता नहीं है, तो समझ लो कि आज का उसने अपना नियत काम पूरा नहीं किया। उससे बड़े बच्चे को स्कूल में पढ़ना चाहिए और स्कूल के जो काम हैं वे पूरे करने चाहिए। ये काम शारीरिक और मानसिक दोनों तरह के हो सकते हैं। यदि स्कूल के बच्चे ने आज का अपना काम नहीं निपटाया तो समझ लो कि आज उससे कोई बात नहीं की जानी चाहिए। पत्नी का काम है वह दफ्तर की है तो दफ्तर जाये, कारखाने की है तो कारखाने जाये। यदि केवल घरेलू औरत है, तो घर में बिना कोई नौकर या नौकरानी रखे अपने बच्चों को हर तरह से तैयार करके स्कूल भेजे और यदि पढ़ी-लिखी है तो बच्चों की पढ़ाई में उनकी मदद करे। यदि पत्नी सुबह नहीं उठी या उसने अपने बच्चों के मुँह नहीं धोये या उसने समय पर उन्हें और अपने पति को नाश्ता नहीं दिया, तो वह उस दिन के लिए अपराध की भागी बन गयी है। इधर, यदि इस पति नाम की चीज ने आज घर के भरण-पोषण के लिए कुछ कमाया नहीं, तो आज के लिए उसे कामचोर कहा जाना चाहिए। यदि मनुष्य ने किसी दिन अपना नियत काम नहीं किया, तो वह बीमारी की अवस्था में ही क्षमा किया जा सकता है।

पर सामाजिक व्यवस्था में ज्यादातर लोग क्या करते हैं ? छोटा बच्चा खेलेगा नहीं, बड़ा बच्चा पढ़ेगा नहीं, पत्नी बच्चों को सुबह उठायेगी नहीं और पति कमा कर लायेगा नहीं—और सारे के सारे बढ़-चढ़ कर मन और विचार की बात करेंगे। यदि परिवार में माँ, पिता और बच्चों में से किसी की इस दृष्टि से गलती है तो उसे पकड़ कर जिम्मेदार ठहराया जाना चाहिए। यदि इनमें से एक भी पक्ष अपना काम नहीं करता तो वह पूरे घर को ले डूबता है।

भौतिक शर्त की अपनी इस बात को बताने के बाद अब मैं मन की और विचार की बात ले सकता हूँ। मन और विचार के अनेक रूप हो सकते हैं, पर यहाँ इनके मोटे रूप ही ले लिये जायें। मोटे रूप में मन का मतलब सेक्स से और विचार का मतलब अध्यात्म से है। इसमें मैं कहूँगा कि हिन्दुस्तानी लोगों की सामाजिक संस्कृति ऐसी है कि इनके परिवारों में बिना कोई काम किये सेक्स और अध्यात्म की बातें की जाती हैं। यहाँ के प्रेमी और प्रेमिकाओं के जोड़े भी ऐसे हैं जो कुछ नहीं करते, बस प्रेम करते हैं। प्रेम में अपने समय को ऐसे नष्ट करते हैं जैसे वह उनके लिए कोई पेशा है। यदि प्रेम जाति प्रथा के विरोध में पड़ जाता है तो खुद समाज उनके लिए इसे पेशा बना देता है। फिर उन दोनों को इतना काम मिल जाता है कि किसी और काम को करने के लिए उनके पास समय ही नहीं बचता।

एक वह घरों में आध्यात्मिक श्रीमान बना बैठा रहता है। कोई उसके बारे में पूछेगा तो बताया जायेगा कि वे दाढ़ी-मूँछ बढ़ा कर महाराज जी बन गये हैं। महाराज जी बन गये हैं, ठीक है, पर उनसे यह तो पूछा जाना चाहिए कि आज के भजन के लिए उन्होंने काम क्या किया है ? भजन तभी हो सकेगा जब पेट में भोजन पड़ेगा और भोजन मुफ्त में पैदा नहीं होता—यह कमा कर लाया जाता है। पर वह कमाने का कोई काम नहीं करेगा और सुबह-शाम दोनों समय हाथ धो कर खाना खाने बैठ जायेगा। मेरे मत में, भगवान का भजन करने का अधिकार उसी मनुष्य को होना चाहिए जो अपना भोजन आप कमाता है। ये बिना काम के भक्ति के विशेषज्ञ और विद्वान समाज के किसी मर्ज की दवा नहीं हैं।

हिन्दुस्तान के परिवारों में एक तीसरी श्रेणी के वे लोग हैं जो गुस्से में या ऐरक में आ कर कुछ नहीं खायेंगे। अब सारा घर उनकी खुशामद करता फिरे। मतलब साफ है कि उनके मन की बात मानो। सब अंबेडकर के सामने पूना पैक्ट के आमरण अनशनवाले गाँधी बन जाते हैं।

इन्हीं बातों को सोच कर मैं मनुष्य के मन और विचार को सशर्त रखना चाहता हूँ। जब परिवार के तीनों पक्ष अपना भौतिक काम सही-सही कर रहे हों तब सेक्स और अध्यात्म के बारे में सोच कर देखो। फिर सेक्स में कोई औरत किसी से भी प्यार करे और अध्यात्म में कोई पुरुष कैसा भी ईश्वर माने—इनसे परिवार पर कोई खास फर्क नहीं पड़ता। मेरे खयाल में परिवार के इस समाधान में पति और पत्नी तथा बाद में बच्चों द्वारा यह कसम खायी जानी चाहिए कि हम इस परिवार के सदस्यों के रूप में अपने-अपने मूल भौतिक काम यथावत करते रहेंगे और अपने मन और विचारवाली सेक्स और अध्यात्म की समस्याओं की वजह से उन मूल भौतिक कामों को किसी भी दशा में नहीं त्यागेंगे। केवल इसी हालत में सेक्स और अध्यात्म की स्वतन्त्रता चल सकती है। नहीं तो इन्होंने गैर-जिम्मेदाराना ढंग से भारतीय परिवारों को तोड़ कर रख दिया है। सेक्स में बलात्कार न हो और अध्यात्म में अपना मत

दूसरों पर जबरन न थोपा जाये—ये इन दोनों विषयों की बाहरी सीमाएँ हैं। एक अच्छी सामाजिक व्यवस्था में मनुष्यों को भौतिक शर्तों की कीमत पर मन और विचार की बातें सुनने की आदत छोड़ कर कामुक बलात्कार और धार्मिक जिहाद से दूर रहने की जरूरत है।

मैंने पहले ही बताया है कि हिन्दुस्तान के लोग अपने घरों की बातें छुपाते हैं। अपने शास्त्रों में ये लोग दूसरों के सामने बड़े सौम्य बने दीखते हैं। लेकिन इस लिखित सौम्यता में इन्होंने अपने चेहरे के पीछे की अलिखित कुटिलता छिपा रखी है। इनके घरों और परिवारों में शंका, अविश्वास, चिंता, जलन, घृणा और द्वेष के कितने जहरीले कीड़े, मकोड़े और ततैए पल रहे हैं कि उनकी कोई गिनती नहीं है। इनकी भीतरी बातें सामने आयें, तो उनका इलाज ढूँढ़ा जाये। ये एक-दूसरे को अपना रोग तक नहीं बताते। घर में एक दिन का चैन नहीं और दूसरों को अपने परिवार के सदस्यों के बारे में ऐसा भावभीना परिचय देते हैं मानो स्वर्ग में रह रहे हों। यह पाखंड इनके दर्शन में भी है जो एक तरफ अद्वैती होता है और दूसरी तरफ अछूतवादी। संतोष की बात है कि यूरोप से प्रभावित आधुनिक उपन्यास तथा आत्मकथा साहित्य इन पाखंडियों की इस समाज व्यवस्था की कुछ अन्दरूनी बातों को सामने ला रहा है।

मुझे मालूम है कि इस विषय को कम विस्तार से नहीं कहा जाना चाहिए। या तो इसे छेड़ा न जाये और यदि छेड़ा जाये तो इसे पूरा उतारा जाये। चूँकि यह बात पहली बार कही जा रही है, इसलिए इसमें कम बोलने के खतरे ही खतरे हैं। एकदम गलतफहमी हो सकती है और सबसे पहले तुम्हीं मेरी विरोधी बन सकती हो। लेकिन मैं इस पत्र में इस बारे में इससे ज्यादा और कुछ नहीं कह सकूँगा। अभी इस प्रकरण को इतना पढ़ कर तुम अपनी शंकाएँ पैदा करो। उन सारी शंकाओं को मुझे बताओ। फिर मैं इस विषय पर अपनी पहली किताबों की तरह अलग से एक पूरी किताब लिखूँगा। विस्तार के साथ-साथ मैं उसमें खुद भी विकसित होऊँगा और यदि आवश्यकता पड़ी तो जिम्मेदारी के ढंग से परिवर्तित भी होता रहूँगा।

अन्त में फिर कहूँ कि हिन्दुस्तानी परिवार बिना किसी से सीख लिये आपस में कुत्ते और बिल्लियों की तरह सुबह और शाम लड़ाई का रोज रियाज किया करते हैं। इनमें से कोई एक सदा के लिए दूसरे के सामने म्याऊँ बन जाता है। इसे सामाजिक इज्जत कहो, या ब्लैकमेल करना कहो, या शादी के समय सिर पर बालों की संख्या के बराबर बोला गया झूठ कहो—कुछ भी कहो। चाहे ब्लड प्रेशर बढ़े, चाहे गम के मारे शरीर शराब में चुक जाये, चाहे प्रेमी और प्रेमिका की तलाश करने निकल जायें, चाहे कोठों पर जा कर भाडू और वेश्याएँ बने, और चाहे दूसरे छोर के संन्यासी और संन्यासिनी बन जायें—जिनकी समस्या है इसका समाधान उन्हें ही निकालना है। मैं इतनी-सी हाय-हाय कर लूँगा कि पति और पत्नी के बनने की सामाजिक प्रक्रिया में मेरे मूल पुरुष और मूल नारियाँ कहीं बिसर गये हैं।

एक नामहीन पीड़ा

इला र. भट्ट

शिक्षित गृहिणियों के सुख-दुख के अध्ययन में अभी तक मुझे एक भी गृहिणी ऐसी नहीं मिली जो अपने घर के कामकाज से तथा बच्चों से पूरी तरह संतुष्ट हो। पहला सवाल पूछने पर तो फौरन तोतारटंत-सा जवाब मिलता है कि उसे कोई दुख नहीं है, मगर थोड़ा-सा उलट कर पूछते ही उनके भीतर का गुबार बाहर आने लगता है। यह बात वैसे गरीब श्रमजीवी स्त्रियों की नहीं है, क्योंकि उनके लिए तो न घर का काम है, न बच्चों की परवरिश। उनकी तकदीर में तो बस मजदूरी ही लिखी है। मध्य वर्ग के स्त्री समुदाय की शिक्षित, पैसे टके से सुखी, धनवान गृहिणियों की यह कथा है। उनका कहना है कि 'स्त्रियों को शोभा देनेवाला सब कुछ मैं करती हूँ। मेरी कुछ हॉबियाँ हैं, मैं बगीचे पर ध्यान देती हूँ, अचार, शरबत, केक आदि बनाती हूँ, मित्रों को चाय-नाश्ते और खाने पर आमंत्रित करती हूँ। पत्र-पत्रिकाएँ पढ़ती हूँ, महिला मण्डल की सदस्या हूँ, अभिभावकों की सभा में जाना कभी नहीं चूकती। यह सब मुझे अच्छा लगता है, मैंने कभी नौकरी करने जाने की इच्छा नहीं पाली। मेरे पति मुझ पर काफी स्नेह रखते हैं। मेरा अपना घर है, मेरे माता-पिता, भाई हैं जिसे नाम ले कर बताया जा सके, ऐसी कोई समस्या मेरे सामने नहीं है। फिर भी मैं सदा ही व्यग्र रहती हूँ। जैसे मेरा कोई अस्तित्व ही न हो। मेरे मन को जैसे किसी बात की खुशी होती ही नहीं। जैसे मैं खाना पकानेवाली, बिस्तर लगानेवाली, बच्चों को साफ-सूफ रखनेवाली ही भर न होऊँ। कुछ इस तरह से मैं अपने-आपको देखती हूँ। यों तो मेरे पति मेरा सम्मान करते हैं, फिर भी मुझे ऐसा लगता है, घंटी बजने पर जैसे चपरासी उपस्थित होता है, वैसे ही मैं आवश्यकता पड़ने पर तुरन्त सेवा में उपस्थित हो जानेवाली स्त्री हूँ। मैं कौन हूँ ?'

दूसरी एक बहन कहती हैं, 'मैं बहुत सोती हूँ। मुझे इतनी अधिक थकान क्यों लगती है, यही मेरी समझ में नहीं आता। घर में दो-दो नौकरों के होने से मेरे लिए अधिक काम नहीं होता। बच्चे भी अब बड़े हो गये हैं, खुद अपना काम करने लग गये हैं। यह थकान काम की तो नहीं ही है। मैं जीते जी मरे जैसी हूँ।'

यह एक काफी धनवान स्त्री की बात है। खुद ही का डिज़ाइन किया हुआ बड़ा भारी बंगला, आधुनिक किस्म का बड़ा सारा चौका, हर तरह के बिजली के साधन। मैं जब उनसे मिलने के लिए गयी तो वे खुद बैठ कर मांगरोली खाखरे बना रही थीं। एक कोने में एक बच्चे की अधसिली फ्रॉक रखी थी। दीवार पर एक ऊन का वॉल हैंगिंग तैयार हो रहा था। बच्चों का कलर बॉक्स तथा कागज चौके में बिखरे से पड़े थे। चौके से लगा कर पूरा घर काफी कलात्मक ढंग से सजा हुआ था। उनके साथ काफी देर तक निजी किस्म की बातें हुईं। इस बातचीत के दौरान उन्होंने बार-बार कहा कि 'मेरे मन में किसी किस्म की निराशा नहीं है। अपने तीन बच्चों से मैं पल भर के लिए भी दूर नहीं होना चाहती। बच्चों के साथ मेरे दिन आनन्दपूर्वक बीत जाते हैं।'

मैंने मन ही मन सोचा कि चलो अंततः कम से कम एक तो सुखी-संतोषी स्त्री मिली। घर से बाहर निकल कर वे मुझे विदाई दे रही थीं, उसी बीच उनकी दूधवाली आयी और हुलस कर खड़ी रही। वह स्त्री सहज ही बोल उठी, 'मुझे तो इस जेवर से इतनी ईर्ष्या होती है कि बस।'

मैंने चौंक कर पूछा, 'आप मज़ाक कर रही हैं ?'

'नहीं, सच कह रही हूँ।' वे रो पड़ीं, 'मुझे ईर्ष्या इसलिए होती है कि जेवर को पता है कि उसे जिंदगी में क्या प्राप्त करना है और मुझे पता नहीं है। मुझे इसका पता कभी चला ही नहीं। जब गर्भवती होती हूँ तब कुछ अच्छा लगता है कि मैं भी कुछ हूँ। मगर ये बच्चे देखते-देखते बड़े हो जायेंगे, फिर मेरा क्या होगा ?'

हर गृहिणी के हृदय में थोड़ा-सा टटोलो तो वह फड़फड़ाने लगता है। पुराणों, साहित्यकारों, विशेषज्ञों द्वारा उकेरी गयी आदर्श स्त्री की प्रतिमा के साथ इस फड़फड़ाने का मेल नहीं बैठता। हर कोई आदर्श प्रतिमा जैसा होना चाहता है। मगर सवाल यह है कि वह प्रतिमा क्या आदर्श प्रतिमा है ? ये सवाल वे अपने मन से नहीं पूछतीं। वैज्ञानिकों ने 'स्त्री' नाम के विषय पर अध्ययन किये हैं, डॉक्टरों ने उनका इलाज किया है। बुजुर्गों, शुभेच्छुओं, सामाजिक कार्यकर्ताओं तथा मनोवैज्ञानिकों ने स्त्रियों को सलाहें दी हैं। लेखकों ने उन पर कहानियाँ लिखी हैं। मगर उन्होंने जगत के प्रदर्शन चौक में स्थापित प्रतिमा के मापदंडों से ही हर स्त्री की पड़ताल की, उसे नापा-तौला है, सलाह दी है, देखभाल की है फिर भी उसे चैन नहीं मिला है। वह ऐसी बीमारी से या समस्या से पीड़ित है, जिसका कोई नाम नहीं है।

दिल खोल कर बात करते समय गृहिणी बताती है कि 'मुझे दिन भर काम

रहता है। इससे मुझे बहुत ऊब होती है। सब जगह दौड़ती फिरती हूँ। सुबह जल्दी उठने से लगा कर देर रात तक पैर मोड़ कर बैठने की बारी नहीं आती। फिर भी मुझसे कहा जाता है कि 'तुमको काम ही क्या है ?' अधिक से अधिक बाज़ार की ओर निकल पड़ती हूँ कि खरीद-फरोख्त का आनन्द ही मिले। पर होता तो वह भी क्षणिक ही है।'

सच में गृहिणियों से मुलाकात का समय लेना भी कई बार मुश्किल हो जाता है।

क्यों ? क्योंकि उनके पास समय नहीं होता। आधुनिक साधनों से विहीन हमारी दादी माँ भी घर के काम में इतना अधिक समय गुजारती होंगी। जो काम एक घण्टे में हो सकता है, जैसे कपड़ों की सफाई, उसके पीछे छह घण्टे बिताने की यह तरकीब किसने खोजी होगी—यह भी विचारणीय मसला है। घर-काम की इतनी भी अधिक क्या महिमा ? स्त्री को घर का काम भी अच्छा लगता है और नहीं भी लगता। यह भी कैसा विरोधाभास है।

समाज में स्त्री परापूर्व से घर काम की गुलाम नहीं थी। मगर जिस घड़ी से समाज के विकास में स्त्री की सम्पूर्ण साझेदारी पर अंकुश लगाया गया, उसी घड़ी से मनुष्य के रूप में उसकी कीमत कम होती चली गयी। विज्ञान, शिक्षा, राजनीति, अर्थशास्त्र सभी ने मिल कर षड्यंत्र रचा है कि स्त्री का प्रथम और एकमात्र कर्तव्य घर और बच्चे ही बन बैठे हैं। स्त्री खुद ही विचारशून्यता की हद तक मानने लगी है कि 'स्त्री का स्थान घर में ही है।' इतना ही नहीं, बल्कि उसे एक महिमामंडित आदर्श बना दिया गया है। कारावास को अधिकाधिक सुविधाजनक बनाने के लिए व्यवस्थित षड्यंत्र रचा हुआ है और इसका पता आधुनिक गृहिणी को शायद ही हो।

अमेरिका में तो घरेलू इस्तेमाल की चीजें बनानेवाले बड़े-बड़े व्यापारी-गृहों में स्त्रियों के मन तथा उनकी भावनाओं का गहरा शोधात्मक अध्ययन किया जाता है। ऐसे ही एक अहवाल में था कि स्त्रियों में शिक्षा की तादाद तेज़ी से बढ़ रही है। यह हमारे लिए एक खतरनाक बात है। अगर स्त्रियाँ पढ़-लिख कर व्यवसायी बनने लगेंगी तो इस स्थिति में उनको खरीदी करने का समय रह जायेगा न शौक। वे शिक्षित तो हों, मगर फिर भी रहें घर ही में—ऐसी योजना के बारे में अपने को सोचना पड़ेगा। और इसका एक ही रास्ता है कि उन पर गृहिणी का ही व्यवसाय चस्पां किया जाये। गृह संचालन को ही इतना रचनात्मक बनाया जाये कि उसी में उसे अपनी होशियारी दिखाने का अवसर मिले और समाज में उसका गौरव बढ़े।

ऐसे ही एक अन्य व्यापारगृह के अहवाल में स्त्रियों को तीन विभागों में बाँट दिया गया है : सच्ची गृहिणी, व्यवसायी गृहिणी, समतोल गृहसंचालन। सच्ची गृहिणी विभाग की स्त्रियाँ वे हैं जिन्हें घर के काम-काज से संपूर्ण संतोष प्राप्त होता है, जिन्हें घर से बाहर किसी चीज में दिलचस्पी नहीं है और जिन्हें खुद अपने से काम करने में न तो ऊब होती है न ही छोटेपन का एहसास होता है। बाजार की दृष्टि से देखा

जाये तो ये स्त्रियाँ अधिक उपयोगी नहीं हैं, क्योंकि इनकी खरीद-शक्ति कमजोर है। व्यवसायी गृहिणी विभाग के पीछे बाज़ार की दृष्टि से अधिक मेहनत करना लाभदायी नहीं है, क्योंकि वे मूल में ही नहीं मानतीं कि स्त्री का स्थान घर है और फिर खरीदी के मामले में वे बहुत सोच-विचार करती हैं। संतुलित गृह संचालक विभाग की स्त्रियाँ बाज़ार की दृष्टि से आदर्श मानी जाती हैं, क्योंकि उनकी कुछ दिलचस्पियाँ घर के बाहर भी हैं, वे शिक्षित हैं, इनकी अपनी खरीद शक्ति भी है, सबसे मिलती-जुलती भी रहती हैं, इसलिए आधुनिक साधनों का दिखावा भी कर सकती हैं, प्रचार के लिए उपयोगी हैं। यही वजह है कि उन्हें तरह-तरह के विज्ञापनों से आकर्षित भी किया जा सकता है। परिणामस्वरूप गृह संचालन में वे रचनात्मकता का आनन्द (क्षणिक ही सही) प्राप्त करती हैं और घर से बँधी रहती हैं। सुशिक्षित, धनिक युवती जब घर-परिवार से हिलगी रहती है तो गृहिणी पद की महिमा और भी बढ़ जाती है। घरेलू उपयोग के साधनों को और अधिक उलझन भरा बनाया जाये, ताकि गृहिणी को उनके इस्तेमाल में बुद्धि खर्च करने की तसल्ली भी मिल सके।

कई साधनों से घिरी गृहिणी पल भर के लिए अपनी ऊब को भूल जायेगी। कीमती डिटरजेंट के माध्यम से चमचमाते हुए बाथरूम को देख कर उसे पल भर को उपलब्धि का संतोष मिलेगा। तब थोड़ी ही देर बाद पति-बच्चे-मेहमान फिर पैर रख कर उसे गंदा कर देंगे, इस बात को तो वह भूल ही जाती है। नयी चीज़ों को बसा लेने भर से भीतरी गड़बड़ से भरा असंतोष शांत हो जायेगा ?

ऐसी माताएँ अपनी बेटियों को भी पढ़ा-लिखाकर इसी चक्कर में कोल्हू के बैल की तरह जोत देती हैं। चीज़ों से भरे गृहकारागार में सोने की जंजीरों को आभूषण मान कर उसमें बंद हो रहती हैं। और फिर वो ही उनको रास आ जाती हैं। बाहरी दुनिया की हवा से उनको बेचैनी होने लगती है। किसी भी किस्म की चुनौती लेने की शक्ति ही वे जैसे खो बैठती हैं। भीतर ही भीतर पीड़ित होती रहती हैं। बीमारी क्या है, इसका पता ही नहीं चल पाता।

गृहिणियों के इस बृहद समाज को सहायता की बड़ी आवश्यकता है। भले ही वे घर-परिवार के पीछे ही जिंदगी बिता दें, मगर उनके हिए का बोझ कम करने का प्रश्न है। यह खोज तो उसे खुद ही साहस के साथ करनी होगी। कई तरह के संघर्षों से गुजरना होगा। आत्म खोज करनेवाले कभी अफसोस नहीं करते, दुख नहीं मानते। फिर उन्हें सिर्फ पति या बच्चों के माध्यम से ही अपना जीवन जीने की लाचारी न होगी। उसका अपना एक अलग अस्तित्व होगा। ऐसी एक गृहिणी अपने पति-बच्चों को अधिक ईमानदारी से चाह सकेगी। पुरुष भी स्त्री के प्रेम और शक्ति से भयभीत न होंगे या यों कहा जाये कि अपने पुरुषत्व को प्रमाणित करने के लिए स्त्री को कमजोर या नीचा नहीं दिखायेंगे। दोनों जैसे होंगे, वैसे ही दिखेंगे और तब मनुष्य के उत्थान में एक पेशकदमी होगी।

विवाह : पवित्र बंधन या बेड़ी ?

उषा महाजन

1994, अंतर्राष्ट्रीय परिवार वर्ष।

27-28 सितंबर।

दिल्ली कानूनी सहायता एवं सलाह बोर्ड द्वारा इंडिया इंटरनेशनल सेंटर में 'दांपत्य संबंध और परिवार परामर्श' विषय पर आयोजित द्विदिवसीय कार्यशाला विशेष सामाजिक महत्व की रही, क्योंकि इसमें उच्चतम न्यायालय के तत्कालीन मुख्य न्यायाधीश न्यायमूर्ति ए. एम. अहमदी तथा दिल्ली उच्च न्यायालय के तत्कालीन मुख्य न्यायाधीश न्यायमूर्ति एम. जगन्नाथ राव सहित उच्चतम न्यायालय, उच्च न्यायालय एवं सत्र न्यायालयों के गण्यमान्य न्यायाधीशों, अधिवक्ताओं, मनोचिकित्सकों, विश्वविद्यालयों के प्रोफेसरों, राजनीतिज्ञों एवं तमाम गैर-सरकारी महिला संगठनों के परामर्शदाताओं ने सम्मिलित रूप से दांपत्य संबंधों में कटुता लानेवाले कारणों और उनके निदान के उपायों पर सकारात्मक विचार-विनिमय किया।

इस कार्यशाला में पढ़े परचों और वक्तव्यों द्वारा भारतीय समाज के दांपत्य जीवन में दिनों-दिन बढ़ते वैमनस्य से संबंधित अनेक नये मुद्दे उभर कर आये।

यह बात समवेत रूप से प्रतिध्वनित हुई कि यद्यपि जनसंख्या के अनुपात में हमारे यहाँ तलाकों की संख्या बहुत सीमित है, लेकिन दांपत्य संबंधों में बिखराव और कटुता के मामले पिछले दो दशकों में अनपेक्षित रूप से बढ़े हैं। औरतों की आजादी और उनकी समानाधिकारों की माँग ने दांपत्य संबंधों के पारंपरिक ढाँचे को तोड़ दिया है। महिलाएँ अब पति के गलत व्यवहार को चुपचाप सहन नहीं करतीं। आर्थिक स्वतंत्रता ने उनमें एक प्रकार की सुरक्षा और आत्म-सम्मान की भावना को जन्म दिया है जो हमारे पुरुष-प्रधान समाज में 'अहं' के टकरावों का कारण बन गयी है। आपसी समझ की भावना के अभाव में छोटी-छोटी समस्याएँ भी विकराल

रूप धारण कर पति-पत्नी के परस्पर संबंधों में जहर घोलने लगी हैं।

दहेज की माँग हमारे यहाँ दांपत्य संबंधों में दरार डालने का एक अविवादित कारण है, लेकिन इसके अलावा भी अनेक मनोवैज्ञानिक एवं व्यवहार-जन्य कारण दांपत्य को खोखला कर देते हैं जिनके बारे में आम तौर पर लोगों को जानकारी नहीं होती। ऐसे में विवाह के आरंभिक दिनों से ही रिश्तों में कटुता आने लगती है जो उचित परामर्श और डॉक्टरी सहायता (मनोवैज्ञानिक सेक्स संबंधी) के अभाव में संबंधों को टूटने की स्थिति तक पहुँचा देती है।

ये कारण देखने-सुनने में मामूली लगते हैं—मसलन परिवार का खर्च चलाने का तरीका, बच्चों के पालन-पोषण का ढंग, ससुरालवालों से संबंध, पति या पत्नी की आदतें अथवा मिजाज, शराब अथवा नशीली दवाओं का सेवन, जुआ खेलना, एक-दूसरे की रुचियों का खयाल न करना, मानसिक स्तर में अंतर आदि। इसी तरह पति या पत्नी का मूडी होना, उनमें से एक में या दोनों में सहनशीलता की कमी होना, दूसरे पर हावी होना, शक अथवा ईर्ष्या से ग्रस्त होना भी उन्हें एक-दूसरे से विरक्त करने का कारण बन सकता है। पति या पत्नी दोनों में से किसी एक का अथवा दोनों का अवसाद, दुश्चिंता, सम्मोह या सित्जोफ्रेनिया जैसे मनोविकारों से पीड़ित होना भी सहज दांपत्य में बाधक बनता है। विवाहपूर्व अथवा विवाहेतर यौन संबंध रखनेवाले पति या पत्नी अक्सर शक, ईर्ष्या, लड़ाई-झगड़ों और तनावों से जूझते ही अपने वैवाहिक जीवन को झेलते मिलते हैं। यौन संबंधों में संतुष्टि न मिलना, पति का नपुंसक अथवा समलिंगी होना, पत्नी का मंदकामी होना विवाहों के टूटने के प्रच्छन्न कारण होते हैं। कभी-कभी पत्नी का पति से अधिक योग्य होना भी उनके विलगाव का कारण बनता है।

अखिल भारतीय आयुर्विज्ञान संस्थान की मनोचिकित्सक डॉ. मंजु मेहता ने बताया कि शादी के तुरंत बाद ही मानसिक परेशानियों से पीड़ित पति और पत्नियाँ उनके पास बड़ी-बड़ी तादाद में आते हैं। विवाह के शुरू का समय नवविवाहिताओं पर बहुत ज्यादा मानसिक दबाव डालता है जब उन्हें अपने नये जीवन में तरह-तरह के समायोजन करने पड़ते हैं। विवाह के बाद का यह समय न्यूरॉसिस (मनस्ताप) या सित्जोफ्रेनिया से पीड़ित व्यक्ति के लिए विशेष कष्टकर होता है। वह किसी भी विपरीत स्थिति से प्रभावित हो कर अवसादग्रस्त हो सकता है और ऐसे में उसकी भूख-प्यास जाती रहती है, उसे सिरदर्द या तरह-तरह की दुश्चिंताएँ घेरने लगती हैं। इस तरह के मामलों में उन्हें मनोवैज्ञानिक अथवा मनोचिकित्सक को दिखाना जरूरी होता है, लेकिन अक्सर होता यह है कि पति/पत्नी यह समझ ही नहीं पाते कि उन्हें हुआ क्या है और उनकी परेशानी का समाधान कैसे हो। अतः समाधान ढूँढ़ने के बजाय वे एक-दूसरे को उकसानेवाले काम करने लगते हैं। ताने कसना, लड़ाई-झगड़ा, मार-पीट और एक-दूसरे का तिरस्कार करना धीरे-धीरे उनके जीवन जीने का ढंग

बन जाता है। निराशा, अवसाद, चिड़चिड़ापन, कड़वाहट और निरपेक्षता उनके स्वभाव में शुमार होने लगती है। महानगरों और बड़े नगरों में अब मनोवैज्ञानिकों, मनोचिकित्सकों और मनोविश्लेषकों का अपना नियमित ग्राहक समुदाय है। यहाँ तक कि छोटे शहरों में भी लोग इनकी जरूरत और महत्व से अनभिज्ञ नहीं रहे हैं। दिल्ली निवासी अंतर्राष्ट्रीय ख्यातिप्राप्त मनोविश्लेषक डॉ. सुधीर कक्कड़ ने बताया कि दांपत्य से जुड़ी परेशानियों के शिकार रोगी उनके पास अधिक संख्या में आते हैं। कई ऐसे भी आते हैं जो शादी न होने के कारण भी बहुत अधिक डिप्रेशन के शिकार हो चुके होते हैं। कई तो इस हद तक मनस्तापी (साइकॉटिक) हो चुके होते हैं कि उनसे बात भी नहीं हो पाती। इनमें अधिकतर महिलाएँ होती हैं, जिनका आयु वर्ग 25 से 50 वर्ष के बीच का होता है। विवाहित और अविवाहित दोनों सामाजिक स्तरों की महिलाएँ उनके पास संबंधों (रिलेशनशिप), पारिवारिक समस्याओं, सेक्स और प्रेम संबंधों की परेशानियों से उत्पन्न तनावों को ले कर आती हैं।

तनावों की बात चलने पर उन्होंने बताया कि तनाव तो किसी को भी नहीं छोड़तें, लेकिन शायद मध्य और उच्च-मध्य वर्ग में ही सबसे ज्यादा तनाव होते हैं। अमीर तो अपनी सभी इच्छाओं की पूर्ति कर सकते हैं, गरीबों को समाज की बातों की परवाह नहीं होती। पर मध्य और उच्च-मध्य वर्ग को हमेशा यही लगा रहता है कि यह ठीक नहीं, वह ठीक नहीं, लोग क्या कहेंगे। मध्यवर्गीय आदमी को नैतिकता के तकाजों, परंपराओं, परिवार और अपनी दमित व्यक्तिगत इच्छाओं के बीच चल रहे द्वंद्व के कारण हमेशा तनावों में जीना पड़ता है। स्त्रियों और पुरुषों के तनावों में कोई अंतर नहीं होता, लेकिन उनकी अभिव्यक्ति में फर्क जरूर होता है। पुरुषों में तनाव से शारीरिक लक्षण ज्यादा उभरते हैं जिन्हें 'सोमेटिक मैनीफेस्टेशन' कहते हैं। जैसे सिरदर्द होना या ब्लडप्रैशर बढ़ जाना। औरतें तो रो लेती हैं, पुरुष रोते नहीं, इसलिए उनका दर्द बाहर नहीं निकल पाता, लिहाजा शारीरिक असंतुलन में प्रकट होने लगता है।

□

पिछले कुछ दशकों में भारत के शहरी समाज में, विशेषकर महानगरों और बड़े नगरों में लोगों के अंतर्वैयक्तिक संबंधों में आमूल-चूल परिवर्तन आये हैं। लोगों के पास पड़ोसियों, रिश्तेदारों और यहाँ तक कि अपने बच्चों और माता-पिता के लिए भी वक्त नहीं रहा है। जीवन के हर क्षेत्र में एक अजीब-सी कमरतोड़ प्रतिस्पर्धा और आपाधापी हावी हो गयी है। आपसी समझ और संवेदनशीलता धीरे-धीरे हमारे स्वभाव से कटते रहे हैं। जीवन-मूल्यों के इस संक्रमण काल में जो संबंध सबसे अधिक प्रभावित हुए हैं—वह है पति-पत्नी के बीच के रिश्ते।

समाज विरोधाभासों का पुलिन्दा-सा नजर आता है। जहाँ एक ओर स्त्री शिक्षा

और समान अधिकारों के तहत दहेज का प्रचलन एकदम बंद हो जाना चाहिए था, वहीं दहेज के लिए नववधुओं को दी जानेवाली यंत्रणाएँ, उनकी हत्याएँ और आत्महत्याएँ समाज में सुखद दांपत्य की कल्पना को धूमिल किये दे रहे हैं।

एक और परिदृश्य उभरा है जिसने पुरुष और स्त्री के मध्य एक नयी समस्या खड़ी कर दी है—उनके आपसी 'अहं' के टकराव क़ी समस्या। स्त्री की अस्मिता की तलाश अपने ऊपर सदियों से चले आ रहे पुरुष आधिपत्य को एकाएक चुनौती देने लगी है। आज की स्त्री अपनी माँ और दादी-नानी की पीढ़ी से हट कर सोचती है। उसकी सोच में अपनी प्राथमिकताओं को लेकर क्रांतिकारी परिवर्तन आये हैं। वह कहती है कि माँ या दादी, अपने पतियों के तमाम अन्याय सहते हुए, एक अस्तित्वहीन और नीरस जीवन बिताते हुए भी उन्हें पति-परमेश्वर मान कर पूज सकती थीं। लेकिन वह ऐसा नहीं कर सकती, क्योंकि वह समझती है कि उसे भी जीवन जीने का वही और उतना ही अधिकार है जो और जितना उसके पति को है। वह बुद्धि और सक्षमता में उससे कतई कम नहीं तो क्यों उसकी प्रधानता स्वीकार करे ?

सदियों से आधिपत्य जमाने का अभ्यस्त पुरुष भला समकक्षता का यह दावा इतनी सहजता से कैसे स्वीकार ले ! बस, यहीं से शुरू होता है, उनके अहं का परस्पर टकराव। आपसी समझ और संवेदनशीलता के अभाव में टकराव की यह स्थिति पति-पत्नी को कभी-कभी इतने असह्य मानसिक तनावों तक ले जाती है कि वे आत्महत्या तक की सोचने को बाध्य होने लगते हैं।

दिल्ली में लगभग पाँच साल से सक्रिय आत्महत्या निरोधक संस्था 'सुमैत्री' के निदेशक कृष्ण कलसी ने बताया कि उनके यहाँ दिन-भर करीब नौ-दस लोगों के ऐसे मामले आते हैं या उनके फोन आते हैं जो अपनी जिंदगी की मौजूदा स्थितियों से तंग आ कर आत्महत्या करने की सोच रहे होते हैं। इनमें तकरीबन 55 फीसदी महिलाएँ और 45 फीसदी पुरुष होते हैं। इनकी मुख्य समस्या होती है अंतर्वैयक्तिक संबंधों में तालमेल न बैठा पाने के कारण तनाव होना। दांपत्य संबंध इनमें सबसे अहम मुद्दे होते हैं। लगभग 40 फीसदी मामलों में पाया गया कि समस्या का मुख्य कारण या तो दांपत्य संबंध या विवाह से जुड़ी स्थितियाँ रहीं। यौन संबंध या व्यक्ति की यौन प्रवृत्तियों से उपजी परेशानियों का उसके मानसिक तनावों से सीधा जुड़ाव पाया गया। प्रेम में विफलता, विवाह न हो पाना आदि स्त्री और पुरुष दोनों को सामान्य रूप से अवसादग्रस्त करते हैं।

लेकिन अधिकतर मामलों में महिलाओं की समस्याएँ पति या सास-ससुर के साथ न निभा पाने की होती हैं। विवाहेतर संबंधों की समस्याओं से उपजे तनाव को ले कर पुरुष भी आते हैं और स्त्रियाँ भी। कई बार ऐसे भी मामले आते हैं जिनमें पुरुष अपने जीवन-साथी की ज्यादतियों से अथवा अवहेलना से इतना विचलित हो चुका होता है कि आत्महत्या के सिवाय और कोई रास्ता ही उसे नहीं सूझता।

'सुमैत्री' में आये एक सज्जन ने बताया कि उनका दांपत्य जीवन एक मामूली-सी बात के कारण टूटने की कगार पर आ पहुँचा है। उनकी अच्छी-खासी नौकरी है, अच्छे पढ़े-लिखे हैं, लेकिन अपनी पत्नी की अपेक्षा के अनुरूप वे फर्राटेदार अंग्रेजी नहीं बोल पाते, न उसकी तरह अंग्रेजी के उपन्यास पढ़ पाते हैं। विवाह के पहले उनकी पत्नी उनसे मिल चुकी थी। लेकिन मुलाकात इतनी लंबी नहीं हुई थी कि वह जान पाती कि उनकी रुचियाँ आपस में मिलती थीं या नहीं। शादी के बाद उसे पता लगा कि उसके पति तो फूहड़ थे और उनका मानसिक स्तर कतई उसके अनुरूप नहीं। बस, धीरे-धीरे वह उनसे विरक्त होती गयी और अब हालात यहाँ तक आ पहुँचे हैं कि वह उन्हें अपने करीब तक फटकने नहीं देती, न ही अपने बच्चे को छूने देती है कि कहीं वह भी उनके जैसा न बन जाये। एक ओर तो लोगों के सामने वे गर्व से कहते हैं कि उन्हें कितनी स्मार्ट और पढ़ी-लिखी पत्नी मिली है, दूसरी तरफ उनके अंदर एक हीन भाव है कि वे उसके सामने कितने नाकाबिल हैं। पत्नी को छोड़ते हैं तो लोग कहेंगे कि खुद ही वह उसके काबिल नहीं होंगे, उसमें तो कोई कमी नहीं दिखती। द्वंद्व की यह स्थिति अब उनके लिए सहनीयता की सीमा पार कर चुकी है।

ऐसे ही कुछ मामलों के बारे में मानसिक स्वास्थ्य से जुड़ी समाजसेवी संस्था 'संजीवनी' की सलाहकारों रीना नाथ और नीता ने भी बताया। पत्नी का आर्थिक रूप से अपने से अधिक सुदृढ़ होना या उसका अपने से ऊँची नौकरी में होना अक्सर ही पुरुष के भीतर एक हीन भावना को जन्म दे देता है जो संतुलित दांपत्य के लिए घातक सिद्ध होता है। 'संजीवनी' में ऐसे पुरुष भी अपनी परेशानियाँ ले कर आये हैं जिनकी पत्नियाँ उन्हें पीटती हैं। बेशक ऐसे मामले कम ही होंगे, लेकिन इतना तो परिलक्षित हो ही रहा है कि तराजू के पलड़े अब एक ही ओर झुके या उठे नहीं रहे। फिर भी, दांपत्य की अधिकतर समस्याओं से स्त्रियों को ही जूझना पड़ता है, चाहे वे पति को ले कर हों या ससुराल के अन्य सदस्यों के साथ निबाह को ले कर। उनकी मानसिक परेशानियाँ कई तरह की हो सकती हैं। घरेलू पत्नी की एक सामान्य समस्या है—यह शक कि कहीं उसके पति के किसी अन्य स्त्री के साथ अवैध संबंध तो नहीं, क्योंकि अब दफ्तरों में उनके साथ ऐसी अनेक औरतें भी काम करती हैं जो उससे (पत्नी से) अधिक स्मार्ट और सुरुचिपूर्ण हो सकती हैं और उसके पति को आकर्षित कर सकती हैं। ऐसे ही एक मामले के बारे में बताते हुए रीना नाथ ने कहा कि एक महिला उनके पास आयीं और बताया कि उन्हें शक है कि उनके पति के किसी स्त्री के साथ अवैध संबंध हैं और इससे उन्हें बेइंतहा मानसिक तनाव से गुजरना पड़ रहा है। वे हर समय अपने पति का पीछा करती रहती हैं कि वे कहाँ हैं, क्या कर रहे हैं। थोड़ी-थोड़ी देर में दफ्तर में फोन कर जानकारी लेती रहती हैं। यह महिला 'संजीवनी' में तीन-चार बार आयीं। बारंबार अपने मन

की भड़ास निकाल कर उनका जी कुछ हलका हुआ तो अपनी अंतिम मुलाकात के दौरान वे स्वयं ही कहने लगीं कि उनके पति तो बहुत अच्छे हैं। हो सकता है कि यह उनके मन का संदेह मात्र ही हो, क्योंकि वे अपने आपको किन्हीं शारीरिक दोषों के कारण अपने पति के अनुरूप नहीं पातीं।

दांपत्य संबंधों को कटु बनाने में शक की अहम भूमिका हो गयी है। ऐसा ही शक अक्सर पति भी अपनी कामकाजी पत्नियों के बारे में पाल लेते हैं, लेकिन कभी-कभी ऐसे शक सच भी हुआ करते हैं जैसा कि महिला अपराध शाखा की अनगिनत केस फाइलों में पाया गया। वैवाहिक कुसामंजस्य की परिणति अक्सर पति या पत्नी को विवाहेतर अवैध संबंधों की ओर ढकेल देती है। ऐसे संबंध यद्यपि उनके अहं को सामयिक तुष्टि तो देते हैं, लेकिन उसकी कीमत उन्हें अपराध बोध से जनित मानसिक तनावों और परिवार के टूटने से चुकानी पड़ती है। 29 और 30 अक्तूबर, 1994 के 'जनसत्ता' में छपा हाल का एक मामला देखिए—पूर्व केंद्रीय मंत्री श्री अरुण नेहरू की पुत्री राधिका का विवाह दिसंबर '88 में जहाजरानी उद्योगपति रवि टिक्कू के बेटे विक्रम टिक्कू से हुआ था। शादी के बाद दंपति अमेरिका और कनाडा गये। चार सालों के बाद वहाँ से लौट सन् 1992 में वे दिल्ली के हौज खास इलाके में रहने लगे। फिर वहाँ से भी वे दक्षिण-पश्चिम दिल्ली के घिटौनी गाँव के अपने फार्म हाउस 'विला रोजा' में आ गये।

यहाँ आने के बाद से राधिका को उसके पति विक्रम और ससुर रवि टिक्कू ने मानसिक और शारीरिक रूप से परेशान करना शुरू कर दिया। कई बार उसकी पिटाई भी की गयी। महिला अपराध शाखा में लिखायी रपट में राधिका ने आरोप लगाया कि मायके से दहेज में मिला सामान भी उससे यह कह कर ले लिया गया कि उसे हिफाजत से कहीं और रखा जायेगा। लेकिन यह मामला मूल रूप से 'दहेज' के लिए प्रताड़ना का मामला नहीं था। अपने पिता और ससुर के खिलाफ वसंत कुंज थाने में भारतीय दंड संहिता की धारा 406 तथा 498-ए के तहत मामला दर्ज कराते हुए राधिका ने रहस्योद्‌घाटन किया कि उसके पति विक्रम के किसी दूसरी महिला के साथ अवैध संबंध हैं और वह दूसरी महिला है रवि टिक्कू की ही निजी सहायिका। विक्रम अक्सर उक्त महिला के साथ खरीदारी आदि करने जाया करता था। इन संबंधों को ले कर राधिका ने जब अपने पति से एतराज जताया तो उसने उसे मारना-पीटना शुरू कर दिया और एक बार तो इतना पीटा कि उसके एक हाथ की हड्डी भी टूट गयी। राधिका ने पाँच करोड़ रुपये की राशि का स्त्री-धन वापस पाने का दावा भी महिला अपराध शाखा के जरिये किया है।

यद्यपि यह मामला बड़े लोगों का है और समझा यह जाता है कि उन्हें ऐसी बातों से कोई फर्क नहीं पड़ता और उनके यहाँ ऐसा आम होता रहता है, लेकिन राधिका की दर्ज करायी प्रथम सूचना रपट ने उच्चवर्ग के अंतरंग जगत के भी कई

रहस्यों से परदा खोल दिया है कि वहाँ भी औरत उतनी ही अकेली, बेसहारा और निहत्थी होती है जितनी कहीं और और वहाँ भी बदनामी और परिवारवालों को कष्ट देने से बचने के लिए वह एक अरसे तक शारीरिक और मानसिक यंत्रणाओं को चुपचाप उतने ही धैर्य से झेलती रहती है जितनी एक आम मध्यवर्गीय औरत। यह अवश्य है कि ऐसे मामलों में फँसे मध्यवर्गीय स्त्री-पुरुष उच्च वर्ग के स्त्री-पुरुषों की अपेक्षा अपराध-बोध से अधिक ग्रस्त रहते हैं। एक ओर तो वे जानते हैं कि इससे उनकी शारीरिक और भावनात्मक जरूरत पूरी हो रही है, दूसरी तरफ यह भी सोचते हैं कि वे जो कर रहे हैं, वह नैतिक दृष्टि से गलत है। एक ओर तो वे बदलते मूल्यों को अपनाने में परहेज नहीं कर रहे, किंतु दूसरी तरफ सदियों से मान्य परंपराओं और संस्कारों की पकड़ से स्वयं को मुक्त भी नहीं कर पा रहे। द्वंद्व की यही स्थिति उन्हें मानसिक टूटन की पराकाष्ठा तक ले जाती है।

रीना नाथ और नीता ने बताया कि बहुत-से लोग बच्चों की समस्याओं से परेशान हो कर 'संजीवनी' में आते हैं कि मियाँ-बीवी के झगड़ों के कारण बच्चे बिगड़ रहे हैं, पढ़ाई में कमजोर हो रहे हैं या नशीली दवाओं की ओर बढ़ रहे हैं। वे स्वीकार करते हैं कि उनके आपसी कुसामंजस्य के कारण ही उनके बच्चों की यह स्थिति हो रही है।

कई बार इस आपसी कुसामंजस्य के पीछे मनोवैज्ञानिक कारण भी होते हैं। पति की मार-पीट और ससुरालवालों के अत्याचार की शिकार महिलाओं से विस्तार में हुई बातचीत से कभी-कभी कुछ रहस्यात्मक तथ्य प्रकट होते हैं। हो सकता है कि ये महिलाएँ पति और ससुरालवालों की यातनाएँ और अत्याचार चुपचाप इसलिए सहती रहीं, कि उनके भीतर की सारी प्रतिरोधात्मक शक्ति बचपन में या विवाह के पहले घटी किन्हीं दुःसह घटनाओं के कारण नष्ट हो चुकी हो। उदाहरण के लिए, अगर किसी का बचपन में ही यौन शोषण होता रहा हो, परिवार का कोई सदस्य उसके साथ अगम्यगमन (इन्सेस्ट) का संबंध रखता रहा हो, तो वह लड़की विवाह के बाद सहज जीवन नहीं जी पाती।

ऐसे अनेक मामलों के बारे में उन्होंने लेखिका को बताया, जिनमें महिलाएँ अपने मायके में पिता, चाचा, चचेरे भाइयों और कभी-कभी सगे भाइयों द्वारा भी यौन शोषण का शिकार होती रहीं। ये वारदातें अधिकतर संयुक्त परिवारों में रहनेवाली लड़कियों के साथ अधिक हुईं। ये पीड़ित लड़कियाँ अपनी त्रासदी को बता भी नहीं पाती थीं क्योंकि उन्हें शक रहता था कि कोई उनकी बात पर विश्वास नहीं करेगा और अगर करेगा भी तो शायद उनकी मदद करने का कोई चारा उनके पास नहीं होगा। उन्होंने परिवार की महिलाओं के पास इतनी ताकत नहीं पायी कि वे विश्वास कर पातीं कि उनकी आवाज उनके शोषक पुरुषों—चाचा, पिता या भाई—के हाथों का रोक सकेगी। अतः चुपचाप अपने साथ होते बलात्कारों को वे विवाह-पर्यन्त सहती रहीं।

विवाह के बाद की उनकी त्रासदी उससे भी भयंकर होती। अधिकतर महिलाओं ने बताया कि उन्होंने पति से बात छुपाये रखी और जिन्होंने दांपत्य के नियमों का निर्वाह करते हुए ईमानदार और सच्चे बने रहने का फैसला लिया, उनके लिए उनकी कही बातें ही 'ब्लैकमेल' का जरिया बनीं और वे मानसिक पीड़ा की उस सीमा तक जा पहुँचीं कि उन्हें सहायता के लिए इस संस्था में आना पड़ा।

इधर पिताओं द्वारा बेटियों के यौन शोषण की कई वारदातें अखबारों में भी पढ़ने को मिलीं। सौतेले पिता द्वारा बेटी के बलात्कार की घटनाएँ तो फिर भी समझ में आती हैं, लेकिन सगे पिता द्वारा इस प्रकार के कुकर्म की घटनाओं का सुन कर भी विश्वास कर पांना मुश्किल लगता है। लेकिन देखिए–'नवभारत टाइम्स' नयी दिल्ली, 25 फरवरी 1994–'अपनी सत्तरह साल की बेटी के साथ कई बार बलात्कार करनेवाले 45 वर्षीय पिता को गिरफ्तार किया गया है। गणेशनगर निवासी जीतसिंह चौहान की हवस की कथित शिकार उसकी पहली पुत्री भी हुई थी, लेकिन उसने पिता तथा घर की इज्जत बचाने के लिए आत्महत्या कर ली थी। लेकिन दूसरे बेटी ने घटना की जानकारी पुलिस को दे कर उसके खिलाफ मामला दर्ज करवाया। शिकायत करनेवाली लड़की ग्यारहवीं कक्षा की छात्रा है और उसने अपने बयान में पुलिस को बताया कि उसकी माँ अनुपी देवी की सात साल हुए मृत्यु हो गयी थी। उसके बाद उसके पिता ने बड़ी बहन के साथ जबरदस्ती कुकर्म किया। पिता की लगातार यौन यातना से तंग आ कर उसने 1989 में जहर खा कर आत्महत्या कर ली थी। यह लड़की भी काफी अरसे तक पिता की वासना का शिकार होती रही। पर हार कर उसने पिता के खिलाफ थाने में रिपोर्ट दर्ज करा कर उसे गिरफ्तार करवा दिया।'

इसी तरह की एक और घटना सीलमपुर थाने के इलाके से भी रिपोर्ट की गयी, जिसमें अब्दुल हमीद ने अपनी आठ साल की बेटी से बलात्कार किया ('जनसत्ता', 4 जनवरी, 1994)।

ऊपर के ये दोनों मामले निम्न-मध्य वर्ग के लोगों के हैं, लेकिन ऐसा नहीं कि उच्च वर्ग और मध्य वर्ग में ऐसी बातें नहीं होतीं। यह अवश्य हो सकता है कि उनकी सफेदपोशी की मानसिकता के चलते ये प्रकाश में न आती हों।

बहरहाल, इसी साल दिल्ली की महिला अपराध शाखा में पिताओं द्वारा अवयस्क बेटियों के साथ किये अगम्यगमन (इन्सेस्ट) के दो मामले दर्ज किये गये–एक ग्रेटर कैलाश थाना क्षेत्र से, दूसरा राजौरी गार्डन से। दोनों ही मामले उच्च मध्य वर्ग से हैं, जहाँ पति-पत्नी दोनों पढ़े-लिखे हैं और रुपये-पैसे की कोई कमी नहीं है। देखिए–

ग्रेटर कैलाश निवासी सुनीता मेहता (छद्म नाम) की शादी सन् 1980 में नीतीश मेहता (छद्म नाम) के साथ हुई। शादी के बाद वह पति के साथ अमेरिका चली गयी, जहाँ नीतीश का अपना व्यवसाय था। 14 अगस्त 1993 को सुनीता मेहता द्वारा ग्रेटर कैलाश थाने तथा महिला अपराध शाखा में दर्ज करायी गयी प्रथम सूचना

रिपोर्ट को यहाँ जस का तस दिया जा रहा है। केवल सभी नाम बदल दिये गये हैं एवं रिपोर्ट की भाषा को अंग्रेजी से हिंदी में रूपांतरित कर दिया गया है।

सुनीता ने लिखवाया—'मेरे पति नीतीश मेहता भारत आ गये हैं और मुझे धमकी दे रहे हैं कि वे मुझे जान से मार देंगे और बच्चों को अमेरिका ले जायेंगे।

'अक्तूबर 1992 में मुझे पता चला कि मेरे पति मेरी चार साल की बेटी नमिता (छद्म नाम) का यौन शोषण कर रहे थे। उसकी बातों से मुझे पता चला कि वे उसके गुप्तांग में उँगली और दूध पिलाने की बोतल डाला करते थे। बच्ची ने यह भी बताया कि वह उसके मुँह में अपनी बोतल (शिश्न) भी डालते थे, और तब उसके मुँह में चिपचिपा-सा कुछ चिपक जाता था। उसने बताया कि ऐसा दिल्ली में नानी के घर पर भी वे उसे नहलाते समय करते थे। न्यू जरसी के अपने घर में उसे सुलाते समय भी वह ऐसा करते थे और घर का सामान खरीदने जाते समय वैन में भी। दरअसल, जब नमिता सत्तरह महीने की ही थी, तभी एक दिन उसने मेरा हाथ अपनी चड्डी के अंदर डाल कर अपनी योनि की तरफ खींचा। मैंने अपने पति को बताया तो उन्होंने कहा कि बच्चे भी गुप्तांगों को छूना 'इन्जॉय' करते हैं। उन दिनों मैं गर्भवती थी। सन 1989 में मुझे जुड़वाँ बच्चे हुए। उन दिनों नीतीश ही नमिता की देखभाल कर रहे थे। मैंने पाया कि नमिता अक्सर उनके पाजामे में हाथ डालती थी। तब मेरा शक पक्का हो गया। मैंने नमिता की अधिक निगरानी करनी शुरू कर दी। बच्ची अब तीन साल की हो चुकी थी। एक दिन अचानक ही आधी रात में उसने रोना-चिल्लाना शुरू कर दिया। इसी तरह दो-तीन रातों को वह मानो दुःस्वप्न देख कर उठ कर रोने लगती। एक रात मैंने देखा कि नीतीश बच्ची को अपनी ओर खींच कर चूम रहे थे। मैंने बच्ची को खींच कर अपने पास कर लिया और धैर्य से काम लिया।

'दिल्ली आने पर मैंने अपने पिता को सारी बात बतायी। वे उलटे मुझी पर अपने पति के प्रति शक करने के लिए नाराज होने लगे और कहने लगे कि हमारे समाज में ऐसे काम नहीं होते। मुझे बहुत दुख हुआ कि कोई मेरी बात पर विश्वास नहीं कर रहा था। अगस्त '91 में हम वापस अमेरिका चले गये। वह 28 अक्तूबर '92 का दिन था। मुझे न जाने क्या सूझा कि मैंने बच्ची के स्कूल से लौटने पर एक गुड़िया लेकर उसके अंगों के बारे में बताना शुरू किया और कहा कि किसी के गुप्तांग को कोई नहीं छू सकता। तभी बच्ची ने बताया कि उसके पापा तो उसमें हमेशा उँगली और बोतल डालते हैं। उसी दिन मैंने अमेरिका से वसंत विहार, दिल्ली में अपनी बहन को फोन किया। उसने सलाह दी कि मैं यहाँ अपनी किसी मित्र की मदद लूँ। तब मैं अपनी मित्र रीता के साथ एक मनोवैज्ञानिक को मिलने गयी, जिसने मुझे सलाह दी कि मैं भारत लौट जाऊँ।

'दिल्ली आ कर मैंने महिला अपराध शाखा में अपने पति के खिलाफ कानूनी

कार्रवाई शुरू कर दी। उन्होंने मुझसे दूसरे पति के साथ यौन संबंधों के बारे में पूछा। मैंने कहा कि शादी के समय हमें जो शिक्षा दी जाती है कि पति परमेश्वर होता है, तो मैं उन्हें यही समझती रही और जब तक मुझे उनकी असलियत का पता नहीं चला, उनका हर कहा मानती रही। नीतीश की सेक्स की जरूरतें बहुत ज्यादा थीं। बच्चे नहीं हुए थे, तब तो असीमित थीं। कभी-कभी दिन में दो-तीन बार संभोग करते थे। समुद्र-तट पर जाते ही उनको कामोत्तेजना (एरेक्शन) हो जाती थी। और चलती गाड़ी में 'लव मेकिंग' करते थे। मना करने पर नाराज हो जाते। चलती गाड़ी में कहने लगते, 'मेरी गोद में आ कर बैठो।' यहाँ तक कि जब मुझे माहवारी हुई होती, तो भी उनकी इच्छा होती कि वे मुझे अच्छी तरह देखें और उस दौरान भी 'इंटरकोर्स' करते थे। एक बार 'इंटरकोर्स' के बाद 'ब्लू मूवी' देखते और फिर शुरू हो जाते। जब मैं थक जाती, तो खुद ही हस्तमैथुन कर लेते। वे कभी-कभी कहते थे कि बिस्तर में मेरे साथ एक दूसरी औरत भी होनी चाहिए। मैं सुन कर काँप जाती। इसलिए मैं उन्हें 'सेक्सुअली सैटिस्फाइड' रखती थी। उन्होंने मुझे अपने दफ्तर में ले जा कर भी संभोग किया। बच्चों के सामने भी करने को कहते। मैंने उनकी यह इच्छा पूरी नहीं की। वह कहते थे कि तुम्हारे 'प्राइवेट पार्ट्स' बच्चों की तरह कोमल होने चाहिए, तुम ब्लेड से वहाँ शेव मत किया करो, बल्कि 'वैक्सिंग' कराया करो। उनकी 'सेक्सुअल' इच्छाएँ इतनी ज्यादा थीं कि क्या बताऊँ...लेकिन मुझे यह नहीं पता था कि वह अपनी ही बेटी के साथ ऐसा करेंगे...'

नीतीश मेहता को दिल्ली आने पर सुनीता मेहता की शिकायत पर गिरफ्तार कर लिया गया। लेकिन 19-9-93 को अंतरिम जमानत पर छोड़ दिया गया।

एक और प्रथम सूचना रिपोर्ट देखिए जो राजौरी गार्डन पुलिस थाने में 30 जुलाई 1993 को दर्ज की गयी—श्रीमती प्रेमा सिन्हा (छद्म नाम) लिखवाती हैं, 'रघुबीर नगर के निवासी नरेन्द्र सिन्हा (छद्म नाम) के साथ मेरी शादी 1982 में हुई थी। मैं तलाकशुदा औरत थी और मेरा यह पति भी तलाकशुदा था। पहली शादी से मेरी एक पंद्रह साल की बेटी है—निक्कू (छद्म नाम)। वह हमारे साथ ही रहती है। इस पति से भी मेरे एक सात साल की बेटी है। मेरे इस पति की पहली पत्नी से भी दो संतानें हैं—सत्तरह साल की एक लड़की और सोलह साल का एक लड़का। वे भी हमारे साथ ही रह रहे हैं। मेरी पंद्रह वर्षीया बेटी निक्कू ने 9 जुलाई को मुझे बताया कि उसके पेट में दर्द हो रहा है। मैं उसे डॉक्टर के पास ले कर गयी, तो पता चला कि वह पाँच माह की गर्भवती है। मैं तो स्तब्ध रह गयी। मैंने बेटी से पूछा कि यह कैसे हुआ। बड़ी झिझक के बाद उसने बताया कि मेरे पति नरेन्द्र सिन्हा यानी उसके पिता के साथ संभोग से ऐसा हुआ। वह निक्कू के साथ तब से बलात्कार कर रहा था, जब से वह बारह साल की हुई। उसने निक्कू को मार-पीट कर बलात्कार के लिए राजी किया था और फिर कई बार उसका बलात्कार यह कह कर डराते

हुए करता रहा कि अगर उसने इन्कार किया तो उसकी माँ को नहीं बख्शा जायेगा। इसीलिए उसने मुझे कभी इसके बारे में नहीं बताया। उसके गर्भवती होने की बात जानने के बाद मैंने 12 जुलाई को उसका गर्भपात करवा दिया। मेरी गुजारिश है कि मेरे पति नरेन्द्र सिन्हा के खिलाफ इस क्रूर कृत्य के लिए कड़े से कड़ा कदम उठाया जाये...'

पुलिस ने नरेन्द्र सिन्हा के खिलाफ भारतीय दंड संहिता की धारा 376 के तहत मामला दर्ज किया और उसे गिरफ्तार कर लिया। मुकदमा चल रहा है। हो सकता है कि उसे कड़ी से कड़ी सजा मिल जाये, लेकिन क्या इससे निक्कू के जीवन के त्रासदी भरे दुर्दम्य दिनों की यादें उसके स्मृति-पटल से मिट पायेंगी ? क्या कभी अब वह एक सहज जीवन जी सकेगी ? तलाकशुदा प्रेमा ने क्या दूसरा विवाह करते हुए ऐसे ही भविष्य की कल्पना की थी ?

शायद यही वे सब तमाम प्रश्न हैं जो बुरी तरह कुसमंजित वैवाहिक जीवन जीते हुए भी औरत को बच्चों की सोच कर ही तलाक और पुनर्विवाह से दूर रखे रहते हैं। वरना तो तलाक को लेकर हमारे समाज में जो वर्जनाएँ और प्रतिबंध थे, वे निश्चित रूप से हटे हैं। हमारे शहरी समाज में तलाक के दिनोंदिन बढ़ते आँकड़ों से यह स्पष्ट भी हो जाता है।

19 अक्तूबर '94 के 'ट्रिब्यून' और 'टाइम्स ऑफ इण्डिया' में छपे एक यू. एन.आई. समाचार के अनुसार देश के हर भाग में, खासकर शहरों में अदालतें तलाक की अर्जियों से पटी पड़ी हैं। दिल्ली इस मामले में सबसे आगे है। यहाँ हर साल 8000 से लेकर 9000 तक तलाक की अर्जियाँ दर्ज की जाती हैं। मुंबई दूसरे नंबर पर है जहाँ पिछले दशक के मुकाबले दो गुने अधिक लोगों ने नब्बे के दशक में तलाक के लिए याचिकाएँ दर्ज करायीं। पंजाब और हरियाणा में तलाक की दर में पिछले दशक के मुकाबले 150 प्रतिशत वृद्धि हुई। केरल में, जिसे साक्षरों का और खाड़ी से आये धन का प्रदेश कहा जाता है, पिछले 10 वर्षों में यह वृद्धि 350 प्रतिशत तक जा पहुँची है। कलकत्ता में यह दर केवल 10 प्रतिशत ही है। चेन्नई भी, जहाँ अब भी परंपरागत मूल्यों को अहमियत दी जाती है, इससे नहीं बचा है। वहाँ भी तलाक की दर में पिछले दशक से लगभग 15 प्रतिशत वृद्धि हुई है। पिछले वर्ष वहाँ तलाक की 1000 अर्जियाँ दर्ज की गयीं।

महानगरों और दूसरे शहरों की अदालतें तू-तू, मैं-मैं करते जोड़ों से भरी देख सरकार ने सब जगह मैट्रिमोनियल कोर्ट (वैवाहिक अदालतें) खोली हुई हैं जो केवल दांपत्य के झगड़ों को ही निबटाती हैं। शहरों में जगह-जगह 'मैरिज ब्यूरो' खुलने लगी हैं जहाँ ऐसे कुसमंजित जोड़ों को तरह-तरह के परामर्श दिये जाते हैं, ताकि वे हड़बड़ी में बिना सोचे-समझे ऐसे सख्त कदम न उठायें। अकेले दिल्ली में ही ऐसी पाँच वैवाहिक अदालतें हैं।

पहले तलाक के मामले केवल उच्च वर्ग से ही आया करते थे। मध्य वर्ग के लोग अपनी व्यक्तिगत समस्याओं को सार्वजनिक करने में कतराते थे। लेकिन अब मध्य वर्ग के ही ज्यादा लोग तलाक के लिए आने लगे हैं।

तीस हजारी अदालत की एडीशनल जज सुश्री बीना बीरबल कहती हैं कि 60 के दशक़ में उनके यहाँ साल में कोई एकाध वैवाहिक विवाद का मामला ही आया करता था। फिर 80 के दशक में 100 से 200 तक मामले सालाना आने लगे और आज तो यह हाल है कि हर दिन ही करीब 25 मामले दर्ज होते हैं। यानी साल भर में तकरीबन 8000 मामले।

1955 में हिंदू विवाह अधिनियम से पूर्व हिन्दू दंपति तलाक नहीं ले सकते थे, लेकिन इस अधिनियम के लागू होने के बाद से हिन्दू पति-पत्नी तलाक और न्यायिक पृथक्करण (जुडीशियल सेपरेशन) दोनों ले सकते हैं। इस अधिनियम के अंतर्गत पति या पत्नी किसी भी पक्ष को दूसरे पक्ष के बारे में व्यभिचार, अत्याचार, धर्म परिवर्तन, दो वर्ष तक छोड़े रहना, असाध्य कुष्ठ रोग अथवा मानसिक रोग से पीड़ित होना, संक्रामक यौन रोग से ग्रस्त होना, संसार का त्याग कर साधु आदि बन जाना, एक वर्ष का न्यायिक अलगाव, सात वर्षों तक जीवित होने की खबर न मिलना, पति का बलात्कार या पाशविकता का दोषी पाया जाना आदि आरोपों के तहत तलाक मिल सकता है। 1976 के बाद से यह क़ानून भी लागू हो गया है कि हिंदू दंपति आपसी सलाह से तलाक ले सकते हैं।

न्यायिक पृथक्करण (जुडीशियल सेपरेशन) मिलने के बाद भी विवाह बरकरार रहता है, लेकिन कोई भी पक्ष दूसरे पक्ष को सहवास के लिए बाध्य नहीं कर सकता। न्यायिक अलगाव की डिग्री मिलने से पति-पत्नी को अलग रहने का अधिकार मिल जाता है। डिग्री मिल जाने के बाद यदि एक साल तक पति-पत्नी सहवास नहीं करते, तो उनमें से कोई भी पक्ष तलाक के लिए याचिका दायर कर सकता है।

1976 में हिंदू विवाह अधिनियम तथा विशेष विवाह अधिनियम (स्पेशल मैरिज एक्ट) दोनों में आपसी सहमति से तलाक का प्रावधान कर दिया गया।

मुस्लिम निजी कानून पुरुष को तलाक के असीमित अधिकार देता है। मुसलमान शौहर अपनी बीवी को दो गवाहों की उपस्थिति में तीन बार तलाक-तलाक-तलाक कह कर छोड़ सकता है। लेकिन मुसलमान बीवी ऐसा नहीं कर सकती। उसे सन 1939 के मुस्लिम विवाह अधिनियम के तहत अपने शौहर से तलाक लेने के लिए अदालत में अर्जी देनी होगी, बशर्ते उसे पिछले चार सालों से शौहर के बारे में कुछ जानकारी न मिली हो, या दो सालों तक उसे भरणपोषण (मेनटेनेंस) न मिला हो, या लड़की की रजस्वला होने के पहले ही उससे शादी कर दी गयी हो, या शौहर को कैद हो गयी हो, या फिर उसके खिलाफ पागलपन, नामर्दगी या अत्याचार का आरोप हो।

ईसाई दंपति के लिए कानून यह कहता है कि कोई भी पत्नी अपने पति से

तलाक ले सकती है, अगर उसका पति व्यभिचार, बलात्कार, पाशविकता, क्रूरता अथवा उसे परित्याग करने का दोषी हो। लेकिन मर्द के लिए पत्नी का केवल व्यभिचारिणी होना ही एकमात्र आरोप है, जिसे ले कर वह अदालत से तलाक की दरख्वास्त कर सकता है।

बहरहाल, मूल प्रश्न तो यह है कि इस दर से विवाह आखिर टूट क्यों रहे हैं। वैवाहिक सलाहकार और मनोशास्त्री डॉ. सुनील मित्तल के अनुसार, 'इसका कारण धीरे-धीरे संयुक्त परिवारों का टूट-टूट कर एकल परिवारों में बिखर जाना भी हो सकता है जहाँ नवविवाहितों को परामर्श और मार्गदर्शन के लिए बुजुर्ग लोग नहीं होते। तलाक के बढ़ते मामलों का एक अन्य कारण यह हो सकता है कि इसे ले कर अब कोई कलंक या लांछन की भावना नहीं रही। दहेज हत्याओं, वधू-हत्याओं और विवाहितों पर अत्याचार की बढ़ती दरों ने लड़कियों के माता-पिता को इस दृष्टि से जागरूक कर दिया है कि यदि उनकी लड़की विवाह के बाद सुखी नहीं, तो तलाक ले कर वह वापस उनके पास लौट सकती है और इसमें कोई निन्दा की बात नहीं है। संभवतः विवाह के बाद भी दहेज की माँग बनी रहना भी अधिकतर तलाकों के लिए जिम्मेदार है, यद्यपि अदालतों में इसके लिए दिये गये कारण अनगिनत होते हैं।' वीणा बीरबल के अनुसार, 'पढ़ी-लिखी औरतें अपने अधिकारों के प्रति सचेत होती हैं। जब उनकी अपने पतियों से नहीं निभ पाती है, तो वे कानूनन अलग होने के लिए अदालत तक चली जाती हैं।

'महिलाओं की शिक्षा और जनसंख्या के माध्यमों के व्यापक प्रसार ने भी औरत को अपने कानूनी अधिकारों के प्रति जागरूक बनाया है। दशक भर पहले मर्द तलाक लेने आया करते थे, लेकिन आज औरतें ज्यादा तादाद में तलाक की याचिकाएँ दायर करने आती हैं।'

डॉ. सुनील मित्तल के अनुसार, 'मद्यपान, नशीली दवाओं का सेवन आदि भी शादीशुदा जिंदगी में दरार डालने का काम करते हैं और एक दिन ऐसा आता है कि पति-पत्नी अलग हो जाना चाहते हैं।'

अखिल भारतीय आयुर्विज्ञान संस्थान के डॉ. एच. मलिक कहते हैं कि यौन कुसामंजस्य (सेक्सुअल इन्कम्पैटेबिलिटी) को तलाक के कारण के रूप में मान्यता प्राप्त नहीं है, लेकिन बहुत से विवाहों में यह अनबन का एक बड़ा कारण अवश्य होता है। दरअसल, हमारे यहाँ पत्नी को केवल प्रजनन का साधन मात्र समझ लिया जाता है। वैवाहिक जीवन में भावनाओं और संवेदनाओं को कोई अहमियत नहीं दी जाती और यही कारण है कि दांपत्य जीवन में पति-पत्नी को आपस में बाँधे रखने वाला कोई आकर्षण नहीं रहता।

'हिन्दुस्तान टाइम्स' के 12 सितंबर 1994 के 'द मेट्रोपॉलिटन' परिशिष्ट में पृष्ठ 2 पर छपे अपने लेख 'टिल सेक्स डू अस पार्ट' के जॉन विल्सन लिखते हैं,

'तलाक के मामले बढ़ते ही जा रहे हैं। परंपरागत रूप से दकियानूसी जिंदगी जी रहे पति-पत्नी भी अदालतों में एक-दूसरे पर बेवफाई या विश्वासघात का लांछन लगाते हुए अपने वैवाहिक जीवन के यौन रहस्यों को सरेआम सार्वजनिक करने में संकोच नहीं करते, क्योंकि आरोप जितना ही अप्राकृतिक होगा, तलाक मिलने की संभावनाएँ उतनी ही अधिक होंगी। हर दूसरी तलाक-याचिका में यौन संबंधी बेवफाई का आरोप लगा पाया जाता है। बरसों से राजी-खुशी वैवाहिक जीवन बिताते पति अचानक अपनी पत्नियों पर आरोप लगाते दिखते हैं कि उसके अपने किसी सहकर्मी या पड़ोसी से अवैध संबंध हैं। पत्नियाँ अपने पति के बारे में कहती हैं कि वह दिलफेंक और व्यभिचारी है या बच्चों के साथ यौन-क्रियाएँ करता है।

'एक मामले में पति ने अपने तलाक की अर्जी में लिखा कि उसकी पत्नी दफ्तर से उसके घर पहुँचते ही उसे कहती है कि वह अपना जाँघिया खोल कर दिखाये क्योंकि उसे शक है कि वह दूसरी औरतों के पास जाता है। इसी तरह एक और मामले में पति ने अपनी पत्नी पर 'लेस्बियन' (समलिंगी) होने का आरोप लगा कर तलाक माँगा। इसी तरह एक पत्नी ने लिखा कि उसका पति उनकी (दोनों की) सोलह साल की लड़की के साथ छेड़छाड़ करता था।

'वैवाहिक मामलों से जुड़े वकील कहते हैं कि दिल्ली की पाँचों वैवाहिक अदालतों में दर्ज की गयी याचिकाओं में 'सेक्स' से जुड़े आरोपों का होना सामान्य बात हो गयी है। व्यभिचार के आरोप तलाक के मामलों में एक अनिवार्य मुद्दा बनते जा रहे हैं, जबकि तलाक चाहने के असली कारण कुछ दूसरे हो सकते हैं। मसलन संपत्ति के मामले या पति का शादी में मिले दहेज को ले कर नाखुश होना आदि।'

यद्यपि तलाक की याचिकाओं में व्यभिचार के आरोप बहुतायत से लगाये जा रहे हैं, लेकिन इससे सारी कार्रवाई में अनावश्यक देर हो जाती है, क्योंकि जाँच-पड़ताल के स्तर पर ही काफी समय लग जाता है और फिर यदि दूसरा पक्ष उच्च न्यायालय में अपील कर दे, तब पाँच-छह साल वहाँ लग जाते हैं, यद्यपि हिन्दू विवाह अधिनियम की धारा 21-बी के अनुसार वैवाहिक विवादों में फैसला छह महीनों के भीतर हो जाना चाहिए। 1976 में संशोधित हिन्दू विवाह अधिनियम के तहत 'आपसी सहमति' से न्यायालय में तलाक की याचिका डाल सकते हैं। इसमें तुरंत तलाक नहीं दिया जाता, बल्कि अदालत एक अवधि विशेष के लिए प्रतीक्षा करती है और उस अवधि की समाप्ति के बाद दोनों पक्षों को दोबारा अर्जी देने को कहती है जिसके द्वारा उन्हें दोबारा अपने तलाक के फैसले के लिए हामी भरनी होती है। ऐसा हो जाने पर अदालत उनके तलाक की डिग्री पास कर देती है। तलाक लेने के इस तरीके को अपनानेवाले दंपतियों को एक-दूसरे पर सार्वजनिक रूप से कीचड़ उछालने की जरूरत नहीं पड़ती और समय भी अपेक्षाकृत कम लगता है, वरना तो अदालतों में तलाक के ऐसे-ऐसे मामले भी हैं जो बरसों से लटक रहे हैं। दूसरा पक्ष अगर जिद पर अड़ जाये तो

तलाक चाहनेवाले पक्ष को सालों-साल इंतजार करना पड़ता है। इसका एक बड़ा ही सटीक उदाहरण यह मामला है।

मिस्टर 'अ' एक सरकारी उपक्रम में उच्च पदस्थ अधिकारी हैं। जब वे युवा थे तो किसी ज्योतिषी ने उन्हें कह दिया कि विवाह उन्हें कभी रास नहीं आयेगा। यही सोच कर उन्होंने 38 वर्ष की आयु तक विवाह नहीं किया। लेकिन फिर माँ के बहुत जोर देने पर उन्होंने शादी के लिए हामी भर दी। अब वे बड़ी सोच में पड़े कि किससे विवाह करें, ताकि उनका वैवाहिक जीवन सुखमय रहे, क्योंकि ज्योतिष की बांत को वे भुला नहीं पा रहे थे। काफी सोच-विचार कर मिस्टर 'अ' ने अपने सगे मामा की बेटी से विवाह कर लिया और आश्वस्त हो गये कि वह तो उनकी पत्नी ही नहीं, उनकी माँ की तरफ से भी रिश्तेदार थी, अतः उनके वैवाहिक जीवन में कोई खटपट नहीं होगी। पर हुआ कुछ ऐसा ही। ज्योतिषी की बातें कुछ ही दिनों में सच साबित होने लगीं। शादी के 45 दिनों के भीतर ही उनकी नवविवाहिता ने नयी-नयी खुली पुलिस की दहेज शाखा में उनके विरुद्ध धारा 498-ए का मामला दर्ज कर दिया कि वे और उनकी माता उन्हें बहुत यातना दे रहे हैं।

मिस्टर 'अ' की समझ में आ गया कि उनका इतना सोच-समझकर किया विवाह भी गलत निकला था। उधर वे पत्नी द्वारा लगाये आरोपों से बरी होने के मामले में उलझे थे और इधर उन्होंने स्वयं भी उससे तलाक लेने की अर्जी डाली हुई थी। जिंदगी अब अदालतों के चक्कर काटते गुजरने लगी।

श्रीमती 'अ' शादी के 45 दिन बाद से ही अलग रहती हैं और एक स्कूल में पढ़ाती हैं। आज उन्हें अलग हुए पूरे दस वर्ष हो चुके हैं। मिस्टर 'अ' 498-ए मामले से तो बरी हो गये हैं, लेकिन तलाक उन्हें अभी तक नहीं मिला है। मामला सत्र न्यायाधीश से उच्च न्यायालय और उच्चतम न्यायालय तक पहुँच चुका है। पर श्रीमती 'अ' डटी हुई हैं कि न तो वे उन्हें तलाक देंगी और न ही चैन से रहने देंगी। मिस्टर 'अ' अपनी इतनी बड़ी नौकरी और जीवन की तमाम उपलब्धियों के बावजूद बेहद तनावग्रस्त जीवन जी रहे हैं।

स्पष्ट है कि पिछले दो दशकों में 'घर की बात घर के भीतर ही रहे' के नियम को दरकिनार करते हुए लोगों ने अपनी दांपत्य समस्याओं को लेकर अदालतों के द्वार खटखटाने में शर्म महसूस करना छोड़ दिया है। और दांपत्य की ये समस्याएँ किस हद तक बढ़ चुकी हैं, इसका अनुमान दिल्ली की वैवाहिक अदालतों की अतिरिक्त सत्र न्यायाधीश, दिल्ली कानूनी सहायता और सलाहकार बोर्ड की सदस्य सचिव तथा महिला कोर्ट की सत्र न्यायाधीश रह चुकी और अब उच्चतम न्यायालय में रजिस्ट्रार विजिलेंस के पद पर कार्यरत श्रीमती मंजु गोयल से हुई बातचीत से लगाया जा सकता है। यह बातचीत उनके पटियाला हाउस कोर्ट्स के दफ्तर में 19 मार्च 1994 को हुई जब वे अतिरिक्त सत्र न्यायाधीश एवं दिल्ली कानूनी सहायता एवं सलाह बोर्ड

की सदस्य सचिव थीं।

श्रीमती मंजु गोयल बताती हैं, '1989 में मेट्रोमोनियल जज के रूप में पद ग्रहण करने से पहले मुझे कतई मालूम नहीं था कि दांपत्य संबंधों के स्तर पर हमारे समाज में क्या गुजर रहा है। इससे पहले मैं किराया, श्रम, अपराध और आर्थिक अपराध आदि से जुड़े मामले देखा करती थी। घरों की चहारदीवारी के भीतर क्या कुछ घटित हो रहा था, इसकी तो मुझे खबर ही नहीं थी। मुझे यह भान भी नहीं था कि शादीशुदा औरतों की जिंदगियाँ इतनी दूभर हो सकती थीं। अगर कभी इस तरह का कुछ सुनती भी थी तो सोचती थी कि कोई 'प्राब्लम' होगी, लेकिन इतनी 'सिवियैरिटी' (प्रचंडता) से 'प्रॉब्लम्स' हैं, यह नहीं जानती थी और सोचती थी कि दांपत्य की समस्याओं के मूल कारण में शायद 'दिल के मामले' यानी पति या पत्नी के जीवन में किसी पर-पुरुष या दूसरी स्त्री का आना ही होता होगा। लेकिन जब मैं इन अदालतों में आयी तो मैंने देखा कि बात ऐसी नहीं है। ये रोमांटिक भावनाएँ तो हमारी फिल्मों तक ही सीमित हैं। ये बातें कहानियों के लिए तो बहुत अच्छी हैं, लेकिन असलियत कुछ और ही है। हमारा हिन्दुस्तान ही एक ऐसी जगह है, जहाँ 'दूसरी औरत' ही पति-पत्नी के बीच के झगड़ों का मुख्य कारण नहीं है। आम तौर पर हिन्दुस्तानी औरत तो पति की 'दूसरी औरत' को बर्दाश्त कर लेती हैं जब तक कि वह उस औरत को घर ही न ले आये। तो मैंने पाया कि यह कोई उतनी बड़ी समस्या नहीं है जितनी कि 'फिजिकल टारचर' (शारीरिक यातना) की है। यह पक्ष कतई 'रोमांस' से जुड़ा नहीं है—यह तो बेहद क्रूर पक्ष है, इतना अधिक कि आप इसके बारे में किसी से बात भी नहीं करना चाहेंगे। औरत की असली समस्या आज यह है कि उसे तरह-तरह से यातना दी जाती है, उससे सारा दिन काम कराया जाता है। दिन-भर में कभी प्यार का एक शब्द भी न कहना और रात को अपेक्षा करना कि वह बिस्तर में पूरी तरह सहयोग करे।

'औरत की यह दयनीय हालत तब पता चलती है जब आप उन्हें सामने बैठा कर सुनते हैं। ऐसे तो गवाही में पति कह देते हैं कि हम नहीं पीटते, लेकिन जब सामने बैठा कर बात होती है तो वे कबूल कर लेते हैं कि बीवी ने ही गड़बड़ की थी, वही मारने के लिए उसे मजबूर करती है। और इसके लिए उनके मन में तनिक भी अपराध बोध नहीं होता। उनकी धारणा इस बात को ले कर भी वही होती है कि 'स्पेयर द रॉड एंड स्पॉयल द चाइल्ड' (मारेंगे नहीं तो बच्चे बिगड़ जायेंगे)। वे बच्चों को मारते हैं, तो बीवी को भी मारेंगे। बीवी को मारने से उन्हें अपराध बोध नहीं होता। इसका कारण शायद यह हो सकता है कि मियाँ-बीवी के बीच का प्यार खून के रिश्ते की तरह नहीं होता। यह कभी विकसित हो सकता है और कभी नहीं। खून के रिश्ते में बहुत मजबूती होती है। यह मारपीट के बावजूद भी ज्यों का त्यों सलामत रहता है। खून के रिश्ते की मजबूती मियाँ-बीवी के रिश्ते में कहाँ ?

'तो, इतनी सहनशील हिन्दुस्तानी औरत अदालत में तभी आती है जब पानी सिर से ऊपर गुजर चुका हो। वह छोटी-सी बात पर नहीं आयेगी। मैंने यहाँ ऐसी लड़कियों को आते देखा है जिन्हें आप सामान्यतः 'फास्ट' कहेंगी, वे जींस में भी घूमती हैं, अंग्रेजी बोलती हैं, 'माडर्न' जिंदगी बिता रही हैं; लेकिन उनके अंदर की औरत पूरी हिन्दुस्तानी है, वह चाहती है कि पति उसे प्यार करे, घर में उसकी इज्जत हो। हो सकता है, दुनिया भर की अंदरूनी औरत ऐसी ही हो। हमारे यहाँ की औरत घर के अंदर एक 'फुलफिल्ड' (भरी-पूरी) जिंदगी जीना चाहती है, कुछ अपवादों को छोड़ कर। इस भरी-पूरी और संपूर्ण जिंदगी के अंदर यह भी शामिल है कि अड़ोसी-पड़ोसी, दोस्त-रिश्तेदार यही समझें कि वह एक सुखी औरत है, पति उसे प्यार करता है। तो इसलिए दुखी होने के बावजूद वह वहीं रहना चाहती है, वह सोचती है कि उस जिंदगी से बाहर निकलेगी तो शायद वह जी नहीं सकेगी। इसलिए घर के अंदर वह बहुत सहती है।

'वैवाहिक समस्याएँ शादी के शुरू-शुरू में ज्यादा आती हैं, लेकिन बड़ी उम्र के दंपति भी हमारे पास आते हैं। कई 45-50 की आयु वर्ग के भी आते हैं जिनके दो-तीन बच्चे होते हैं। उनमें ज्यादातर वे होते हैं जो साथ खुशी-खुशी रह भी नहीं सकते और एक-दूसरे को छोड़ भी नहीं सकते। यह कोई खास बुरी परिस्थिति नहीं होती और वे अदालत में नहीं, हमारे सलाह केंद्र में आते हैं ताकि एक-दूसरे को समझ सकें।

'वैवाहिक अनबन में दहेज भी एक बड़ा कारण होता है। पहले मैं सोचती थी कि दहेज एक बहाना है, लेकिन आज जितने मामलों में दहेज की शिकायतें आ रही हैं, अगर उनके 50 प्रतिशत को भी सही माना जाये तो यह 50 प्रतिशत भी कितनी गलत बात है। मैं तो समझती हूँ कि इसके पीछे लोगों की भौतिक चीजों के पीछे जाने की दौड़ ही एक मुख्य कारण है। उन्हें कानून का डर इसलिए नहीं होता कि वे सोचते हैं, वे पकड़े नहीं जायेंगे।

'इसके अलावा काफी मामले गलत शादियों के होते हैं। ये शादियाँ पहले दिन से ही गलत होती हैं, जैसे कि नामर्द आदमी शादी कर ले। मनोवैज्ञानिक लोग कहेंगे कि नामर्द आदमी भी बता कर शादी कर सकता है, क्योंकि सेक्स ही वैवाहिक जीवन का एक अकेला पहलू नहीं होता, लेकिन मैं कहूँगी कि ऐसे आदमी को शादी कतई नहीं करनी चाहिए, क्योंकि शादी करके वह समस्याओं को दावत दे रहा होता है। एक औरत की जिंदगी तो बरबाद होती ही है, वह अपनी जिंदगी भी बरबाद करता है। इसी तरह दोनों में से कोई भी मंदबुद्धि हो तो वह शादी भी गलत है। अगर पति या पत्नी में से कोई भी अपने वैवाहिक जीवन के सामान्य कर्तव्यों के निर्वहन के काबिल नहीं, तो वह विवाह करके निश्चय ही एक अपराध करता है। अक्सर ऐसी शादियाँ छिपा कर की जाती हैं। इसी तरह एक पक्ष बहुत बुद्धिमान हो, दूसरा

निरा बुद्धू हो तो वह विवाह भी न होने के बराबर है। ऐसी ही शादी के बारे में बताती हूँ—एक लड़की थी, रिसर्च स्कॉलर, एक सॉफिस्टिकेटेड लड़की, उसकी शादी एक ट्रक ड्राइवर से कर दी गयी। कहा गया था कि उसका ट्रांसपोर्ट का बिजनेस है। माँ-बाप देखने गये भी। देखा ट्रांसपोर्ट का दफ्तर है और वह बैठा बिल भर रहा है। बिचौलियों ने कह दिया कि लड़का अच्छा है। बस, माँ-बाप ने कर दी शादी।

'दरअसल होता यह है कि आजकल रहन-सहन सभी का एक जैसा हो गया है। सभी के घर टी.वी., फ्रिज वगैरह हैं, तो पता ही नहीं चलता कि उनकी पृष्ठभूमि क्या है, परिवार की मान्यताएँ और संस्कृति क्या हैं। ऊपरी दिखावा तो सबका एक जैसा ही लगता है। मानसिक बुनावट अलग-अलग होती है। इस तरह की बेमेल शादियाँ तो पहले दिन से ही गलत होती हैं। हमारे पास एक लड़का आया। गरीब घर का था। पर उसे पढ़ाई का बड़ा शौक था। प्राइवेट रूप से एम.ए. कर रहा था। उसकी शादी गाँव की एक लड़की से यह कह कर कर दी गयी कि वह बारहवीं तक पढ़ी थी। लड़के ने सोचा कि कोई बात नहीं, शहर में आ कर कॉलेज ज्वाइन कर लेगी, पर बाद में पता चला कि वह तो बिलकुल पढ़ी-लिखी नहीं थी, यहाँ तक कि बात भी शुद्ध भाषा में नहीं कर सकती थी।

'कुछ समस्याएँ सेक्स से जुड़ी होती हैं, जैसे हमारे पास एक लड़की आयी। बताने लगी कि उसका पति केवल 'गुदा मैथुन' का इच्छुक था। लड़की के लिए यह बहुत तकलीफदेह स्थिति थी। उस लड़की की हालत बहुत खराब हो गयी थी। यह मामला अदालत में गया।

'सेक्स की समस्याएँ दो तरह की हो सकती हैं। एक तो काल्पनिक और दूसरी वास्तविक। एक पुरुष जिसके तीन-चार लड़कियों से संबंध रह चुके हों, जिसे अवैध संबंधों का व्यावहारिक ज्ञान हो, वह पहले दिन से ही पत्नी पर शक करने लगता है और पूछता है कि 'तेरे कितने बॉयफ्रैंड्स थे' ? वह 'नहीं, नहीं' करती है, तो भी वह विश्वास नहीं करता और उसे पीटता है कि बताती है या नहीं ! दूसरी स्थिति वास्तविक भी हो सकती है। अगर यह अंदेशा पति अथवा पत्नी दोनों में से किसी को भी बन जाता है कि दूसरा वफादार नहीं है, तो यह स्थिति बहुत खतरनाक हो सकती है। पत्नी अगर बाहर काम करने जाती है, तो पति समझ रहा है कि पता नहीं किससे मिलने गयी थी। पति टूर पर जाता है तो पत्नी शक करती है कि किस होटल में ठहरेगा, वहाँ क्या-क्या करेगा। हमारे समाज में जो स्वच्छंदता बढ़ रही है, उससे पति-पत्नी के बीच का 'इन्नोसेंट फेथ' (भोलाभाला निर्दोष विश्वास) खत्म होता जा रहा है। हमारे पास ऐसे-ऐसे मामले आते हैं कि जहाँ आदमी कुछ कर ही नहीं सकता, क्योंकि पत्नी द्वारा उस पर बेहिसाब शक किया जा रहा है। यही हाल पत्नियों का है। यहाँ तक कि औरतों ने आ कर शिकायत की है कि यह उनके शोषण का बहाना बन रहा है। ससुरालवाले चाहते हैं कि वह धंधा करे। पति अपने साथ अपने

फलाने-फलाने दोस्त को ले आता है, पत्नी को शराब भी पिलाता है कि वह उस दोस्त के साथ बैठे। एक औरत ने बताया कि उसकी सास के पास पता नहीं कैसे-कैसे लोग आते हैं। वह उसे भी कहती है कि फलाने के साथ कमरे में जाओ। एक औरत ने बताया कि उसके पति ने उसे अपने एक दोस्त को इसलिए खुश करने को कहा कि वह उसे कुछ हजार रुपये दे रहा था। इस तरह के मामले मध्य वर्ग के लोगों से आते हैं। दिल्ली आदि बड़े शहरों में जगह-जगह से आकर लोग बसे हैं, जो ऊपरी तौर पर तो एक जैसे रहन-सहनवाले दिखते हैं, पर उनकी अंदरूनी 'कल्चर' में बहुत फर्क है।'

महानगरों और बड़े शहरों में परिवारों की इन्हीं विभिन्न संस्कृतियों की देन हैं समष्टिगत रूप से यहाँ फैलती तरह-तरह की अपसंस्कृतियाँ, जिनमें से एक है दहेज की बढ़ी माँग, जिसके उपोत्पाद (बार-प्रोडक्ट) हैं वधू-दहन, वधू-हत्याएँ अथवा वधू-उत्पीड़न। इन अपसंस्कृतियों का दूसरा रूप प्रस्फुटित होता है यौन संबंधों में, चाहे वह महिलाओं के यौन शोषण में प्रस्फुटित हुआ हो अथवा लोगों के स्वच्छंद यौनाचार में।

□

लोगों को अपनी जड़ों से कटने और अलग-अलग शहरों में बिखरने से, अपसंस्कृतियाँ तो सभी जगह फैली हैं। जैसा कि प्रोफेसर योगेन्द्र सिंह कहते हैं, 'शहरीकरण और उद्योगीकरण से समाज से पुरानी मान्यताएँ और आइडियोलॉजी तो खत्म होती गयीं, लेकिन बदले में कोई नयी स्वस्थ विचार-पद्धति और मान्यताएँ लोगों में नहीं पनपीं।' यह बात जितनी महानगरों और बड़े नगरों के बारे में सच है, उतनी ही छोटे शहरों के बारे में भी। अपसंस्कृति का जो संक्रमण बड़े शहरों को प्रदूषित कर रहा है वही छोटे शहरों को भी कर ही रहा है। बेशक यह वहाँ पर प्रच्छन्न रूप से विद्यमान हो, जबकि बड़े शहरों में खुल कर प्रकट होता है और लोगों की आँखों में आ जाता है। उदाहरण के लिए जलगाँव सेक्स कांड को ही लें।

जलगाँव महाराष्ट्र का एक छोटा-सा शहर है, जो अब तक केवल आभूषणों की कारीगरी के लिए प्रसिद्ध था, लेकिन पिछले दिनों उद्घाटित सेक्स कांड के कारण यह देश-भर में चर्चा का आम विषय बन गया। इस सेक्स कांड में स्कूलों-कॉलेजों की लड़कियों और कामकाजी महिलाओं के अलावा अनेक घरेलू औरतें भी फँसी थीं जिनके बाल-बच्चे, पति और भरे-पूरे परिवार हैं। 'इंडियन एक्सप्रेस' के 21 अगस्त, 1994 के संस्करण में छपे अपने लेख—'जलगाँव, जरनी फ्रॉम ज्वैलरी टु सेक्स स्कैंडल' में सुमेधा रायकर लिखती हैं, 'हैरानी की बात है कि जिस शहर में अभी कुछ ही साल पहले तक केवल 15 ब्यूटी पार्लर थे, आज 150 ब्यूटी पार्लर चल रहे हैं।... ब्यूटी पार्लरों का यह विस्फोट संभवतः इस बात का सूचक है कि सांता बारबरा और

इसी प्रकार के अन्य धारावाहिकों ने भारत के छोटे शहरों को भी अपने प्रभाव की गिरफ्त में ले लिया है। अब देश के छोटे शहरों में भी महिलाएँ ही नहीं, स्कूली लड़कियाँ तक यहाँ मुँहासों के उपचार, अनचाहे बालों को निकलवाने और फेशियल आदि के लिए भीड़ लगाये रहती हैं। नगर की एक जानी-मानी ब्यूटीशियन चारुलता पाटिल बताती हैं कि 'इनमें से कई ब्यूटी पार्लर तो मान्यता प्राप्त भी नहीं हैं। और इनके उलटे प्रभाव के मामले भी प्रकाश में आये हैं।' जलगाँव सेक्स कांड में कुछ ब्यूटीशियन महिलाओं की भूमिका ने भी इस संदेह को आधार प्रदान किया है।

'इसी तरह राजनीति के अधोपतन ने यहाँ अनेक संदिग्ध युवा मंडलों और यूथ क्लबों को जन्म दिया है।...अनेक शहरियों ने आरोप लगाया है कि जलगाँव का सत्यानाश यहाँ होनेवाले तरह-तरह के तथाकथित 'फन कॉन्टेस्ट' और 'आनंद मेलों' ने किया है जो पिछले कुछ वर्षों से यहाँ बहुत लोकप्रिय हो रहे थे। इनमें ऐसा खुला वातावरण बनता था कि लड़के-लड़कियों और स्त्री-पुरुषों को एक-दूसरे के करीब आने का मौका मिलता था और इसका नतीजा हुए तमाम 'अफेयर' और 'स्कैंडल'।'

एक बात यह भी है कि बड़े शहरों में जो बातें शहरी जिंदगी का एक हिस्सा बन जाती हैं, वे ही बातें छोटी जगहों में 'स्कैंडल' का रूप धारण कर लेती हैं।

22 सितंबर, 1994 के 'हिन्दुस्तान टाइम्स' अखबार के मुखपृष्ठ पर छपी एक खबर 'गुरकीरत इन एनदर सेक्स स्कैंडल' में हरप्रीत सिंह लिखते हैं, 'जलगाँव की तरह ही एक सेक्स स्कैंडल का चंडीगढ़ में भी भंडाफोड़ हुआ है।...सेक्टर-33 की वह एनेक्सी (उपभवन) युवा लड़कियों, यहाँ तक कि नाबालिगों के भी यौन-शोषण का स्थान बन गयी। ग्रुप के लोग एनेक्सी में गयी रात आते थे और सुबह देर तक वहीं रहते थे। गाड़ियों की कतारों की कतारों में उनके मित्र वहाँ इंतजार करते और लड़कियाँ एक-एक कर एनेक्सी में भेजी जातीं।'

इसी तरह का एक सेक्स कांड हाल ही में भोपाल में भी उद्घाटित हुआ। 25 सितंबर, 1994 के 'इंडियन एक्सप्रेस' के मुताबिक भोपाल स्थित एक होटल के मालिक की पत्नी हेमलता ने पुलिस के डायरेक्टर-जनरल से मिल कर उस होटल में चल रही सेक्स संबंधी अवैध गतिविधियों के बारे में उन्हें खबर दी। हेमलता ने बताया कि 1993 में अपनी शादी के बाद से ही वह देख रही थी कि काम दिलाने का झाँसा दे कर भोली-भाली लड़कियों को होटल में लाया जाता था। उन्हें वहाँ अस्थायी रूप से काम दे भी दिया जाता था और फिर शुरू हो जाता था उनका यौन शोषण। उसके बाद उनको ब्लैकमेल किया जाता था।

केवल यौन विकृतियों के स्तर पर ही नहीं, सब प्रकार के अंतर्वैयक्तिक संबंधों के स्तर पर बड़े और छोटे शहरों के बीच मानव-व्यवहार के फासले कम होते जा रहे हैं। नौकरी, विवाह, व्यापार, स्थानांतरण आदि के जरिये (जहाँ-जहाँ इनकी पहुँच होती है) सब कहीं संक्रमण तो शुरू हो ही गया है, केवल उनकी तीव्रता और गहनता

में अंतर है। डॉ. राजेश्वर प्रसाद सक्सेना कहते हैं, 'हमारा मुल्क बहुत बड़ा है और इसमें संस्कृति और परंपराओं की इतनी विविधता है कि आधुनिकता का संक्रमण हमारी विविध क्षेत्रों के सोच और परंपराओं पर अगले लगभग 50 वर्षों तक चलता रहेगा। हमारा देश बैलगाड़ी और ऊँटगाड़ी से ले कर रॉकेट तक का देश है। रॉकेट तक आने में सभ्यता की गति को परिवर्तन के सारे सिलसिले से हो कर गुजरना होगा।'

इसलिए जिन-जिन शहरों तक बड़े शहरों और महानगरों के पैटर्न बनने शुरू हो गये हैं, वहाँ व्यवहार में सभ्यता परिलक्षित होने की प्रक्रिया भी शुरू हो गयी है। उदाहरण के लिए आगरा बार एसोसिएशन के अध्यक्ष आर. के. धर कहते हैं, 'पहले केवल मर्द यहाँ तलाक के लिए आते थे, औरत कभी एक-आध ही आती थी, लेकिन आजकल काफी महिलाएँ हमारे पास तलाक के लिए आती हैं। हमारे पास आजकल जो मामले आये हैं, उनमें लड़कियाँ सब दिल्ली की रहनेवाली हैं और शादी हो कर आगरा आयी हैं। वे आगरा को पसंद नहीं करतीं। एक मामले में पति ने संयुक्त परिवार से अलग हो कर मकान भी दूसरी जगह ले लिया, हींग की मंडी में, फिर भी लड़की यहाँ नहीं टिकी, वापस दिल्ली चली गयी। इस तरह के मामले मध्य वर्ग और उच्च वर्ग से ही ज्यादा आते हैं।

'अपने तीस-पैंतीस सालों के अनुभव के आधार पर बता सकता हूँ कि औरतों के नजरिये में अब काफी बदलाव आ गया है। पहले तो औरतों की तरफ से केस आते ही नहीं थे। आज से बीस साल पहले एक औरत ने अपने पति पर नामर्दगी का आरोप लगा कर तलाक माँगा था, वह मुझे अब भी याद है, क्योंकि ऐसे मामले कभी एक-आध ही आते थे, पर अब तो बहुत आते हैं, क्योंकि महिलाएँ सब कहीं अब अपने अधिकारों के प्रति सजग हो गयी हैं।'

जहाँ तक अधिकारों के प्रति छोटे शहरों की महिलाओं की सजगता की बात है, वहाँ तक तो सही है, लेकिन वहाँ के समाज द्वारा उन्हें इसके लिए सामान्य स्वीकृति अभी नहीं मिली है। परंपराओं को तोड़ लोग नये प्रतिमान बना तो रहे हैं, लेकिन औरत क्या, मर्द को भी उसके लिए व्यक्तिगत तौर पर मोल तो चुकाना ही पड़ता है। महानगरों की तरह का स्वच्छंद जीवन खुलेआम जी पाना अपेक्षाकृत छोटे शहरों में बिना लोकनिंदा के तो संभव ही नहीं है। आगरा, गोरखपुर, सिलीगुड़ी, जमशेदपुर या पुरी जैसे शहरों में बिना शादी किये एक साथ रहना या कुँवारी लड़की का खुलेआम मातृत्व के अधिकार को भोगना उस रूप में समाज स्वीकृत नहीं हो सकता जैसा कि यह महानगरों में होता जा रहा है। यहाँ तक कि परंपराओं को आघात पहुँचानेवाले विवाह भी यहाँ उतनी आसानी से स्वीकार नहीं किये जा सकते जितने महानगरों में—कारण चाहे महानगरों का व्यस्त जीवन और 'पड़ोस' की अवधारणा की समाप्ति हो अथवा छोटे शहरों में लोगों की अपेक्षाकृत धीमी जीवनधारा अथवा सामुदायिक

मूल्यों की सलामती। एक उदाहरण देखिए। श्रीमती 'क' के पति भारतीय वायुसेना में पायलेट थे। एक विमान दुर्घटना में उनकी मृत्यु हो गयी। उस समय श्रीमती 'क' की आयु मात्र सत्ताईस वर्ष थी और उसके दो छोटे-छोटे बच्चे थे। अचानक बरपे वैधव्य के कहर ने उसे पूरी तरह तोड़ दिया था। माता-पिता ने उसे अपने साथ ले जाना चाहा, लेकिन उसने अपने बूढ़े सास-ससुर के साथ आगरा में रहने को ही प्राथमिकता दी और मायके नहीं गयी।

बच्चों को पालते और सास-ससुर की देखभाल करते उसके दिन किसी तरह कट रहे थे कि उम्र में उससे लगभग सात साल छोटा एक युवक उसके जीवन में अचानक ही आया। वह उसके प्रति बहुत सहानुभूति रखता था और उसके छोटे-छोटे बच्चों को बेहद प्यार करता था। युवक दरअसल श्रीमती 'क' के स्वर्गवासी पति को पहले से जानता था और उनका बहुत सम्मान करता था। युवक चूँकि महिला से आयु में छोटा था, इसलिए शुरू-शुरू में उसने सोचा भी नहीं था कि उससे उसका किसी प्रकार का संबंध भी हो सकता था। पर कालांतर में दोनों करीब आते गये और उनमें प्रेम हो गया। युवक ने महिला से विवाह का प्रस्ताव रखा। अब तक महिला युवक को आजमा भी चुकी थी कि वह उससे और उसके बच्चों से कितना प्यार करता था। महिला ने अपने माता-पिता से उनकी राय माँगी। उन्होंने युवक से विवाह न करने की सलाह दी, क्योंकि वह आयु में उससे छोटा था और कहा कि वे उसके लिए अच्छा से अच्छा वर ढूँढ़ सकते थे जो संभव भी था, क्योंकि महिला दो बच्चों के बावजूद निश्चय ही अनिंद्य सुंदरी युवती थी। पर वह नहीं मानी और उसने युवक के प्रेम और ईमानदारी की कद्र करते हुए उससे अदालती विवाह कर लिया।

इस विवाह को शीघ्र ही महिला के घरवालों ने स्वीकार कर लिया, क्योंकि वे खुले विचारों के बड़े शहरों में रहनेवाले थे और उनके यहाँ अंतर्जातीय एवं अंतर्धर्मीय विवाह हो चुके थे। लेकिन आगरा के उनके पड़ोस ने अभी तक उनके इस विवाह को लोकनिंदा के अतिरिक्त कुछ नहीं दिया। वहाँ के लोग अब भी स्वीकार नहीं कर पा रहे हैं कि एक विधवा को अपने से छोटी उम्र के युवक के साथ दूसरा विवाह करने का तथा एक सम्मानपूर्ण जीवन जीने का अधिकार है। उक्त महिला कभी-कभी अपने कमजोर क्षणों में इतनी व्यथित होती है कि आगरा छोड़ किसी महानगर में जा कर बस जाने का सोचने लगती है जहाँ कोई उन्हें जानता न हो।

बहरहाल, इसके बावजूद वह और उसके जैसी अनेक औरतें, जिन्होंने सामान्य परंपराओं को तोड़ा है, वहीं पर सगर्व जी रही हैं और समाज से अपने अधिकारों के लिए लड़ रही हैं। तो, बदलाव तो आया ही है वहाँ।

आगरा के परिवार न्यायालय के मुंसिफ एस. वी. आनंद ने बताया कि आई. ए. एस., आई. पी. एस. मेडिकल कॉलेज में चिकित्सक, लेक्चरर, प्रोफेसर—हर व्यवसाय

और हर वर्ग की महिलाएँ और पुरुष पति-पत्नी के मामूली झगड़ों को ले कर भी फैमिली कोर्ट में आते हैं। मिसाल के तौर पर एक महाशय सिर्फ इस बात को ले कर अपनी पत्नी से तलाक माँगने आये कि उसने उनकी नाक में दम कर रखा है कि 'अपने परिवार के लोगों के लिए यह मत करो, वह मत करो।' पत्नी से पूछा तो वह बोली कि, 'मुझे मायके नहीं जाने देते। जबरदस्ती पीहर चली गयी तो अब यह तलाक पर तुल गये हैं।'

आगरा के एक अन्य वकील प्रताप सिंह सेहतिया ने एक ऐसे मामले का जिक्र किया जो मानने पर मजबूर करता है कि हिन्दू पति-पत्नी के रिश्ते में परंपरा से हट कर ऐसे गंभीर बदलाव आये हैं जिन्हें हल्का-फुल्का कह कर खारिज नहीं किया जा सकता। सेहतिया ने बताया कि सन '84 में उनके पास एक मामला आया जिसमें पति-पत्नी दोनों ही व्यवसाय से शिक्षक थे। दोनों ने माता-पिता की सहमति के बगैर विवाह किया था। लड़के के पिता एक बड़े सरकारी अधिकारी थे। शादी के बाद पति-पत्नी दोनों पति के माता-पिता के पास आशीर्वाद लेने गये। लड़के की एक छोटी बहन थी। उसने परंपरा के अनुसार भाई को रोका कि कोई-न-कोई भेंट लिये बगैर वह उन्हें भीतर नहीं जाने देगी। भाई को न जाने क्या सूझा कि उसने अपनी शादी में पत्नी को मायके से मिली सिलाई मशीन बहन को देने को कह दिया। बस, इसी पर पति-पत्नी दोनों में खूब घमासान लड़ाई हुई कि 'आप कौन होते हैं मेरी मशीन अपनी बहन को देनेवाले ? आपको अगर कुछ देना ही था तो अपनी कमाई का देते।' इतनी-सी बात पर वह विवाह टूट गया। पति ने अपनी पत्नी से उसके बाद कोई बात नहीं की। लड़की के पिता लड़की को लिवा ले गये और उन्होंने तलाक का दावा कर दिया। आज तक मुकदमा चल रहा है दोनों में।

मुंसिफ एस. वी. आनंद ने ऐसे ही एक और मामले के बारे में बताया कि उनके पास परिवार न्यायालय में हाल ही में ऐसा ही मामला आया है जिसमें लड़के ने अपनी मर्जी की लड़की से शादी की। लड़की मध्य प्रदेश की है और लड़का आगरे का जहाँ उसके पिता बड़े लोगों में से हैं। लड़का शादी को ले कर इतना खुश था कि उसने अलग-अलग अवसरों के लिए सत्तरह सूट सिलवाए थे।

लड़की शादी के बाद ससुराल आयी तो उसने मायके से मिली अलमारी में अपना सारा दहेज बंद कर लिया और कहा कि बरतन वगैरह भी, जो-जो मेरी माँ ने दिये हैं उन्हें कोई प्रयोग नहीं करेगा। इसी बात पर तकरार बढ़ने लगी और मामला अदालत तक आ पहुँचा। मुंसिफ साहब शायद मामले के पीछे छिपे प्रच्छन्न कारणों को नहीं पहचान पाये। महिलाओं द्वारा तलाक के निर्णय तक पहुँचने के पीछे अक्सर कारण होते हैं—उनकी अस्मिता को पहचाना न जाना, पति के साथ अहं के टकराव और ससुरालवालों के साथ निबाह न हो पाना आदि। लेकिन पति ज्यादातर उन हालातों में पत्नी से तलाक चाहते हैं जब उनका किसी और महिला से अवैध संबंध चल

रहा हो। कई बार वे दूसरी औरत के साथ रहने भी लगते हैं कि वह तो सिर्फ घर की आया है या बच्चों को ट्यूशन पढ़ानेवाली है, या दफ्तर में उसकी सहायिका है। ऐसे अवैध संबंधों को कानून के दायरों में सिद्ध करना बहुत मुश्किल होता है जबकि एक पत्नी के रहते दूसरा विवाह करने पर भारतीय दंड संहिता के तहत सात साल की सजा का प्रावधान है। इसलिए पत्नी अक्सर इस मामले में कानूनी तौर पर कुछ नहीं कर पाती और न ही पति की ऐयाशियों पर किसी भी प्रकार की रोक लगा पाती है।

केवल आगरा में ही नहीं, आज भारत के हर शहर में दूसरी बीवी या दूसरी औरत की समस्या शादीशुदा औरतों के लिए एक चुनौती बनी हुई है। हाल के वर्षों में समाज में फैली यौन उन्मुक्तता के कारण एकाधिक संबंधों को बनते देर नहीं लगती और न ही लोग इसमें किसी प्रकार का अपराध बोध महसूस करते हैं। एक ऐसा ट्रेंड ही चल पड़ा है। हिन्दू विवाह अधिनियम, 1955 के लागू होने से पहले भी हिन्दुओं में बहुविवाह होते थे, पर तब दूसरा विवाह करने पर पहली पत्नी को घर-बाहर नहीं कर दिया जाता था। प्रसिद्ध उद्योगपति रामकृष्ण डालमिया ने छह शादियाँ की थीं और छहों पत्नियों के लिए सभी प्रकार की विधिवत व्यवस्था की थी। उद्योगपति गूजरमल मोदी की भी दो पत्नियाँ अभी कुछ साल पहले तक एक साथ रहीं। लेकिन चूँकि हिन्दू विवाह अधिनियम के तहत एक पत्नी व्यवस्था ही है, इसलिए दूसरा विवाह करते ही लोग पहली पत्नी को छोड़ देते हैं। इससे न केवल उस महिला के लिए समस्या खड़ी हो जाती है, वरन बच्चे भी लावारिस हो जाते हैं। कलकत्ता की इंडियन सोसायटी फॉर ऑफन्स एंड एडॉप्शन की अवैतनिक सचिव सरोज सूद बताती हैं कि ऐसे मामलों के अनेक बच्चों को उनकी सोसायटी गोद लेती है। समाजसेविका अशोका गुप्ता भी इस सोसायटी से जुड़ी हैं। अशोका जी ने बताया—'कलकत्ता में कालीघाट मंदिर में जा कर लोग दूसरी शादियाँ कर आते हैं। औरतें सोचती हैं कि मंदिर में उनके साथ शादी की गयी है तो कोई छल-कपट होने की संभावना नहीं हो सकती। लेकिन होता यह है कि मर्द के पहले भी बीवी-बच्चे होते हैं। दूसरी शादी करने से वह पहली को छोड़ देता है। अब औरत के साथ बच्चे भी अनाथ हो जाते हैं। कई बाद दूसरी बीवी को भी बच्चे होने के बाद छोड़ दिया जाता है। उसका तो वैसे ही कोई कानूनी 'स्टेटस' नहीं होता। तो अंततः दोनों ही पत्नियों की स्थिति नाजुक होती है।'

ऐसे संबंधों से पैदा हुए बच्चों की जटिल कानूनी स्थिति के बारे में बताते हुए सरोज सूद एक उदाहरण देती हैं, 'एक लड़की जिसकी शादी कालीघाट मंदिर में हुई थी, अपने भाई-भाभी के साथ मेरे पास आयी। काली मंदिर में शादी के बाद उन्होंने विवाह को रजिस्टर भी करा लिया था। लड़का मेरठ का रहनेवाला था। भाई ने पता लगाया कि वह लड़का पहले से शादीशुदा था और उसके पहली पत्नी से

दो बच्चे भी थे। अब इस दूसरी औरत को भी बच्चा हो गया था और उस आदमी ने इसे छोड़ दिया था। उस दूसरी औरत के भाई-भाभी चाहते थे कि बच्चा वे गोद ले लें। पर कानूनन यह संभव नहीं था, क्योंकि कानून यह कहता है कि अगर पिता जिंदा है तो माँ को यह अधिकार नहीं बनता कि वह बच्चे को गोद दे। अतः वह महिला अपने भाई-भाभी को बच्चा गोद नहीं दे सकती थी, जब तक कि वह सिद्ध न कर देती कि उसका विवाह अवैध था। विवाह को कोर्ट में रजिस्टर किया गया था, इसलिए उसे अवैध सिद्ध करने के लिए भी पूरे प्रमाणों की जरूरत थी। तब हुआ यह कि यद्यपि वह उसका अपना ही बच्चा था, पर वह उसे गोद नहीं दे सकी। बच्चा हमारे पास है और वह महिला अदालत द्वारा उसकी गार्जियन बनायी गयी है। तो आप सोचिए कि कानून की परिधि में ऐसे मामले कितने पेचीदे हो जाते हैं।'

हाल ही में दिल्ली की इंडियन हाउसवाइव्स एसोसिएशन की सचिव संध्या शर्मा ने दिल्ली के मुख्यमंत्री मदनलाल खुराना को ज्ञापन दिया कि ऐसे पतियों के खिलाफ सख्त कार्रवाई की जाये। संध्या शर्मा अपने साथ पाँच महिलाओं को ले गयी थीं जिनके पतियों ने दूसरी शादियाँ करने के बाद उन्हें छोड़ दिया था।

अखिल भारतीय जनवादी महिला समिति की सचिव वृंदा करात बताती हैं, कि उनके पास ऐसी बहुत-सी औरतों के मामले आने लगे हैं, जिनके पतियों ने उन्हें दूसरी शादी के बाद छोड़ दिया या फिर उन्हें शादी के बाद पता चला कि वे अपने पति की दूसरी बीवियाँ थीं।

वृंदा कहती हैं, 'ऐसे मामले सिर्फ बड़े शहरों में ही नहीं, छोटे मुफस्सिल शहरों में भी बहुत बढ़ रहे हैं। ये मामले बड़े जटिल होते हैं, क्योंकि अगर वह आदमी दूसरी औरत के साथ बहुत ज्यादा 'इन्वाल्व्ड' (फँसा हुआ) होता है और उसने उससे शादी नहीं की होती है, पर उसके साथ रहता है, तब हम कुछ भी नहीं कर सकते। हद से हद इतना कर सकते हैं कि उसके ऊपर सामाजिक दबाव डालें। अगर पहली औरत के बच्चे होते हैं तब हम कोशिश करते हैं कि उसे गुजारे के पैसे दिलवा दें। कई बार दूसरी औरत की स्थिति भी मदद के लायक हो गयी होती है।

'मैं इतना बता दूँ कि अगले दस सालों में औरत की स्थिति हिन्दुस्तान में और खराब होने जा रही है। अगले कुछ सालों में टूरिज्म बढ़ेगा, मल्टीनेशनल कंपनियाँ बढ़ेंगी, वेश्यावृत्ति बढ़ेगी। मलयेशिया, फिलीपीन और जापान में जो औरतों की हालत है, हमारे यहाँ भी ऐसी ही स्थिति हो जायेगी।'

एक मानवीय यौन नैतिकता की खोज में

डॉ. रणजीत

वर्तमान भारतीय समाज में, जो मोटे तौर पर पूँजीवादी अवस्था की ओर बढ़ता हुआ सामन्ती समाज है, सभी क्षेत्रों में नैतिकता की धारणाएँ रूढ़ और अविवेकपूर्ण मान्यताओं पर अधिक आधारित हैं, तर्कसंगत मानवीय दृष्टि पर कम। यौन संबंधी नैतिकता की धारणाएँ भी इसका अपवाद नहीं हैं। हमारी परंपरागत यौन नैतिकता की पहली विसंगति यह है कि यद्यपि हम अपने गंभीर और भद्र एकेडेमिक विचार-विमर्श में यौन के प्रति सर्वाधिक उपेक्षा दिखाते हैं, तथापि हमारी सम्पूर्ण नैतिक दृष्टि यौन नैतिकता को असन्तुलित और आवश्यकता से कहीं अधिक महत्व देती है। जब हम 'चरित्रवान' और 'चरित्रहीन' व्यक्ति की बात करते हैं, तो दस में से नौ बार हमारा मतलब यौन दृष्टि से चरित्रवान और यौनदृष्टि से चरित्रहीन व्यक्ति से होता है। सम्पूर्ण चरित्र को हमने एक तरह से मनुष्य के यौन-व्यवहार तक सीमित कर दिया है, जैसे इससे बाहर कोई नैतिकता अस्तित्व ही न रखती हो। किसी भी तर्कसंगत और संतुलित मानवीय नैतिक दृष्टि में, यौन नैतिकता को दस प्रतिशत से अधिक महत्व नहीं दिया जाना चाहिए। यदि मनुष्य के महत्वपूर्ण सद्‌गुणों की एक सूची बनायी जाये, तो निश्चय ही उसमें धैर्य, साहस, निर्भयता, संकल्प की दृढ़ता, स्वतंत्रता, समानता, भ्रातृत्व, ईमानदारी, कर्मण्यता, सत्यनिष्ठता, अन्याय का प्रतिरोध करने की भावना, विवेकशीलता आदि अनेक गुणों के साथ उसके यौन-व्यवहार की मानवीयता को भी जोड़ा जायेगा। पर स्पष्ट ही वह अनेक मानवीय गुणों में से एक होगी, लेकिन परंपरागत नैतिकता ने उसे इतना अधिक महत्व दिया है कि जैसे किसी व्यक्ति की नैतिकता की एकमात्र कसौटी ही वह हो। फिर परंपरागत नैतिकता स्त्री और पुरुष की असमानता पर आधारित है। वह पुरुष की अनैतिकता के प्रति जितनी सहनशील है, स्त्री की अनैतिकता के प्रति उतनी ही क्रूर। पुरुष को तो, उसकी निन्दा करते हुए भी, वह

बहुत से अनैतिक कार्यों की अनुमति दे देती है या कम-से-कम उसकी तथाकथित अनैतिकता के प्रति उदासीन रह लेती है। पर स्त्री की जरा भी अनैतिकता उसे असह्य होती है।

परंपरागत यौन नैतिकता की तीसरी असंगति यह है कि वह साधारणतया तो सभी में और विशेषकर स्त्रियों में यौन-अज्ञान को एक सद्‌गुण के रूप में प्रस्थापित करती है। अज्ञान को किसी भी भय या तर्क के आधार पर सद्‌गुण घोषित करना पहले दरजे की मूर्खता है। पर हमारी परंपरागत नैतिकता की मान्यता यह है कि जो स्त्री इस विषय में जितनी ही अनजान है, वह उतनी ही पवित्र है।

फिर परंपरागत नैतिकता भले ही कहने को कुछ विशिष्ट परिस्थितियों में मानवीय संभोग को स्वीकृति दे देती है, पर उसमें सभी प्रकार के संभोगों को अनैतिक और बुरा मानने की एक प्रबल प्रवृत्ति है, जो कभी तो ब्रह्मचर्य के गुणगान में व्यक्त होती है और कभी संन्यास, संयम, आत्मनिग्रह आदि को सद्‌गुण घोषित कर। वास्तव में हमारी परंपरागत नैतिकता, चाहे वह तुलसीदास से प्रभावित हो, दयानंद से या गाँधी से, मोटे तौर पर संभोग-विरोधी है। अगर वह संभोग की छूट देती है, तो केवल विहित पति-पत्नी को ही और उन्हें भी केवल संतानोत्पत्ति के लिए ही। पारस्परिक आनंद के लिए किये गये स्त्री और पुरुष के संभोग को, जो मानवीय दृष्टि से मानव जीवन का एक बहुत मूल्यवान सुख है, वह लगभग निन्दनीय मानती है।

परंपरागत यौन नैतिकता स्त्री और पुरुष में जो भेदभाव करती है, उसका सर्वाधिक मुखर रूप उनके पूर्व-यौन अनुभवों के संबंध में दिखाई देता है। एक पुरुष के विवाह पूर्व के यौन अनुभवों तथा वेश्याओं के साथ के उसके संबंधों को वह आम तौर पर सह लेती है। उनसे वह पुरुष अपवित्र हो गया है और विवाह योग्य नहीं रहा, ऐसा बिरला ही कोई कन्या का पिता भी मानता होगा। पर यौन क्रिया की अनुभवी लड़की को लगभग प्रत्येक विवाह करनेवाला लड़का और उसके माता-पिता अपवित्र और अयोग्य घोषित कर देंगे। स्पष्ट ही परंपरागत नैतिकता अपना अधिकतर बोझ स्त्रियों के सिर पर डालती है, उन्हीं से पहले अक्षतयोनि और बाद में एकनिष्ठ होने की सारी आशाएँ की जाती हैं।

संतानोत्पत्ति के उद्देश्य को परंपरागत नैतिकता मैथुन के साथ इस तरह जोड़ती है कि न केवल इस उद्देश्य के बिना किया गया संभोग अनैतिक नहीं तो कम-से-कम उपेक्षणीय अवश्य हो जाता है, बल्कि साथ ही परिवार नियोजन के वे सब साधन भी, जो संभोग के आनंद को संतानोत्पत्ति के भय और खतरे से मुक्त करके मनुष्य की स्वतंत्रता का विधान करते हैं, उसकी नजर में अनैतिक हैं। परंपरावादी धार्मिकों का परिवार नियोजन के कार्यक्रमों के प्रति विरोध भाव इसी कारण है कि ये संभोग को एक स्वतः संपूर्ण आनंददायक कर्म बना देते हैं।

परंपरागत यौन नैतिकता संबंधी ये धारणाएँ हमारे समाज में पर्याप्त प्रचलित

हैं, फिर भी परंपरागत नैतिकतावादियों की सबसे बड़ी शिकायत यह है कि लोग अधिक-से-अधिक अनैतिक होते जा रहे हैं और नैतिकता के नियम टूटते चले जा रहे हैं। परंपरागत यौन नैतिकता को दृढ़ता से लागू करना कितना कठिन और बेहूदा हो गया है, इस पर बर्ट्रेण्ड रसल ने मनोरंजक ढंग से प्रकाश डाला है। वे कहते हैं कि पुरानी नैतिकता को फिर से दृढ़तापूर्वक स्थापित करने के लिए समाज को जो कदम उठाने पड़ेंगे, उनमें से पहला यह है कि लड़कियों की शिक्षा इस तरह की हो कि वे अज्ञान, मूढ़ और अंधविश्वासिनी बनी रह सकें। फिर हमें सेक्स संबंधी विषयों की जानकारी देनेवाली सभी पुस्तकों पर भी कड़ा सेंसर लगाना होगा। पर इतना तो कई रूढ़िवादी समाजों में किया ही जा रहा है। वास्तव में समाज को युवतियों के अकेले में पुरुषों से मिलने के सभी अवसर छीन लेने चाहिए। अर्थात सिनेमा-थियेटर, कालेज-यूनिवर्सिटी वगैरह उन्हें अकेले नहीं जाने देना चाहिए, अकेले यात्रा करने की उन्हें अनुमति नहीं होनी चाहिए, कार ड्राइविंग के उनके लाइसेंस छीन लिए जाने चाहिए और अंततः घर से बाहर जा कर नौकरी के अधिकार से भी उन्हें वंचित कर दिया जाना चाहिए। अच्छा तो यह हो कि पुलिस के डॉक्टर महीने में एक बार सभी अविवाहित स्त्रियों की शारीरिक परीक्षा करें और जो अक्षतयोनि न हो, उसे जेल भेज दें। गर्भ निरोधकों को भी निश्चय ही सर्वथा बंद करना पड़ेगा। पर पुलिस के लोग या डॉक्टर स्वयं ही कुछ स्त्रियों से संभोग कर सकते हैं, इसलिए सर्वोत्कृष्ट उपाय यह होगा कि पुलिस के सभी कर्मचारियों और डॉक्टरों को बधिया कर दिया जाय। पुरुष स्वभाव में निहित दुराचार की प्रवृत्ति को देखते हुए अधिक कट्टर परंपरागत नैतिकतावादियों को इस बात की भी माँग करनी चाहिए कि सभी पुरुषों को बधिया कर दिया जाय।

स्पष्ट है कि परंपरागत यौन नैतिकता की ये तार्किक परिणतियाँ नितान्त अव्यावहारिक, बेहूदा और अमानवीय हैं।

अब प्रश्न है कि यौनिकता की इस एकाधिकारवादी-संन्यासवादी नैतिकता की जगह लेनेवाली नयी विवेकवादी-मानवीय नैतिकता का स्वरूप क्या हो सकता है?

नयी नैतिकता सबसे पहले तो स्त्री और पुरुष की बराबरी पर आधारित होगी। यूरोपीय और विशेष तौर पर साम्यवादी समाजों में, यह समानता बहुत कुछ साकार भी हो चुकी है। एक विवेकशील मानववादी यौन नैतिकता स्त्री को ऐसे किसी भी अधिकार से वंचित नहीं करेगी, जिससे वह पुरुष को नहीं करती। पर यहाँ इस तथ्य को भी अनदेखा नहीं करना चाहिए कि स्त्री और पुरुष की समानता अपने वास्तविक रूप में तभी मूर्तिमान हो सकती है, जब स्त्री आर्थिक दृष्टि से पुरुष पर निर्भर न रह जाये। बिना स्त्री के आर्थिक स्वाधीनता प्राप्त किये स्त्री और पुरुष के प्रति सामाजिक और यौन दृष्टि से समान व्यवहार स्वाभाविक रूप से स्त्री के प्रति क्रूर व्यवहार का रूप धारण कर लेगा। यह एक तथ्य है कि आज के यूरोपीय पुरुष और

स्त्रियाँ अपने यौन व्यवहार में अपने ही देशों के सौ वर्ष पहले के स्त्री-पुरुषों की अपेक्षा और तुलनात्मक रूप से आज के भारतीय स्त्री-पुरुषों की अपेक्षा परंपरागत विधि-निषेधों से अधिक मुक्त और अधिक स्वच्छंद हैं। किसी मानवीय नैतिकता के सामने यौन क्षेत्र में भी स्त्री और पुरुष की समानता स्थापित करने के दो ही विकल्प हैं : या तो अब तक पुरुषों द्वारा एकतरफा तौर पर भोगी जानेवाली स्वतंत्रताओं को वह स्त्रियों के लिए भी स्वीकार करे और या स्त्रियों के विवाह से पूर्व अक्षतयोनि और विवाह के बाद एकनिष्ठ रहने के परंरागत दायित्व को पुरुष पर भी लागू करे। प्रथम विश्व युद्ध से पहले यूरोप में स्त्री-अधिकारों के समर्थक पुरुष को भी उतना ही 'सदाचारी' बना देना चाहते थे, पर उसके बाद से पुरुष और स्त्री के तथाकथित 'दुराचारी' स्वभाव पर विज्ञान ने इतना अधिक प्रकाश डाल दिया है कि अब कोई स्त्री-पुरुष की समानता का समर्थक नैतिक दासता में उनकी समानता की माँग नहीं करता, इसकी जगह अब नैतिक स्वतंत्रता में उनकी समानता की माँग की जाती है। नारी मुक्ति का सम-सामयिक आंदोलन इसी माँग की उपज है।

फिर एक मानवीय यौन नैतिकता यौन ज्ञान और अनुभव के प्रति वैसा घृणाभाव नहीं रख सकती, जैसा परंपरागत नैतिकता रखती है। जीवन के प्रत्येक क्षेत्र की तरह इस क्षेत्र का भी ज्ञान मनुष्य को अपने व्यवहार को अधिक सचेत और अधिक विवेकपूर्ण बनाने में सहायता करता है, यहीं एक विवेकसंगत नैतिकता की स्थापना हो सकती है। किसी भी कार्य को कुशलतापूर्वक करने के लिए उस कार्य का पूर्ण अनुभव एक योग्यता मानी जाती है—अनुभवी इंजीनियरों, डॉक्टरों, अध्यापकों और दीक्षा-प्राप्त कर्मचारियों को मानव जीवन के हर क्षेत्र में नौसिखुओं की अपेक्षा प्राथमिकता दी जाती है, किंतु यह परंपरागत नैतिकता की ही विडम्बना है कि यौन जैसे महत्वपूर्ण क्षेत्र में दीक्षित और पूर्व अनुभव प्राप्त व्यक्ति को भ्रष्ट और भविष्य में उसी कार्य के सुनियोजित संपादन के अयोग्य घोषित किया जाता है। नयी विवेकसंगत नैतिकता ज्ञान और अनुभव को इस क्षेत्र में भी उनका स्वाभाविक महत्वपूर्ण स्थान प्रदान करेगी। नयी मानवीय यौन नैतिकता विवाह की जगह निश्चय ही प्रेम को देगी। परंपरागत नैतिकता जिस तरह वैवाहिक यौन संबंधों को नैतिक और विवाह-बाह्य यौन संबंधों को अनैतिक घोषित करती है—चाहे वैवाहिक संबंध कितने ही विषम और क्रूर तथा विवाह-बाह्य संबंध कितने ही मानवीय एवं करुण क्यों न हों—इसी तरह नयी नैतिकता की दृष्टि में वे सारे संबंध, जो प्रेम पर आधारित नहीं हैं और किसी-न-किसी मजबूरी के परिणाम हैं, अनैतिक होंगे, फिर चाहे वह मजबूरी पैसे की हो, धर्म की या विवाहित होने की।

विज्ञान के विकास से हमारे युग में पहली बार यह संभव हुआ कि संभोग के जैविक उद्देश्य और उसके मानवीय उद्देश्य को स्पष्ट रूप से अलगाया जा सके। अब हमारे सामने यह स्पष्ट है कि यद्यपि संभोग का जैविक उद्देश्य संतानोत्पत्ति ही

है, तथापि मात्र यही उसका मानवीय उद्देश्य नहीं है, इसका मानवीय उद्देश्य एक दूसरे को चरम सुख प्रदान करना और सुख के सहयोग में मानवीय नैकट्य और ऊष्मा का सघन अनुभव प्राप्त करना है। यह अनुभव एक मूल्यवान मानवीय अनुभव है और है मनुष्य की एक महत्वपूर्ण सांस्कृतिक उपलब्धि। बिना गहरे प्रेम के इस गहरे अनुभव को प्राप्त करना कठिन है और इस गहरे अनुभव के बिना मनुष्य का जीवन बहुत कुछ विपन्न रह जायेगा। जन्म-निरोध के साधनों ने संभोग के विशिष्ट रूप से मानवीय और उसके सामान्य रूप से जैविक उद्देश्यों को बहुत कुछ अलग-अलग कर दिया है। नयी मानववादी नैतिकता परंपरागत नैतिकता की तरह संभोग के मानवीय उद्देश्यों की उपेक्षा नहीं कर सकती और न वह जन्म-निरोध के साधनों का विरोध ही कर सकती है। आज सामान्य तौर से विश्व की और विशेष तौर से हमारे जैसे विकासशील देशों की तेजी से बढ़ती हुई आबादी एक ऐसी भीषण मानवीय समस्या है, कि कोई भी विवेकसंगत नीति व्यवस्था उससे आँखें नहीं मूँद सकती। जनसंख्या विस्फोट के इस युग में प्रत्येक प्रबुद्ध व्यक्ति का यह एक महत्वपूर्ण राष्ट्रीय और मानवीय दायित्व है कि वह आबादी की इस वृद्धि में कुछ रुकावट डाले। जन्म-निरोध के वैज्ञानिक साधनों का समर्थन और प्रयोग इसी दायित्व का एक अंग है। इसलिए नयी मानववादी यौन नैतिकता न केवल जन्म-निरोध के साधनों का समर्थन करती ही है, बल्कि वह गर्भपात को भी आत्यंतिक परिस्थितियों में जन्म-निरोध के एक साधन के रूप में मान्यता देती है। कुछ प्रबुद्ध देशों के विधान निर्माताओं ने उसे एक वैध साधन के रूप में मान्यता दे भी दी है।

परंपरागत यौन नैतिकता एक विवाहित व्यक्ति को अपनी पत्नी के साथ, उसकी अनिच्छा के बावजूद भी संभोग करने का अधिकार देती है, वह एक प्रकार से उसे पत्नी द्वारा की गयी अपने पति की 'सेवा' के रूप में मानती है। स्वार्थपूर्ण सामंती यौन आदतों का ही परिणाम है कि आज भी अनेक पति अपनी पत्नियों से 'संभोग' करते ही नहीं, उनके दर्द, अनिच्छा और यहाँ तक कि घृणा के बावजूद वे उन पर एक विषम-भोग थोप देते हैं, जिसे वे केवल उनकी पत्नी होने के नाते ही चुपचाप अपना कर्तव्य समझ कर सहती हैं। इस तरह से संभोग की सामंती धारणा ने उससे उसकी मूलभूत जैविक आनंददायकता भी छीन ली है। इस तरह के एकतरफा मैथुन को नयी मानववादी नैतिकता कदापि स्वीकृति नहीं दे सकती। वास्तव में संभोग तब तक संभोग है ही नहीं, जब तक वह उसमें लिप्त दोनों साथियों के लिए पूरी तरह आनंददायक न हो। अपूर्ण संभोगों को इस पूर्णता की प्राप्ति के असफल प्रयत्नों के रूप में ही स्वीकृति दी जा सकती है। अपनी यौन संगिनी को मैथुनिक सुख की चरम सीमा पर पहुँचा कर ही पुरुष का संभोग नारी का सामंती शोषण बनने से अपने को बचा सकता है। निश्चय ही नयी मानववादी नैतिकता न केवल विहित पति-पत्नी के बीच भी ऐसे विसंभोगों को अनैतिक मानेगी, बल्कि प्रेमी पुरुष द्वारा

अपनी प्रिया पर किये गये ऐसे लापरवाह विसंभोग की भी भर्त्सना करेगी। संक्षेप में नयी यौन नैतिकता स्त्री की यौन तृप्ति को भी उतना ही महत्व देगी, जितना वह पुरुष की यौन तृप्ति को देती है।

स्पष्ट ही नयी यौन नैतिकता उन सब संभोगों को, जिनका वरण दो लोग अपनी पूरी स्वतंत्र इच्छा से करते हैं, जो उन दोनों के लिए परम आनंददायी है, पूरी तरह से नैतिक मानेगी। धोखा, मजबूरी और जबर्दस्ती ही वे मुख्य तत्व हैं, जो संभोग जैसे आनंददायी और गहन मानवीय सान्निध्य के साधक कर्म को अनैतिक बना सकते हैं।

जब तक कोई संभोग स्त्री के गर्भधारण का कारण नहीं बनता, तब तक वह उसमें संलग्न दो लोगों का आपसी व्यक्तिगत मामला ही माना जाना चाहिए और उसमें किसी बाहरी व्यक्ति या पूरे समाज को हस्तक्षेप करने का कोई अधिकार नहीं होना चाहिए। हाँ, संतानोत्पत्ति में परिणत होनेवाले संभोग निश्चय ही एक सामाजिक मसला हैं और उन पर समाज अपने विकास के स्तर और व्यवस्था की पूर्णता-अपूर्णता के आधार पर निर्णय करेगा। आज का वैयक्तिक पितृत्व प्रधान समाज स्वाभाविक रूप से दो लोगों को तब तक संतानोत्पत्ति की अनुमति नहीं दे सकेगा, जब तक कि वे विहित पति-पत्नी न हों। पर भविष्य में समाज अपनी व्यवस्था को पूर्णता प्रदान करते हुए एक तो पति-पत्नी में से भी उन्हीं जोड़ों को संतानोत्पत्ति का अधिकार देगा, जो जैविक और चिकित्सा विज्ञान की दृष्टि से इस योग्य हों और दूसरे, जैसी संभावना कि बर्ट्रेण्ड रसल ने व्यक्त की है, यदि भविष्य में वैयक्तिक पितृत्व की जगह फिर सामाजिक पितृत्व ने ले ली तो फिर संतानोत्पत्ति की अनुमति किसी स्त्री को बिना किसी की पत्नी बने भी दी जा सकेगी, क्योंकि तब सभी बच्चों के लालन-पालन का जिम्मा पूरी तरह समाज का होगा और वे किसी विशेष पिता के बच्चे नहीं होंगे।

यहाँ परंपरावादियों की ओर से यह प्रश्न उठाया जा सकता है कि क्या यह तथाकथित मानववादी नैतिकता यौन और प्रेम-संबंधों में एकनिष्ठता की गंभीर मानवीय वृत्ति के विरुद्ध नहीं है ? प्रत्येक मनुष्य स्वाभाविक रूप से यह चाहता है कि जिसे वह प्यार करता है, वह सिर्फ उसे ही प्यार करे, उसी से यौन संबंध रखे और यदि उसकी संगिनी किसी दूसरे से प्यार करने लगती है, तो ईर्ष्या, घृणा, निराशा और विषाद से उसका हृदय विषाक्त हो उठता है। क्या यह नयी नैतिकता समाज को ऐसे ही विषण्ण और रुग्णमनस्क व्यक्तियों के एक समूह में नहीं बदल देगी ?

पर यह प्रश्न मानव स्वभाव के प्रति एक गहरे भ्रम पर आधारित है। यह ठीक है कि मनुष्य उन प्राणियों में से एक है, जिनके यौन संबंध किसी खास मौसम तक ही सीमित नहीं रहते, उसमें अपनी एक मैथुन ऋतु के यौन संगी के साथ दूसरी मैथुन ऋतुओं में भी बने रहने की प्रवृत्ति मौजूद है, पर इस प्रवृत्ति को सामंती एकाधिकार का रूप सामंत युग ने ही दिया है और ऐसी, अपने संगी की इच्छा के विरुद्ध तक जानेवाली एकाधिकारी वृत्ति को अनेक अन्य सामंती और पूँजीवादी वृत्तियों की तरह

ही जायज या नैतिक या 'मानवीय' नहीं माना जा सकता। जमीन, पूँजी आदि पर एकाधिकार की वृत्ति को भी अनेक लोग गंभीरता से मनुष्य की मूलभूत वृत्ति घोषित करते हैं, जबकि प्रत्येक प्रगतिशील विवेकवादी व्यक्ति इस सामंती-पूँजीवादी वृत्ति पर रोक लगाना मानव हित के लिए आवश्यक मानता है। एकनिष्ठता की इसी तथाकथित मूल प्रवृत्ति पर आधारित अनेक समाजों की विवाह व्यवस्थाएँ कितनी बेशर्मी से 4 से लेकर 16 हजार तक स्त्रियों पर एक पुरुष के एकाधिकार को उचित ठहराती रही हैं, यह किसी से छिपा नहीं है।

क्यों बचा रहे यह परिवार[1]

कात्यायनी

प्रिय भाई,

'बचा रहे परिवार !' लेकिन क्यों ? इस 'पवित्र संस्था' से मोहासक्ति का कारण ? क्यों बचा रहे परिवार ? इसलिए कि प्रेम जीवित रहे, ऊष्मा बनी रहे, नागरिकता की पहली पाठशाला सुरक्षित रहे ? सब बकवास है !

जिस तरह हर सम्पत्ति-साम्राज्य लूट, ठगी और अपराध की बुनियाद पर टिका होता है, ठीक उसी तरह हर परिवार का ताना-बाना स्त्री की गुलामी और अस्मिता-विहीनता की बुनियाद पर खड़ा है—चाहे वह मध्ययुगीन पितृसत्तात्मक ढाँचेवाला सामंती संयुक्त परिवार हो या पूँजीवादी ढंग से संगठित परिवार। परिवार वर्ग-निरपेक्ष संस्था नहीं। परिवार का प्यार मूल्य-मुक्त प्यार होता ही नहीं। पूर्ण समानता और स्वतंत्र अस्मिता की चाहत रखनेवाली कोई स्त्री भला क्यों चाहेगी कि बचा रहे परिवार ?

नहीं, कृपया मुझे अराजकतावादी या स्वच्छंदतावादी न समझें। यह तो बूर्जुआओं और उन फिलिस्टीन बुद्धिजीवियों और अतीत की रागात्मकता के लिए विलाप करनेवाले अतीतजीवियों का गुण है।

इतिहास में पीछे की ओर चलें। एक विवाह प्रथा की स्थापना के साथ ही

---

1. 1995 में प्रकाशित 'जनसत्ता सबरंग' (बंबई) के दीपावली अंक की विषय वस्तु थी—'बचा रहे परिवार !' जनसत्ता सबरंग के संपादक धीरेन्द्र अस्थाना ने प्रकाशनार्थ इस विषय पर केन्द्रित कविताओं की माँग करते हुए पत्र लिखा था। उस पत्र के लंबे उत्तर के साथ मैंने दो कविताएँ भेजी थीं। वे कविताएँ तो प्रकाशित हुईं, पर वह पत्र नहीं जो स्त्री-पुरुष के प्यार के नैसर्गिक संस्थाबद्ध रूप के तौर पर परिवार की प्रस्तरीकृत मान्यता और रूढ़िबद्ध धारणा को प्रश्नों के कठघरे में खड़ा करता है। वह अप्रकाशित पत्र बहस-विचार को आगे बढ़ाने की दृष्टि से यहाँ प्रस्तुत है।

एक ओर जहाँ मानव सभ्यता के उच्चतर, अधिक वैज्ञानिक नैतिक मूल्यों का जन्म हुआ, वहीं पुरुष द्वारा स्त्री को दास बनाये जाने की शुरुआत भी यहीं से हुई। धीरे-धीरे स्त्री एक सजीव, पारिवारिक सम्पत्ति में रूपांतरित होती चली गयी। संपत्ति संचय और कानूनी वारिसों को उसका हस्तान्तरण परिवार का मुख्य उद्देश्य बन गया।

सामंती समाज के पितृसत्तात्मक पारिवारिक ढाँचे में ऊपर से जो रागात्मकता, स्त्री के प्रति उदार संरक्षण-भाव, यदा-कदा श्रद्धा भाव और उसके सौंदर्य के प्रति सूक्ष्म जागरूकता दिखाई देती है, वह सब ऊपरी चीज है और खाँटी 'पुरुष दृष्टि' को यह सब कुछ बहुत भाता है। प्रतीति को भेद कर सार तक पहुँचने पर पता चलता है कि स्त्री सामंती समाज में विलासिता और निजी उपभोग की वस्तु मात्र थी और साथ ही वंश चलाने का जरूरी साधन। उसकी अपनी कोई स्वतंत्र पहचान या अस्मिता नहीं थी। अपने 'पवनी-परजा', हाथी-घोड़े, नौकरों आदि के प्रति संरक्षण भाव रखनेवाले सामंत स्त्रियों के प्रति भी संरक्षण भाव रखते थे। इस प्रभावी संस्कृति से कुछ भिन्नता (सापेक्षिक आजादी) के बावजूद किसान एवं भूदास परिवार की स्त्रियाँ भी अलग नहीं थीं। साथ ही वे सामंतों द्वारा उपभोग्य भी मानी जाती थीं। यही पुराने पारिवारिक ढाँचों की वह 'सुखद रागात्मकता' और काव्यात्मकता है, जिसके टूटने-बिखरने पर आज दुखी आत्माएँ विलाप कर रही हैं।

पूँजीवाद ने अपनी जरूरतों से स्त्रियों को चूल्हे-चौखट की गुलामी से आंशिक मुक्ति दिलायी और स्त्रियों को दोयम दर्जे की नागरिकता देने के साथ ही उन्हें निकृष्टतम कोटि का उजरती गुलाम बना कर सड़कों पर धकेल दिया। पूँजीवाद की विकसित अवस्था की उपभोक्ता संस्कृति में सूचना तंत्र, प्रचार तंत्र और नये मनोरंजन-उद्योग के अंतर्गत स्त्री खुद में एक उपभोक्ता सामग्री बन कर रह गयी। पुराने सामंती परिवार के राग-अनुराग को तोड़ कर पूँजी ने घटिया उपयोगितावाद को जन्म दिया और पूँजी पर, निजी लाभ के आधार पर खड़े पूँजीवादी परिवार में बेगानापन पोर-पोर में रच-बस गया। 'मध्ययुगीन प्यार' के स्वप्नलोक में विचरण करती दुखी आत्माओं को लगने लगा कि परिवार टूट रहा है, प्रलय आ रहा है। लेकिन यह परिवार का 'टूटना' नहीं, बल्कि उसका पूँजीवादी रूपांतरण था।

आज के भारत में जिसे 'परिवारों का टूटना-बिखरना' कहा जा रहा है, वह क्या है ? उत्तर-औपनिवेशिक भारतीय समाज भूमि संबंधों के 'जुंकर टाइप' रूपांतरण और उद्योगों के विकास के साथ ही एक अर्द्धऔद्योगीकृत समाज में क्रमशः रूपांतरित होता चला गया है। यहाँ साम्राज्यवाद पर निर्भर, एक बौना, बीमार, विकलांग पूँजीवाद विकसित हुआ है। अठारहवीं-उन्नीसवीं सदी के यूरोपीय पूँजीवाद से भिन्न, उपनिवेशवाद के गर्भ से जन्मा, साम्राज्यवादी विश्व-परिवेश में पला-बढ़ा यह पूँजीवाद जीवन के हर क्षेत्र में सामंती मूल्यों-मान्यताओं से समझौता किये हुए है, उन्हें 'एडॉप्ट' किये हुए है और स्वस्थ जनतांत्रिक मूल्यों एवं तर्कपरकता से रिक्त है। इस

संक्रमणकालीन भारतीय समाज में स्त्रियों की पीड़ा दोहरी है। संयुक्त परिवार के ढाँचे के टूटने, नाभिक परिवारों के बढ़ते जाने और आंशिक सामाजिक आजादी के बावजूद मूल्यों-मान्यताओं के धरातल पर वह पितृसत्तात्मक स्वेच्छाचारिता को भी भुगत रही है और उपभोक्ता संस्कृति की नयी नग्न निरंकुशता को भी। पति उसे शिक्षित और आधुनिक देखना-दिखाना चाहता है। अपनी मित्र मण्डली को प्रभावित करना और जलाना चाहता है, पर यह नहीं चाहता कि वह इसकी इच्छाओं की सीमारेखा लाँघकर किसी पुरुष से (या यहाँ तक कि स्त्री से भी) स्वतंत्र संबंध बनाये। वह यह तो चाहता है कि घर का बोझ हलका करने के लिए पत्नी कमाये, पर यह नहीं चाहता कि वह अपने दफ्तर या कारखाने में स्वतंत्र रिश्ते बनाये। यंत्र मानव की तरह वह बस पैसे कमाये और आज्ञाकारी सुशील पत्नी की तरह समय से घर आ जाये। उच्च से ले कर उच्च-मध्य वर्ग तक में, किटी पार्टियों, लायंस-रोटरी की पार्टियों में जाने की आजादी है और पत्नियों की अदला-बदली और स्वच्छंद यौनापभोग का खुला-गुप्त चलन भी बढ़ रहा है। मध्य वर्ग से ले कर कामगार वर्गों तक की कामकाजी स्त्रियों का शारीरिक-मानसिक श्रम सबसे सस्ता है। बाहरी काम्मकाज या नौकरी में पुरुष से अधिक श्रम करने के बावजूद उसे घर का कामकाज और बच्चों का लालन-पालन भी करना है। कुछ 'उदार' पति इसमें हाथ बँटा कर उसे उपकृत जरूर करते रहते हैं।

कुल मिला कर पूँजीवादी किस्म का निजी स्वामित्व आज हमारे समाज में भी परिवार के अंदर संबंधों के रूप को मुख्यतः प्रभावित करने लगा है। भौतिक स्वार्थ और विवाह के वाणिज्यिक लाभों की उपस्थिति स्पष्ट है। पुरानी रागात्मकता समाप्त हो रही है और पति-पत्नी रिश्तों तक में बेगानापन घुल चुका है। पति-पत्नी के बीच के यौन संबंध भी 80 फीसदी मात्रा में वैधिक वेश्यागमन और सामाजिक मान्यताप्राप्त बलात्कार ही है।

और तब आप सभी फिलिस्टाइन आत्माएँ 'जाने कहाँ गये वो दिन...' गाते हुए, रोते-सिसकते हुए, पुराने समय के 'रागात्मक प्यार' और सुखद माहौल को याद करते हुए अंततः करुण क्रंदन कर उठते हैं—'बचा रहे परिवार !'

सामाजिक विकास की इस मंजिल पर पहुँच कर पूँजीवादी परिवार का ताना-बाना भी पूरी दुनिया में टूटने-बिखरने लगा है। हमारे देश में परिवार के पितृसत्तात्मक ढाँचे की रागात्मकता लगभग नष्ट हो चुकी है और पूँजीवादी परिवार की जो सामाजिक इकाई पैदा हुई है, वह जन्म से ही विकलांग, बीमार और शैशवकाल में ही संकटग्रस्त है। कारण, समाजवाद पर विजय की उन्मत्त घोषणाओं और प्राथमिक समाजवादी प्रयोगों की विफलता के बावजूद यह सच है कि पूँजीवाद अब मानवता को कुछ भी सकारात्मक दे सकने की क्षमता खो कर अन्तकारी रोगों से ग्रस्त हो चुका है। परिवार के पूँजीवादी ढाँचों को भी नष्ट होना ही है—पश्चिम में भी, रूस व पूर्वी

यूरोप में भी तथा एशिया-अफ्रीका-लैटिन अमेरिका में भी। इसे आप बचा नहीं सकते। और सामंती पितृसत्तात्मक मध्ययुगीन सामाजिक-पारिवारिक ढाँचे की रागात्मकता के 'स्वर्णयुग' को वापस ला नहीं सकता। फिर फालतू का रोना-कल्पना काहे को ? वर्तमान की समस्या का समाधान अतीत में नहीं है। इतिहास की स्वाभाविक गति में जो चीज टूटनी है, वह तो टूटनी ही है। पूँजीवादी समाज की ही तरह क्षरित-विघटित होते पूँजीवादी परिवार की पीड़ा-व्यथा, यंत्रणा-विकृति से मुक्ति का एकमात्र तरीका समाज-विकास की गति के आम नियमों और आम दिशा को समझ कर उस दिशा में अपनी चेष्टाओं को निर्देशित करना ही हो सकता है—चाहे वह सामाजिक सक्रियता के क्षेत्र में हो या कलात्मक-सांस्कृतिक उद्यम के क्षेत्र में।

प्यार को बचाने के लिए परिवार को बचाना जरूरी नहीं है। समाज के नैतिक-आत्मिक-सौंदर्यात्मक मूल्यों और भौतिक जरूरतों की एक अभिव्यक्ति समाज के इस नाभिक के रूप में हुई, जो निजी दैनंदिन जीवन के संघटन का सबसे महत्वपूर्ण रूप थी। पर मानवीय सारतत्व और प्यार की अभिव्यक्ति भविष्य के नये समाज में किसी और संघटन के रूप में होगी। यदि उसे परिवार की संज्ञा दी भी जाये तो कम से कम यह जरूर कहना होगा कि उसका ढाँचा मौजूदा पारिवारिक ढाँचे से गुणात्मक रूप से भिन्न होगा। उसमें संपत्ति संचय, उत्तराधिकार और निजी लाभ का तत्व नहीं होगा। उत्पादन एवं विनिमय प्रक्रिया के समाजीकरण के साथ स्त्री चूल्हे-चौखट की गुलामी से पूर्णतः मुक्त होगी। स्त्री-पुरुष का प्यार तब पूर्ण समानता और स्वतंत्रता के आधार पर होगा। उसमें बाध्यता या विवशता का कोई तत्व नहीं होगा। कानूनी पारिवारिक संघटन की आवश्यकता और आर्थिक उपभोग-संबंधों के महत्व के घटते जाने के साथ ही, नयी सामाजिक-आर्थिक संचरना के अंतर्गत स्त्री-पुरुष संबंध और माता-पिता-संतान संबंध के नये रूप और उनके नये, परिष्कृत, नैतिक-सौंदर्यात्मक-मनोवैज्ञानिक पहलू विकसित होंगे। यह एक लम्बा संक्रमण काल होगा, पर इतिहास के विकास की आम दिशा यही है। समाजवादी संक्रमण के शुरुआती अल्पकालिक अवधि में ही पारिवारिक जीवन और स्त्री की स्थिति में आये परिवर्तनों ने इसे सिद्ध कर दिखाया कि यह संभव है और देर-सबेर यही होगा। मौजूदा विपर्यय चिरस्थायी नहीं है।

भारत में जिस तरह पूरे सामाजिक-राजनीतिक तंत्र में, ठीक उसी तरह आत्मिक-निजी जीवन में भी एक पुरानी बुराई का स्थान नयी बुराई ने ले लिया है। पितृसत्तात्मक सामंती पारिवारिक ढाँचे की स्वेच्छाचारिता, कूपमण्डूक रागात्मकता, स्त्रियों के पार्थक्य आदि का स्थान आज बाजार-उपनिवेशवाद के दौर में पूँजीवादी पारिवारिक ढाँचे की निरंकुशता, नग्न यौन उत्पीड़न, उपभोक्ता संस्कृति और बेगानापन ने ले लिया है। और यह नया ढाँचा अभी से क्षरणशील है, विघटनोन्मुख है। साथ ही, सकारात्मक पहलू यह है कि स्त्री के भीतर अपनी अस्मिता की नयी पहचान

और नयी मुक्ति चेतना पैदा हुई है। अभी वह सहस्राब्दियों पुराने संस्कारों से मुक्त नहीं हो सकी है, पर अब वह दिन बहुत दूर भी नहीं कि वह सच्ची समानता व स्वतंत्र इच्छा पर आधारित नैतिक प्यार की उदात्तता व गरिमा को हासिल करने के लिए परिवार की मौजूदा संस्था, इसके व्यभिचारी, उत्पीड़क, शोषक, निरंकुश स्वरूप को लात मारकर ध्वस्त कर देगी। इसे बचाने की गुहार बेकार है। वर्तमान की दुर्दशा का समाधान अतीत में नहीं, भविष्य में देखना होगा।

आगे की एक शताब्दी के दौरान जो कुछ घटित होगा, उसके बारे में सोचते हुए मार्क्स और एंगेल्स द्वारा आज से लगभग डेढ़ शताब्दी पूर्व कही गयी बातें बरबस याद आ जाती हैं और आम दिशा एवं आम रूपरेखा के तौर पर आज भी प्रासंगिक प्रतीत होती हैं। 'कम्युनिस्ट घोषणापत्र' के इस पूरे हिस्से पर हमें गौर करना चाहिए और 'परिवार को बचाने' की चिल्ल-पों बन्द कर देनी चाहिए :

'परिवार का विनाश ! कम्युनिस्टों के इस कलंकपूर्ण प्रस्ताव से कट्टर से कट्टर उग्रवादी भी भड़क उठते हैं।

'मौजूदा परिवार, पूँजीवादी परिवार, किस आधार पर खड़ा है ? पूँजी पर, निजी फायदे पर। अपने पूर्ण विकसित रूप में इस तरह का परिवार केवल पूँजीपति वर्ग के बीच पाया जाता है। यह स्थिति अपना संपूरक सर्वहारा वर्ग में परिवार के व्यवहारतः अभाव और बाजारू वेश्यावृत्ति में पाती है।

'यह संपूरक जब मिट जायेगा तो सामान्य क्रम में पूँजीवादी परिवार भी मिट जायेगा, और पूँजी के मिटने के साथ-साथ ये दोनों मिट जायेंगे।

'क्या आप हमारे ऊपर यह आरोप लगाते हैं कि हम बच्चों का उनके माता-पिता द्वारा शोषण किया जाना बन्द कर देना चाहते हैं ? इस अपराध को हम स्वीकार करते हैं।

'लेकिन आप कहेंगे कि घरेलू शिक्षा की जगह सामाजिक शिक्षा कायम कर हम एक अत्यंत पवित्र संबंध को नष्ट कर देते हैं।

'और आपकी शिक्षा ? क्या वह भी सामाजिक नहीं है और उन सामाजिक अवस्थाओं से निर्धारित नहीं होती है, जिनमें आप समाज के, प्रत्यक्ष या परोक्ष, हस्तक्षेप से स्कूलों आदि के जरिये शिक्षा देते हैं ? शिक्षा में समाज का हस्तक्षेप कम्युनिस्टों की ईजाद नहीं है; कम्युनिस्ट तो केवल इस हस्तक्षेप के स्वरूप को बदल देना चाहते हैं और शासक वर्ग के प्रभाव से शिक्षा का उद्धार करना चाहते हैं।

'जैसे-जैसे आधुनिक उद्योग की क्रिया द्वारा सर्वहारा वर्ग में समस्त पारिवारिक संबंधों की धज्जियाँ उड़ती जा रही हैं और मजदूरों के बच्चे तिजारत के मामूली सामान और श्रम के औजार बनते जा रहे हैं; वैसे-वैसे परिवार और शिक्षा तथा माता-पिता और बच्चों के पुनीत अन्योन्य संबंध के बारे में पूँजीपतियों की बकवास और भी घिनौनी दिखाई देने लगी है।

'लेकिन पूरा का पूरा पूँजीपति वर्ग गला फाड़कर एक स्वर से चिल्ला उठता है—तुम कम्युनिस्ट तो औरतों को सर्वोपभोग्य बना दोगे !

'पूँजीपति अपनी पत्नी को उत्पादन के एक औजार के सिवा कुछ नहीं समझता। उसने सुन रखा है कि कम्युनिस्ट समाज में उत्पादन के औजारों का सामूहिक रूप में उपयोग होगा। इसलिए, स्वभावतः, वह इसके अलावा और कोई निष्कर्ष नहीं निकाल पाता कि उस समाज में सभी चीजों की तरह औरतें भी सर्वोपभोग्य हो जायेंगी।

'वह स्वप्न में भी नहीं सोच सकता कि दरअसल मकसद यह है कि औरत की उत्पादन के औजार जैसी स्थिति को खत्म कर दिया जाये।

'कुछ भी हो, स्त्रियों की सर्वोपभोग्यता के खिलाफ पूँजीपतियों के सदाचारी आक्रोश से अधिक हास्यास्पद दूसरी और कोई चीज नहीं है; वे यह समझने का बहाना करते हैं कि कम्युनिज्म के अन्तर्गत स्त्रियों की सर्वोपभोग्यता खुल्लमखुल्ला और सरकारी तौर पर स्थापित की जायेगी। कम्युनिस्टों को स्त्रियों की सर्वोपभोग्यता स्थापित करने की कोई जरूरत नहीं है, क्योंकि वह बाबा आदम के जमाने से चली आ रही है।

'हमारे पूँजीपतियों को मजदूरों की बहू-बेटियों को अपनी मर्जी के मुताबिक इस्तेमाल करने से संतोष नहीं होता, वेश्याओं से भी उनका मन नहीं भरता, इसलिए एक-दूसरे की बीवियों पर हाथ साफ करने में उन्हें विशेष आनंद प्राप्त होता है।

'पूँजीवादी विवाह वास्तव में पत्नियों की साझेदारी की ही एक व्यवस्था है, इसलिए कम्युनिस्टों के खिलाफ अधिक से अधिक यही आरोप लगाया जा सकता है कि वे स्त्रियों की सर्वोपभोग्यता की मौजूदा ढोंगपूर्ण और गुप्त प्रथा को खुला, कानूनी रूप दे देना चाहते हैं। कुछ भी हो, बात अपने आपमें साफ है कि उत्पादन की वर्तमान व्यवस्था जब खतम हो जायेगी, तब स्त्रियों की उस व्यवस्था से उत्पन्न सर्वोपभोग्यता का, अर्थात बाजारू और खानगी, दोनों प्रकार की वेश्यावृत्ति का, अनिवार्यतः अन्त हो जायेगा।' **—(मार्क्स-एंगेल्स : कम्युनिस्ट घोषणापत्र)**

हमारे देश के अधिकांश प्रगतिशील और वामपंथी लेखक-चिंतक इस मामले में दिग्भ्रम-संभ्रम-विभ्रम-मतिभ्रम के शिकार हैं और समाज की इस बुनियादी कोशिका—परिवार के वर्ग-स्वरूप और पूँजी की नानाविध गतियों की वैज्ञानिक समझदारी के अभाव में वे कभी नैतिकतावादी पोंगा पण्डित बन बैठते हैं, तो कभी अवैज्ञानिक, अराजकतावादी, स्वच्छंदतावादी बूर्जुआ नारीवाद की इस या उस धारा के साथ मधुयामिनी व्यतीत करने की घोषणा कर बैठते हैं। अब यह बात दीगर है कि उन्हें उस पक्ष से निशा-निमत्रण कभी नहीं प्राप्त होते।...और तब कुढ़ कर, या थक कर वे उत्तर-आधुनिकतावादी विमर्श में लीन हो जाते हैं या नारी-मुक्ति प्रसंग का उत्तर-मार्क्सवादी वृतांत रचने लग जाते हैं।

बहरहाल, लुब्बे लुब्बाब यह कि मैं परिवार को बचाने के विलाप में कतई शिरकत

नहीं कर सकती। प्रश्न परिवार को बचाने का नहीं, एक उच्चतर नैतिक-सौंदर्यात्मक-उदात्त धरातल पर मानवीय प्रेम की प्राण-प्रतिष्ठा का है, एक ऐसी सामाजिक कोशिका के निर्माण का है जिसमें स्त्री पूर्ण समानता, स्वावलम्बन और स्वतंत्र अस्मिता के आधार पर, घरेलू गुलामी के सभी रूपों से मुक्ति पा कर, सामाजिक उत्पादन की प्रक्रिया में बराबर की भागीदारी करते हुए, जिसे चाहे प्यार कर सके और पा सके। हमें अब तक मौजूद परिवार के सभी किस्म के ढाँचों के नाश की कामना करनी चाहिए और समाज को इस दिशा में आगे ले जाने का सचेतन उद्यम करना चाहिए।

मेरी कविताओं में प्यार की कामना कहीं भी 'सुखी पारिवारिक जीवन' की कामना के रूप में प्रकट नहीं होती। 'औरत और घर', 'एक भूतपूर्व नगरवधू की दुर्गपति से प्रार्थना', 'त्रिया चरित्रं पुरुषस्य भाग्यम्...' आदि कविताएँ उदाहरण हैं।

अतः पारिवारिक व्यवस्था और उसके मूल्यतंत्र के पक्ष में नहीं, बल्कि उनके अस्तित्व पर सवाल उठाती हुई दो कविताएँ आपके इस विशेषांक के लिए प्रेषित हैं।

शुभकामनाओं सहित,

साभिवादन,

—कात्यायनी

परंपरा बनाम आधुनिकता

अरुण कुमार त्रिपाठी

देखने में सरल और प्रयोग करने में सहज लगनेवाले ये पद वास्तव में बहुत जटिल हैं। इनकी परिभाषा और अंतःसंबंधों पर लंबी बहसें हुई हैं। पर यह सिलसिला अंतहीन लगता है। एक तरफ बहस जारी है, दूसरी तरफ यह तीनों पद एक दूसरे (व तीसरे) को सँवारते हुए, उनसे टकराते हुए और उन्हें उघाड़ते हुए अपनी सक्रियता और प्रासंगिकता बनाये हुए हैं। स्त्री को परिभाषित करते और उसकी विभिन्न परिभाषाओं पर बहस करते स्त्री पुरुषों द्वारा दिये गये इस शब्द से छुटकारा पाना चाहती है। स्त्री परंपरा द्वारा दी जा रही अपनी परिभाषा से सहमत नहीं है। पर वह आधुनिक परिभाषा में भी जकड़न महसूस करती है। इसलिए वह परंपरा और आधुनिकता दोनों से आगे निकलना चाहती है। साथ ही वह दोनों में अपने को तलाशती रहती है। परंपरा अतीत से मिथकीय आधार तो तलाश सकती है, पर उसे ठोस जमीन वर्तमान में ही मिलेगी। इसलिए परंपरा आधुनिकता से नाता जोड़ कर जीवित रहने की कोशिश करती है। यानी परंपरा में हस्तक्षेप कही जानेवाली आधुनिकता के सहारे ही परंपरा आधुनिकता में हस्तक्षेप कर रही है। स्त्री के संदर्भ में परंपरा की दिलचस्प कवायद उस समय दिखाई पड़ती है जब वह पहले स्त्री को अपने घेरे में जकड़ लेती है। और बाद में जब संकट में आती है तो कभी उसके घूँघट कभी आँचल और कभी गर्भ में पनाह लेती है।

इस तरह स्त्री, परंपरा और आधुनिकता एक-दूसरे की हिफाजत भी कर रहे हैं और उन्हें खत्म करने या उनसे मुक्त होने का प्रयास भी कर रहे हैं। इस द्वंद्वात्मक रिश्ते में वे आपस में हावी होने की होड़ करते रहते हैं। इस जटिल संबंध को समझने से पहले इन पदों की परिभाषाओं पर गौर करना जरूरी है। इस सदी के मध्य में खड़ी होकर मशहूर फ्रांसीसी नारीवादी चिंतक सिमोन द बोउआ ने पूछा था स्त्री क्या

है ? लेकिन उससे भी पहले उन्होंने पूछा था 'क्या स्त्री है ?' यानी क्या सचमुच इस तरह की श्रेणी है ? तब उनका जवाब 'हाँ' में था। लेकिन आज फ्रांस के उत्तर-संरचनावादी नारीवादियों से जब यह सवाल पूछा जाता है तो उनका जवाब नकारात्मक होता है। यानी 'स्त्री' नाम की अलग श्रेणी निर्धारित कर उस आधार पर ध्रुवीकरण करने की जरूरत नहीं है। ऐसा करना आत्मगत विश्लेषण को और जटिल करना होगा। इन दोनों प्रश्नों के उत्तर हमें दो अलग दिशाओं में ले जाते हैं। उत्तर संरचनावादियों का यह विमर्श उन्हें मार्क्सवादियों के नजदीक ले जाता है। यानी लैंगिक विभाजन के आधार पर संघर्ष करने के बजाय सामाजिक और आर्थिक असमानता और शोषण को मुद्दा बनाना चाहिए। भारतीय नारीवाद भी आज लगभग इसी मार्ग पर चल रहा है। हालाँकि भारतीय नारीवाद अपने को पश्चिम से अलग बताते हुए स्वाधीनता संग्राम की परंपरा से अपने को जोड़ता है, पर वह पश्चिम के बौद्धिक विमर्श से मुक्त नहीं है और मुक्त हो पायेगा, ऐसा संभव नहीं दिखता। भारतीय नारीवाद को पश्चिम के दर्शन और देशी कार्यकलापों की खिचड़ी कहा जा सकता है। यानी वह पश्चिम के दिमाग और भारतीय संगठनों की देह पर चल रहा है। इसलिए सीता, सावित्री, द्रौपदी के पारंपरिक और सरोजिनी नायडू, सुचेता कृपलानी, कमला देवी चट्टोपाध्याय और गंगाबेन जैसी महिलाओं की आधुनिक परंपरा से पहले 'स्त्री' की परिभाषाओं पर निगाह डाली जानी चाहिए।

सिमोन द बोउआ ने पाँचवें दशक की अपनी बहुचर्चित पुस्तक 'द सेकेंड सेक्स' में स्त्री को 'अन्य' की संज्ञा दी है। वह ऑब्जेक्ट यानी 'कर्म' है, कर्ता नहीं। पुरुष सब्जेक्ट यानी कर्ता है। वे बार-बार यह सवाल करती हैं कि स्त्री है क्या ? गर्भ, प्रजनन और गर्भपात संबंधी बहसों और मुद्दों से ऊबकर वे कहती हैं कि क्या 'स्त्री' सिर्फ 'गर्भ' है ? सिमोन के सवाल आज भी लोगों को मथ रहे हैं कि क्या 'स्त्री' जैव वैज्ञानिक इकाई ही है ? या वह एक समाजशास्त्रीय और राजनीतिक अवधारणा है ? भारत के नारीवादी आंदोलनों के लिए भी यह तय करना मुश्किल हो रहा है कि वे किस स्त्री की बात करें ? वे ग्रामीण और मजदूर महिला की बात करें या मध्यवर्गीय। या फिर संपूर्ण नारी जाति की पीड़ा को महिलाओं की आजादी का साझा विषय बनायें। मातृशक्ति की अवधारणा से ले कर स्त्री की बराबरी को माननेवाली विभिन्न भारतीय अवधारणाओं पर या तो परंपरा का प्रचंड प्रभाव है या फिर मजदूर, किसान, जैसे पारंपरिक व मानवाधिकार और पर्यावरण जैसे आधुनिक आंदोलनों का। लेकिन परंपरा और आधुनिकता दोनों से तुर्की-ब-तुर्की विमर्श करनेवाली नारीवादी अवधारणाओं का प्रखर रूप पश्चिम में दिखाई पड़ता है। उनसे भारतीय विमर्श भी प्रभावित होता है। इसीलिए भारत के स्त्री मुक्ति आंदोलन पर पश्चिम के प्रभाव का अक्सर आरोप लगता रहा है।

गरीबी, आर्थिक असमानता व शोषण व सामाजिक विविधता होने की वजह

से नारीवादी संघर्ष मनोवैज्ञानिक आत्मगत और लैंगिक द्वंद्व का वह आयाम नहीं हासिल कर सका है जो पश्चिम ने किया है। मैरी डेली और एड्रीन्नी रिच जैसी फ्रांसीसी सिद्धांतकारों ने 'सांस्कृतिक नारीवाद' की रचना की है। अस्तित्ववाद पर आधारित यह अवधारणा स्त्री की परिभाषा में उसकी 'देह' को महत्व दिये जाने के पुरुषवादी विन्यास को खारिज करने के बजाय उसका डटकर स्वीकार करती है और उसी आधार पर प्रति-स्त्री-संस्कृति के निर्माण का सुझाव देती है। यह अवधारणा स्त्री-पुरुष के विभेद को पूरा महत्व देते हुए उसका उपयोग करना चाहती है। लेकिन 'स्त्री' की अवधारणा पर विमर्श इससे आगे जाता है। सिमोन द बोउआ से प्रेरणा लेने का दावा करनेवाली अमेरिकी समलिंगियों का कहना है कि 'स्त्री' पैदा नहीं होती—वह बनायी जाती है। 'स्त्री' और 'पुरुष' की अवधारणा को प्राकृतिक बताने का सबसे घातक परिणाम यह हुआ है कि स्त्री शोषण की दीर्घ ऐतिहासिक परंपरा को वैधता प्रदान हुई है। व्यवस्था चाहे मातृसत्तात्मक हो या पितृसत्तात्मक, उसमें सिर्फ शोषक का लिंग बदल जाता है। पर शोषण तो बदस्तूर रहता है। इसलिए जरूरत 'स्त्री' की अवधारणा को समाप्त करने की है। यानी स्त्री-पुरुष की श्रेणियाँ समाप्त करने की जरूरत है। लेकिन जब तक विषमलिंगी समाज व्यवस्था केंद्रीय रहेगी, यह संभव नहीं है। इसलिए विषमलिंगी समाज व्यवस्था को तोड़ना चाहिए। फिलहाल इसके विकल्प के तौर पर समलैंगिक समाज ही है। यह कहने की जरूरत नहीं कि यह अवधारणा एक यूटोपिया है और उसके अपने खतरे हैं, लेकिन इस बात से इन्कार नहीं किया जा सकता कि परंपरा और आधुनिकता के बीच स्त्री का यह भी एक मार्ग है।

मार्क्सवादी अवधारणा तो स्त्रियों की पीड़ा और उनके शोषण को अलग से मान्यता देने के लिए तैयार ही नहीं थी। हालाँकि ज्यादातर नारीवादी मार्क्सवादी और समाजवादी आंदोलन से निकली हैं, पर उनका वर्ग संघर्ष का विमर्श सदैव लैंगिक विमर्श पर हावी रहा। मार्क्सवादी महिलाएँ जब भी अलग आंदोलन विकसित करने की पहल करती थीं तो कम्युनिस्ट नेता आरोप लगाते थे कि मजदूर आंदोलन को विभाजित करने की कोशिश चल रही है। इन्हीं वजहों से नारीवादी विमर्श मार्क्सवाद से भी असहमति जताता है। 'स्त्री' न तो पूँजीवाद द्वारा दी गयी परिभाषा से सहमत है और न ही मार्क्सवादी। वह पुरुषों की सभी व्याख्याओं पर आपत्ति करती है। यानी स्त्री परंपरा से तो असहमत है ही आधुनिकता से भी उसकी सहमति नहीं है।

परंपरा क्या है ? यह तय करना भी सरल नहीं है। द्वंद्व परंपरा और आधुनिकता में ही नहीं, परंपराओं में भी होता है। इसी द्वंद्व में से निकल कर एक परंपरा आधुनिकता से ताकत ग्रहण करती है। संपूर्ण अतीत न तो परंपरा बन सकता है न ही सभी परंपराएँ एक दिशा प्रदर्शित करती हैं। परंपरा समान कर्मों का अनवरत प्रवाह है। लेकिन ये कर्म किसी सड़क या पगडंडी की तरह सिर्फ पैरों और गाड़ियों के जाने

से बने मार्ग की तरह निर्जीव नहीं होते। उन कर्मों के साथ चेतना भी प्रवाहित होती है। कर्म इसी चेतना की कसौटी पर कसे जाते हैं। पर कई बार विपरीत और परस्पर विरोधी चेतनाएँ भी साझा परंपरा का निर्माण करती हैं। उदाहरण के लिए भारतीय परंपरा में कई विरोधी अभिमत होने के बावजूद एक साझा हिंदू परंपरा का निर्माण चल रहा है। इसी तरह भारतीय परंपरा ने पश्चिम एशिया की इस्लामी परंपरा से मिल कर कई साझी परंपराओं का निर्माण किया है। 'स्त्री' और 'परंपरा' में अद्भुत निकटता रही है। इसका पहला प्रमाण तो उनकी लैंगिक समानता से मिलता है। स्त्री और परंपरा दोनों का लिंग एक ही है। स्त्री और परंपरा की यह भाषा शास्त्रीय एकता उस समय और प्रकट होती है जब भाषा मातृभाषा का रूप ले लेती है। यानी स्त्री भाषा की परंपरा की वाहक है। भाषा का शुद्ध रूप स्त्री ही सँभाल सकती है। हालाँकि धार्मिक संस्थानों पर 'स्त्री' का कब्जा नहीं रहा है, इसलिए धार्मिक परंपराओं को वे निर्धारित नहीं करतीं, पर उन्हें धार्मिक परंपराओं के केंद्र में इस तरह से रखा गया है कि वे उनकी पालक और वाहक बनने को बाध्य हैं। परिवार परंपराओं को वहन करने की सबसे महत्वपूर्ण अनौपचारिक इकाई है। स्त्री इसी दायरे में परंपराओं को पीढ़ी-दर-पीढ़ी बढ़ाती रहती है। परंपराएँ स्त्री को पहले 'स्त्री' बनाती हैं, फिर उसे उस मकड़ जाल से निकलने नहीं देतीं। लेकिन इस पर इतनी चर्चा हो चुकी है कि उसे फिर उभारना दोहराव ही होगा।

पर शोषण और समर्पण के बगल में ही विद्रोह की भी परंपरा है। पराजित और प्रताड़ित किये जाने के बावजूद विद्रोह की परंपराएँ वर्तमान को प्रेरित करती हैं। इसी विद्रोही परंपरा को याद करते और उसे आगे बढ़ाते हुए डॉ. राममनोहर लोहिया ने द्रौपदी या सावित्री की बहस चलायी थी। यानी एक संस्कृति के भीतर दो समानांतर परंपराएँ मौजूद रहती हैं। इनमें से कौन-सी परंपरा हारी या जीती, यह उतना मायने नहीं रखता जितना कि यह कि किस परंपरा से कौन-सा संदेश निकलता है। डॉ. लोहिया का स्पष्ट कहना था कि किसी स्त्री के सिर्फ पतिव्रता होने के गुण को आदर्श नहीं बनाना चाहिए। इसका मतलब यह नहीं है कि वह गुण हेय है या उस आदर्श की अवमानना की जानी चाहिए। लेकिन स्त्री की विद्वत्ता, तर्कशक्ति, साहस व अन्य गुणों पर ज्यादा ध्यान दिये जाने की जरूरत है और वही परंपरा आधुनिकता के संदर्भ में प्रासंगिक होती है। वे परंपरा के उन पात्रों को चिह्नित कर आदर्श के रूप में स्थापित करने की कोशिश कर रहे थे जिन्हें समाज मान्यता देने को तैयार नहीं था। उन्होंने द्रौपदी ही नहीं, महाभारत से वैसी पाँच महिलाओं की तलाश की थी जो स्त्री के साहस, सूझबूझ और स्वतंत्रता की प्रतीक थीं। यानी परंपराओं में आदर्श तलाशने का प्रयास सिर्फ गाँधी जैसे सनातनी और परंपरावादी नेता ही नहीं, डॉ. लोहिया जैसे आधुनिकतावादी नेता भी करते हैं। लेकिन बड़े नेता परंपरा में विवेकपूर्ण हस्तक्षेप कर कई बार उसे शीर्षासन करा देते हैं। गाँधी ने कमजोरी

और कायरता की प्रतीक समझी जानेवाली उपवास, चरखा और अहिंसा जैसी स्त्री परंपराओं में इतना बल और पुरुषार्थ भर दिया कि उनसे ब्रिटिश साम्राज्य जैसी ताकतवर संस्था हिल गयी। हालाँकि गाँधी के शुद्धतावादी और हठी रवैये की वजह से वे कई बार स्त्री के प्रति अन्याय करते हुए भी दिखाई पड़ते हैं। इसलिए स्त्री के इर्द-गिर्द चलते हुए परंपरा और आधुनिकता के प्रवाह के प्रति रूढ़िवादिता अपनाने के बजाय विवेक लागू करने की जरूरत है। तभी उस प्रवाह को पार किया जा सकता है। वरना डूब जाने का खतरा है।

उत्तर-आधुनिकता के इस युग में स्त्री, परंपरा और आधुनिकता की बहस आज नये मोड़ पर पहुँच चुकी है। यह मान्यता बुरी तरह खंडित हो चुकी है कि परंपरा स्त्री के लिए सदैव बुरी ही होती है और आधुनिकता सदैव अच्छी। इस मिथक को मशहूर नारीवादी जर्मेन ग्रीयर ने 1984 में 'सेक्स एंड डेस्टिनी' से तोड़ दिया था। यह पुस्तक अन्य नारीवादी अवधारणाओं के साथ उनकी खुद की 'फीमेल यूनख' में व्यक्त की गयी अवधारणाओं को खारिज कर देती है। यह पुस्तक आधुनिकता के कई अंगों के विकास में छिपे स्त्री विरोध को उघाड़ कर रख देती है। अगर परंपरा ने स्त्री को रहस्य बना उसे पति के अधीन नियंत्रित रखा था तो आधुनिकता उस रहस्य को खत्म कर या तो स्त्री को उपयोग की वस्तु बना उसे समाज के सामने 'इक्झास्ट' होने को छोड़ देती है या उसकी लैंगिकता और प्रजनन शक्ति को सर्वसत्तावादी राज्य के नियंत्रण में दे देती है। मेरी स्टोप्स के जमाने से लेकर आज तक के गर्भनिरोधकों के विकास और इतिहास स्त्री के प्रति पूर्वग्रह से ग्रस्त हैं। जनसंख्या लाबी की भी राजनीति गरीब, कमजोर और स्त्री की प्रजनन क्षमताओं को नियंत्रित कर अमीर देशों और जातियों को लाभ पहुँचाने की है। बल्कि वे इस सदी के जनसंख्या विस्फोट के लिए आधुनिकता की 'लांच व्हेक्लि' यानी उद्योगीकरण को दोषी ठहराती हैं। इसके उलट पारंपरिक समाजों के जनसंख्या नियंत्रण के ब्रह्मचर्य और उपवास जैसे तमाम उपाय ज्यादा मानवीय लगते हैं।

विमर्श के बदलते स्वरूप की वजह से आज स्त्री की परंपरा से चिढ़ने और आधुनिकता से प्रेम करने की प्रवृत्ति बदल चुकी है। परिवार तोड़ने का नारा अब पारंपरिक परिवार को बचाने और उसी में समानता ढूँढ़ने में परिवर्तित हो गया है। यहाँ जर्मेन ग्रीयर और ग्लोरिया स्टीनेम जैसी महिला लेखिकाओं का नाम उल्लेखनीय है।

भारत में 'इकोफेमनिज्म' की अवधारणा को प्रस्तुत करनेवाली वंदना शिवा का कहना है कि विज्ञान और प्रौद्योगिकी ने प्रकृति और स्त्री को एक साथ तबाह किया है। इसलिए स्त्री का आंदोलन प्रकृति से मिल कर आधुनिकता को चुनौती दे रहा है। विशेष तौर पर चिपको आंदोलन और नर्मदा आंदोलन में प्रौद्योगिकी के विरोध और परंपराओं के माध्यम से प्रकृति को बचाने का स्त्री का संघर्ष उल्लेखनीय

है। लेकिन यह सिद्धांत भी बहुत दूर नहीं जाता। पर्यावरण संबंधी कई अध्ययनों ने सभी परंपराओं और स्त्रियों को पर्यावरण रक्षक मानने से इन्कार किया है। प्रकृति और धरती स्त्री के ऐसे प्रतीक रहे हैं जिनके आधार पर स्त्री अत्याचार को लंबे समय तक मिथकीय गौरव प्रदान किया गया है।

इसीलिए हमने शुरू में ही कहा था कि स्त्री, परंपरा और आधुनिकता का विमर्श और उनके पारस्परिक रिश्ते बेहद जटिल हैं। उन्हें दो टूक तरीके से परिभाषित नहीं किया जा सकता। इसका मतलब भ्रमित हो कर भटक जाना है। आज जरूरत 'स्त्री' को परंपरा की 'पत्नी' और आधुनिकता की 'प्रेमिका' बनाने की नहीं है। स्त्री के तमाम रिश्ते भावुकता पर आधारित रहे हैं और यह उन रिश्तों की बड़ी कमजोरी रही है। उसे परंपरा और आधुनिकता के मुवक्किल बनने की जरूरत भी नहीं है। वकील और मुवक्किल के संबंधों में भी मुवक्किल ही घाटे में रहता है। आज जरूरत स्त्री को परंपरा और आधुनिकता के बीच जज बनने की है। परंपरा और आधुनिकता अपने विवाद ले कर उसके सामने आयें और वह हर मुकदमे के गुण-दोष के आधार पर फैसला करे। न्याय करने का यह काम स्त्री, दलित, आदिवासी, मजदूर व समाज के अन्य उपेक्षित वर्ग करें तो सम्यक होगा। इस दौरान 'स्त्री' का विधिशास्त्र राष्ट्रवाद और पूँजीवाद जैसे जातीय और वर्गीय संकीर्णता पर आधारित नहीं होना चाहिए। सांस्कृतिक-भौगोलिक और राजनैतिक विभिन्नता स्त्री विमर्श को खानों में जरूर बाँटते हैं, पर उनके अनुभव उन्हें अंतरराष्ट्रीय स्तर पर जोड़ते भी हैं। स्त्री, पर्यावरण और मानवाधिकार—यही तीनों आंदोलन अगली सदी का भविष्य लिखेंगे। इसलिए उन्हें अपने संबंधों को बार-बार स्पष्ट करते रहना चाहिए।

परंपरा और आधुनिकता के बीच

मणिमाला

स्त्री की सबसे बड़ी त्रासदी यही है कि वह अपनी भूमिका स्वयं कभी तय नहीं करती। न परंपरा में। न ही आधुनिकता में। उसकी भूमिका हमेशा ही अपनी जरूरतों को ध्यान में रख कर ताकतवर पुरुष या व्यवस्था तय करती है। ऊपर-ऊपर से देखने पर ऐसा लगता है कि परंपरा में औरतें ज्यादा सुरक्षित थीं और कम स्वतंत्र थीं। अब ज्यादा स्वतंत्र और कम सुरक्षित हैं। ऐसा लगता है कि परंपरा में औरतों ने अपनी सुरक्षा की कीमत अपनी आजादी से चुकायी है। आधुनिक स्त्री अपनी आजादी की कीमत सुरक्षा से चुका रही है। परंतु सच ऐसा नहीं है। इतना सपाट नहीं है। इतना स्पष्ट भी नहीं है सब कुछ। परंपरा में भी स्त्री की छवि और भूमिका बड़ी उलझी हुई हैं और आधुनिकता में भी।

दोनों में एक बड़ा फर्क जरूर है। परंपरा में पीड़ा है। अपने मन का न कर पाने की। अपने मन की न कह पाने की। अपना वजूद स्वीकार न करवा पाने की। आधुनिकता में वह पीड़ा नहीं है। एक भ्रम है, अपने मन का कर पाने की। 'आजाद' हो पाने का। परंपरा और आधुनिकता ने औरतों को जो जगह दी है, उसमें अगर कोई फर्क है तो बस यह कि परंपरा में न औरतें दिखती थीं, न उनकी पीड़ा। अगर कभी-कभार किसी ने देखने की कोशिश की भी, तो कशिश कम थी, महिमामंडन ज्यादा रहा।

कई लोगों ने उनकी पीड़ा को सवाल बनाना चाहा। एक हद तक बनाया भी। पर ज्यादातर मामलों में पीड़ा की इस अभिव्यक्ति को पूरे प्रसंग से काट कर देखा गया। वह कभी सिर्फ '...नीर भरी दुख की बदली' बन कर रह गयी, तो कभी 'पिंजड़े का पंछी रे तेरा दर्द न जाने कोय...' गा कर रह गये लोग। अगर किसी ने इस पिंजड़े को तोड़ने का दुःसाहस किया, तो वे या तो नफरत की पात्र बनीं या पूजा

की। या तो उन्हें दफन कर दिया गया या मंदिरों में बिठा दिया गया। आधुनिकता ने स्त्रियों को पहले से थोड़ी ज्यादा जगह, थोड़ी ज्यादा स्वीकृति जरूर दी है। उससे भी बड़ी बात यह हुई है कि उनके सामने चुनाव के क्षेत्र ज्यादा हैं। परंतु यह भी सच है कि वे उपेक्षा और अन्याय की भी ज्यादा शिकार हो रही हैं। अन्याय-अत्याचार के खिलाफ तो लड़ा जा सकता है। हर क्षेत्र में अपनी-अपनी परिस्थितियों और औकात के हिसाब से लड़ भी रही हैं। अस्वीकार और तिरस्कार भी अपने किस्म की चुनौतियाँ फेंकते रहते हैं। आज ज्यादातर महिलाएँ इन्हें भी स्वीकार कर रही हैं। परंतु उपेक्षा ! यह बड़ी भयानक होती है। न तो उपेक्षा का दर्द कहीं दर्ज हो पाता है और न ही उपेक्षा के खिलाफ लड़ाई। आज ढेर सारी औरतें इसी उपेक्षा की शिकार हो रही हैं। अनजाने में नहीं। जान-बूझ कर की जा रही उपेक्षा का शिकार हैं वे। आधुनिकता का यह उपहार बहुत ही ज्यादा तोड़नेवाला है। हमारी आधुनिक व्यवस्था और संस्कृति का नया और बड़ा हथियार है उपेक्षा। परंपरा में उपेक्षा नहीं है। पर नाहक की दखलअंदाजी इतनी ज्यादा है कि स्त्रियों की अपनी निजी जिंदगी, अपने लिए समय, कुछ करने की चाहत, अपने लिए कोई सपना देखने की कोशिश—सबको स्वार्थ का नाम दे देता है। इतना ही नहीं, उसकी आँखें बंद कर दी गयीं कि वह अपने लिए सोच ही न सके।

कब कौन-सी परंपरा रही होगी, यह कहना बहुत ही मुश्किल है। परंपरा का जो इतिहास हमारे सामने है, जिस परंपरा को हमने सँजोया है और हमें विरासत में मिली है, उसकी बात कर रहे हैं हम। संभव है कभी किसी जमाने में औरतें बहुत ही ज्यादा आजाद रही हों। बलशाली और क्रियाशील भी रही हों। समाज संचालन में उनकी महत्वपूर्ण भूमिका रही हो। और यह सब कुछ समाज द्वारा स्वीकृत रहा हो। लेकिन हमें विरासत में जो परंपरा मिली है, उसमें यह सब नहीं है। अगर कहीं कुछ है तो अपवाद के रूप में ही है। इसीलिए परंपरा की बातें करते हुए हम उसी चलन की चर्चा कर रहे हैं जो व्यापक रूप में बड़े समाज द्वारा स्वीकार किया गया, व्यवहार में लाया गया तथा जन मानस में रच-बस गया। शायद इसीलिए मनोवृत्ति में कोई खास परिवर्तन तो नहीं आया है, परंतु आँकड़ों में बदलाव आया है। ये आँकड़े एक स्तर पर तो पूरी जनसंख्या की घट-बढ़ के साथ घट-बढ़ रहे हैं। लेकिन यह अनुपात थोड़ा-बहुत बदला भी है।

परंपरा में स्त्रियों ने औरतों को जो जिम्मेदारियाँ सौंपी थीं, कमोबेश आज भी उनके हिस्से में वही जिम्मेदारियाँ हैं। घर-गृहस्थी, बच्चे—ये सब पहले भी औरतों की बुनियादी जिम्मेदारी थीं, आज भी हैं। उनकी पारंपरिक भूमिका में कोई काट-छाँट तो नहीं हुई, लेकिन आधुनिक जीवन शैली ने उन पर कुछ और जिम्मेदारियाँ जरूर लाद दी हैं। परंपरा-परंपरा की रट हम जरूर लगा रहे हैं, पर उसमें से हम वैसी ही चीजों का चुनाव कर रहे हैं जो आधुनिक सुख-सुविधाओं के अनुकूल हों। मूल्य पारंपरिक

रखना चाहते हैं, लेकिन सुख-सुविधाएँ आधुनिक लेना चाहते हैं। यह स्थिति बहुत ही असमंजस की है। परंपरा में यह असमंजस नहीं था। सब कुछ स्पष्ट दिखता था।

परंपरा में हमने सीता को आदर्श माना। आज भी हम हर औरत से सीता होने की अपेक्षा करते हैं। सीता एक परंपरा बन कर जिंदा है। सीता को एक व्यक्ति के रूप में हमने जिंदा नहीं रखा। एक औरत के रूप में भी वह जिंदा नहीं है। शायद इसलिए कि सीता का एक व्यक्ति के रूप में जिंदा रखना हमें भारी पड़ता। सीता का संपूर्ण व्यक्तित्व सिर्फ 'यौन शुचिता' तक सिमटा हुआ नहीं था। लेकिन हमने समेटा।

सीता के नाम पर सबसे पहले हमें अग्निपरीक्षा की याद आती है। पति की स्वीकृति के लिए तड़पती-कलपती एक औरत, जो जिंदा आग में कूद कर अपनी 'योनि शुचिता' का सबूत देना चाह रही है। वह जो हमेशा राम के पीछे-पीछे चली है। वह जिसका अपना व्यक्तित्व है ही नहीं। आज भी हम औरतों से इसी कसौटी पर खरी उतरने की अपेक्षा करते हैं, भले ही यह बात खुले तौर पर कह न पाते हों। अगर नहीं उतरती है, तो उसे कोई न कोई बहाना बना कर खारिज कर देते हैं। हम भूल जाते हैं कि यह वही सीता है, जिसने राम सहित अपने जमाने की सारी चुनौतियाँ स्वीकार की थीं। अग्निपरीक्षा के बावजूद जब राम ने उसके चरित्र पर सवाल उठाया था और अपवित्र होने का लांछन लगाते हुए उसे जंगल भिजवाया था, तब भी सीता ने आत्महत्या नहीं की, न ही गर्भ गिराया था। बड़े ही धैर्य के साथ उसने राम के इस झूठ का सामना किया था और इस अन्याय के खिलाफ संघर्ष किया था। इस संघर्ष में ताप कम, तप ज्यादा था। सीता ने एक आम औरत की तरह सुबह से काम-धाम करते हुए अपनी रक्षा की। उसने यह नहीं कहा कि पति के अस्वीकार के बाद अब उसकी जिंदगी का कोई अर्थ नहीं। उसने राम के बिना भी अपनी जिंदगी को नया अर्थ दिया। राजसी सुख-सुविधा छिन जाने का जरा-सा भी संताप उसे नहीं हुआ। उसके सामने बस एक ही उद्देश्य रहा कि वह अपने उस बच्चे को जन्म देगी जिस गर्भ की पवित्रता पर ही सवाल उठा कर उसे जंगल भेज दिया गया है। उसने अपने बच्चों को जन्म दिया। पाला-पोसा। धनुर्विद्या सिखायी और एक दिन राम का मुकाबला करने के काबिल बनाया। वे लव-कुश, जिन्होंने राम के अश्वमेध यज्ञ के घोड़े को रोकने का दुःसाहस किया था, इसी संघर्षशील, चिंतनशील, सतत क्रियाशील, अकेली सीता, बिना राम की सीता के पुत्र थे। इन्होंने विश्व विजय को निकले राजा राम का घोड़ा रोका भी था और उसे झुकाया भी था। हराया भी था। कहना गलत न होगा कि वे सिर्फ सीता के पुत्र थे। हाँ, सिर्फ सीता के। इतनी सशक्त और चुनौतीपूर्ण भूमिका रही है हमारी परंपरा में। हमने राम से अलग कर दी गयी इस सीता की संघर्ष यात्रा में रुचि तो खूब ली, लेकिन परंपरा का हिस्सा नहीं बनाया। जब तक सीता वाल्मीकि के आश्रम में रही, लव-कुश की

पालनहार रही, शिक्षक रही, दिग्दर्शक रही, तब तक रामभक्तों की राजा राम के राज-काज से ज्यादा दिलचस्पी सीता में रही। फिर भी महिलाओं से अपेक्षा संघर्षशील आत्मबली सीता की नहीं, रोती-बिलखती अग्निपरीक्षा देती हुई सीता की रहती है।

राजस्थान के पुष्कर में एक सीता मंदिर है। उसमें सीता की एक तस्वीर उकेरी गयी है। वह अपने दोनों पुत्रों को स्वयं धनुर्विद्या सिखा रही है। उसके दोनों बच्चे उसके सामने खड़े हो कर सीख रहे हैं। इस चित्र की ओर बहुत ही कम लोगों का ध्यान जाता है। सीता की यह जो तेजस्वी तस्वीर है, वह हमारी परंपरा का हिस्सा न बन सकी। हमने इस संघर्षशील सीता को दफन कर दिया और सिर्फ रोती-कलपती, दुत्कारी जाती तथा अस्वीकार और दुत्कार को स्वीकारती बेबस, बेजुबान बेवकूफ सीता को जिंदा रखा।

सीता की चर्चा अलग-अलग लेखकों ने अलग-अलग तरीके से कर परंपरा का हिस्सा बनाने की कोशिश की है। कुछ लेखकों ने, जो चाहते थे कि सीता को अग्निपरीक्षा का विरोध करना चाहिए, उसका विरोध करते हुए भी सीता को दिखाया है। स्नेहलता रेड्डी ने अपने नाटक 'दूसरी सीता' में दिखाया है कि सीता ने अग्निपरीक्षा देने से इन्कार कर दिया था। राम को अपने साथ-साथ अग्निपरीक्षा देने के लिए ललकारा था। राम के तैयार न होने पर उसने स्वेच्छा से रावण के साथ जाना स्वीकार कर लिया था। परंतु सीता के इस रूप को गढ़ने की कोशिश आज चल रहे आधुनिक संघर्षों का हिस्सा बन कर रह गयी। यानी यह परंपरा नहीं, आधुनिकता है।

आधुनिकता ने कई मायनों में स्त्रियों के सवाल पर परंपरा के मुकाबले ज्यादा उदारता दिखायी है। प्रयोग करने और असफल होने की छूट भी ज्यादा मिली है। परंपरा की पाचन शक्ति बहुत कमजोर है। वह अनुदार है। उसका मन बहुत छोटा है। तयशुदा लीक से अलग स्त्रियों का हर कदम उन्हें नागवार गुजरा है। जो अच्छा लगा, उसे समेट लिया। जो बुरा लगा, उसके वजूद पर ही सवाल उगा दिये। वह किसी भी नये प्रयास को सहजता से पचा नहीं पाती है। किसी भी नये प्रतीक से परंपरा चरमराने लगती है।

परंपरा स्त्री से हर उस मर्यादा की रक्षा की जिम्मेदारी निभाने की माँग करती है, जो ताकतवर समाज ने, गलत या सही, उसके लिए तय की है। इसीलिए वह सीता की तस्वीर बदलने की इजाजत नहीं देता है। हर विद्रोही सीता आधुनिका सीता हो जाती है। मतलब यह कि हर विद्रोही औरत आधुनिक हो जाती है। परंतु परंपरा में जिस तरह विरोधाभास है, उसी तरह या उससे कहीं ज्यादा ही विरोधाभास आधुनिकता और उसके दबाव में है। यही वजह है कि जब सीता के चरित्र में विद्रोह और संघर्ष का रंग भरने की कोशिश की जाती है तो उसकी एक तस्वीर नंगी भी हो जाती है। खूबसूरती और कला के हिसाब से नंगापन का कुछ और बेहतर अर्थ शायद ढूँढ़ा जा सकता है।

मकबूल फिदा हुसैन के कुछ चित्रों का संदर्भ लेते हुए हम चर्चा करें तो हम पायेंगे कि उन चित्रों पर जो विवाद उठे थे, वे कहीं न कहीं सीता से शुरू हो कर स्त्री शरीर के नंगेपन तक पहुँचे थे। तभी तो हमें सीता नंगा लगी थी और हमने तूफान उठाया था। हुसैन के घर में घुस कर चित्रों को फाड़ा था और सवाल किये थे कि 'अपनी माँ का चित्र बनाते हो तो ऊपर से नीचे तक ढक देते हो, हमारी माँ (सीता) की तस्वीर बनाते हो तो नंगा कर देते हो। अगर आधुनिक चित्रकार हो तो अपनी आधुनिक कला में अपनी माँ को भी नंगा क्यों नहीं करते जिस तरह हमारी माँ को करते हो ?' हो गयी न वही बात ! 'हमारी माँ और तुम्हारी माँ' वाली। हमारी ऐसी ही कुछ पारंपरिक गालियाँ हैं, जो अक्सर ही जुबान पर आ कर मचलने लगती हैं बाहर निकलने को। 'तेरी माँ की...' जैसी पारंपरिक गालियोंवाली जुबान से कितनी अलग होती हैं हमारी ये बहसें ? जिस तरह परंपरा की दुहाई दे कर हम औरत को ढकते हैं, उसी तरह आधुनिकता की दुहाई दे कर उसे उघारते हैं। परंपरा उसे ढकती है कि तुम हमारी, सिर्फ हमारी हो। केवल हमें ही तुम्हें देखने का हक है। आधुनिकता उसे सरे राह उघारती है। कहती है, 'तुम सार्वजनिक हो...यानी सर्व जन के लिए हो...' चौराहों पर बाजारों में नंगा होने का नहीं, नंगा किये जाने का अधिकार है।

पर इतना जरूर है कि परंपरा में चीजों की दोहरी व्याख्या की गुंजाइश कम रही है। यानी बेईमानी कम रही है। आधुनिकता प्रगतिशीलता का चादर ओढ़ना चाहती है। इसीलिए व्यक्ति नहीं, परिवेश सामने आता है। आधुनिकता ने कुछ ऐसी व्यवस्थाएँ अवश्य बनायी हैं जो औरत को सिर्फ बोलने भर की इजाजत ही नहीं देतीं, पर फैसले करने की औकात हासिल करने नहीं देतीं। नतीजतन औरत बोलती तो है, पर वही बोलती है और उतना है, वैसे ही बोलती है जो समाज के ताकतवर लोगों या ताकतवर संस्थाओं की जरूरत होती है। पर ऊपर-ऊपर से लगता है कि औरतें बोलने लगी हैं, सोचने लगी हैं, 'ना' और 'हाँ' कहने लगी हैं। बेशक औरतों की बड़ी आबादी ऐसा करने लगी है। परंतु यह आबादी उसी तरह आधुनिक दौर की अपवाद है, जैसे परंपरा ने भी अपवाद पैदा किये हैं।

आज की शायद सबसे बड़ी और मजबूत व्यवस्था है बाजार की व्यवस्था। बाजार ने जितने फैसले औरतों पर थोपे हैं, उतना शायद किसी और ने नहीं। प्रगतिशीलता और आधुनिकता की परिभाषा तो बाजार ने गढ़ी ही है, परंपरा और संस्कृति की परिभाषा भी अब वही गढ़ने लगा है। आधुनिकता का दबाव स्त्री को बाजार के इशारों पर नचाने लगा है। ताजातरीन उदाहरण है सौंदर्य स्पर्धाओं के प्रति हर रोज बढ़ता जा रहा आकर्षण और इस पर छिड़नेवाली सालाना बहस। सौंदर्य प्रतियोगिता का पक्षधर आधुनिकता का पर्याय हो जाता है और विरोध करनेवाला परंपरा का रक्षक। उससे भी भयानक बात यह होती है कि हर आधुनिक या आधुनिका

प्रगतिशीलता का भी प्रतीक माने जाते हैं और हर परंपरावादी संस्कृति के स्वनामधन्य रक्षक बन जाते हैं। इन दोनों के बीच विचारों और चर्चा की एक तीसरी धारा भी बहती है, परंतु इसकी स्थिति वैसी ही हो जाती है जैसे इलाहाबाद के संगम में गंगा और यमुना के बीच सरस्वती की। लोग कहते हैं कि कभी सरस्वती बहा करती थी, अब सूख गयी है। किंवदंती हो गयी है। कई लोग कहते हैं, कभी किसी जमाने में हिंदी के तमाम बड़े लेखक यहीं हुआ करते थे। यहीं से ज्ञान की गंगा बही है। इसीलिए कहा जाता है, यह गंगा, जमुना और सरस्वती का संगम है। गंगा और जमुना के मिलन बिंदु को पवित्र बनाये रखने के लिए सरस्वती का होना जरूरी है।

मतलब यह कि बगैर ज्ञान के पवित्रता को बरकरार नहीं रखा जा सकता बहुत देर तक। इसीलिए सरस्वती गढ़ ली गयी है। परंपरा और आधुनिकता के बीच की इस तार्किक धारा का वजूद भी सरस्वती की ही तरह है। मान्यताओं और मतलबों के बीच बहती तर्क की लगातार बहनेवाली, लेकिन कभी-कभी ही दिखनेवाली एक धारा, जिसका वजूद तो होता है, पर असर नहीं। यह धारा हमेशा ही अपने ज्ञान और विवेक से कोई न कोई नये विचार और नये तर्क गढ़ती रहती है। फिर गुम हो जाती है सरस्वती की तरह। जिंदा रहती है तो एक किंवदंती की ही तरह। शोध का विषय बन जाती है। या तो परंपरावाले उन तर्कों-विचारों का अपहरण कर अपने रंग में रँग लेते हैं या आधुनिकतावाले। औरत के लिए जगह निर्धारित करने में न तो परंपरा ने औरतों की इच्छाओं और उड़ानों की कद्र की, न ही आधुनिकता ने। दोनों ने ही अपनी-अपनी जरूरतें अक्सर ही औरत को आजादी और सुरक्षा देने के नाम पर पूरी की हैं। जब जरूरत महसूस होती है, आधुनिकता के नाम पर औरत को घर से बाहर आने को मजबूर किया जाता है। जब जरूरत महसूस होती है, परंपरा और सुरक्षा के नाम पर उसकी आजादी की सीमाएँ बाँध दी जाती हैं। पहले मात्र यौन शुचिता की कसौटी पर खरा उतरना होता था। अब आधुनिकता के दौर में हर बाजार की माँग के अनुसार परीक्षाओं में सफल होना होता है। परीक्षा चाहे जैसी हो, कहीं न कहीं किसी न किसी रूप में शारीरिक सौंदर्य और शारीरिक समर्पण (श्रम और स्वास्थ्य के रूप में नहीं, शरीर, केवल शरीर के रूप में) महत्व रखता ही है।

सबसे ताजा उदाहरण अमेरिका के ह्वाइट हाउस में घटी घटना है। राष्ट्रपति बिल क्लिंटन और उनकी मातहत अंशकालीन कर्मचारी मोनिका लेविंस्की के बीच यौन संबंध बनाने और फिर एक-दूसरे पर कीचड़ उछालने और स्वयं झूठ बोल-बोल कर दूसरे को झूठा ठहराने की घटना की ओर मेरा इशारा है। ठीक है, चूँकि मोनिका भी बहुत दीन-हीन पृष्ठभूमि से नहीं आती है, इसलिए शायद पूरी तरह यह नहीं कह सकते कि वह मजबूर थी। पर इतना तो स्पष्ट है ही कि अगर राष्ट्रपति भवन में नौकरी करनी है तो अपने से 'बड़ों' की हर माँग पूरी करे। हर तरह की सेवाएँ मुहैया करे। यौन सेवाएँ भी। औरत पहले भी सिर्फ शरीर थी, आज के आधुनिक

दौर में भी वह शरीर ही है। पहले शरीर, बाद में कुछ और। इससे क्या फर्क पड़ता है कि वह सिकुड़ी-सिमटी-ढकी हुई है, अपने औरतपन पर रोती हुई है या बीच बाजार में खड़ी हो कर अपने हाथ-पाँव-नाक-नक्श दिखा-दिखा कर सुंदर होने का सबूत पेश कर रही हो, नौकरी बचाने के लिए, धन कमाने के लिए नापतौल कर मुस्करा रही हो और औरतपन पर गर्व कर रही हो। इस रोने और हँसने में कोई फर्क नहीं है।

आधुनिकता के तमाम ताम-झाम जितने दिखावटी हैं, उतनी ही बेबुनियाद है परंपरा में औरत की बुनियाद। आधुनिकता भी उस पर बोझ है और परंपरा भी। आधुनिकता का बोझ ढोती एक औरत से हम उस सीता होने की कामना करते हैं जो अग्निपरीक्षा देती है। उस सीता की कामना नहीं करते जिसने राम की चुनौतियों को स्वीकारा। औरतों की ही पीठ पर परंपरा जिंदा रही। औरतों की ही पीठ पर आधुनिकता सवार है। दोनों ने ही औरतों को महत्वपूर्ण फैसले करने के हक से वंचित कर रखा है। कई दफा बाहर से ऐसा लगता है कि वे कोई फैसला खुद कर रही हैं। परंतु सच्चाई कुछ और होती है। कोई दूसरा फैक्टर उनसे फैसले करवाता है। संधि-पत्र कोई और तैयार करता है, सिर्फ उस पर दस्तखत औरतों के होते हैं।

महिलाओं को पूर्ण तब माना गया जब वे माँ बनें। कल भी और आज भी थोड़ा-सा फर्क सिर्फ इस रूप में आया है कि पहले बच्चा न होने पर आदमी ज़ल्दी ही दूसरी औरत ले आने का सामाजिक आधार प्राप्त कर लेता था। यह सोचा ही नहीं जा सकता था कि मर्द भी औरत के माँ न बनने का कारण हो सकता है। अब आदमी भी अपनी जाँच करवाते हैं। इतनी आसानी से, सिर्फ इस वजह से औरत को छोड़ने और दूसरी लाने का हक हासिल नहीं कर सकते। नये-नये वैज्ञानिक अनुसंधानों तथा शरीर और प्राकृतिक जानकारियों ने औरत की जिंदगी पर कई तरह के असर डाले हैं।

माँ बनने की प्रक्रिया आसान हो गयी है। टेस्ट ट्यूब बेबी के जमाने में माँ बनने के नये-नये रास्ते खुल गये हैं। बाँझ होने के अपराध से मुक्त हो गयी है औरत। अगर औरत के अंडे में कोई दोष है, तो आदमी दूसरी औरत के अंडे से अपने शुक्राणु को निषेचित कर अपनी ही बीवी से बच्चे हासिल कर सकता है। अगर उसके शुक्राणु सक्रिय नहीं हैं, तो वह दूसरे पुरुष के शुक्राणु अपनी बीवी की कोख में डलवा कर बच्चा ले सकता है। अपनी नपुंसकता छिपा सकता है। इन सारे वैज्ञानिक और तकनीकी उपायों ने औरत की जिंदगी कहीं-कहीं कठिन बना दी है, तो कहीं-कहीं आसान भी कर दी है। परंतु उसके प्रति मानसिकता नहीं बदली है। परंपरा में भी वंश मर्द से चलता हुआ मर्द तक जाता था। आधुनिकतम दौर में भी ऐसा ही है। पहले बेटियों की पैदाइश पर गमी मनायी जाती थी। अब बेटियों को पैदा होने ही नहीं दिया जा रहा है। पहले मर्दों की इच्छा का बोझ ढोते-ढोते औरतें माँ बनने की मशीन बन

जाती थीं तो अब परिवार नियोजन का उपाय अपनाते-अपनाते मशीन बनने की स्थिति-सी आ गयी है।

परंपरा और आधुनिकता के बीच फर्क सिर्फ इतना आया है कि परंपरा के नियमों का पालन करना दैहिक तौर पर थोड़ा आसान हो गया है। वह भी सिर्फ उनके लिए जिनकी आर्थिक-सामाजिक पृष्ठभूमि मजबूत है। कमजोर वर्गों की महिलाओं में कोई खास फर्क नहीं आया। मान्यताएँ वहीं रह गयी हैं और वैज्ञानिक तकनीक भी उन तक पहुँच नहीं पायी है। परंपराओं का बोझ निभाने के साथ-साथ उनके ऊपर घर की आर्थिक जिम्मेदारियाँ भी आ गयी हैं।

सबसे ज्यादा पिस रही हैं मध्य वर्ग की औरतें परंपरा और आधुनिकता के बीच। परंपरा ने उनसे जो कुछ माँगा है, उसमें कोई कमी आयी नहीं है। लेकिन आधुनिकता ने उन पर माँगों की नयी-नयी सूचियाँ अवश्य थमा दी हैं। एक ममतामयी माँ, समर्पित पत्नी और प्रेममयी बहन की तस्वीर वैसी ही है, जैसी थी। पर पहले जितना एकतरफा था यह सब, उतना अब नहीं है। लेकिन अब उससे 'सोसाइटी वूमन' बनने की माँग भी की जाने लगी है। घर के बाहर आधुनिका और घर के अंदर पारंपरिक स्त्री ! यही दोहरी माँग औरत के संपूर्ण व्यक्तित्व को टुकड़ों-टुकड़ों में बाँट कर रख दे रही है।

इन सबके बावजूद आज अगर किसी औरत से पूछा जाये कि वह परंपराओं की दुनिया में वापस लौटना चाहती है या आधुनिकता की चुनौतियों को स्वीकार करना चाहती है, तो ज्यादातर जवाब दूसरे विकल्प के पक्ष में होंगे। वह इसलिए कि खुलापन असुरक्षा भले ही दे, उससे खुलने या न खुलने या फिर अपने हिसाब से, अपनी शर्तों पर खुलने की आजादी छीनी जा सकती है। अगर 'असुरक्षित आजादी' और 'सुरक्षित गुलामी' में से कोई एक चुनने की आजादी हो और किसी एक को ही चुनने की मजबूरी हो, तो आज की आम औरत 'असुरक्षित आजादी' को ही चुनेगी। आधुनिक दौर की जानकारियों और जरूरतों ने तो उसमें इतनी हिम्मत और इतना आत्मविश्वास भर ही दिया है कि वह अपनी सुरक्षा आप कर सके (भले ही कदम-कदम पर उसे असुरक्षा का सामना करना पड़े और हारना भी पड़े) हार-हार कर भी उसने हार न मानने की हठ ठान ली है। आधुनिकता की यही सबसे बड़ी देन है। या फिर यों कहें कि आधुनिकता के इस दौर में औरतों की यही सबसे बड़ी उपलब्धि है।

ऐसा नहीं कि आधुनिक नारी ही सुरक्षा की कीमत दे कर आजादी और इंसाफ हासिल करने के लिए जमीन-आसमान एक कर रही है। परंपरा में भी ऐसे जद्दोजहद रहे हैं। जिन विद्रोहों और संघर्षों को परंपरा ने दरकिनार कर दिया था, अतीत के उन्हीं दस्तावेजों को इकट्ठा कर आज आधुनिक युग की संघर्षशील और बेचैन औरतें एक किताब लिख रही हैं। इसमें परंपरा की औरत भी है और आधुनिकता की भी।

पर पूरी औरत है। काँटी-छाँटी गयी, तराशी हुई औरत नहीं। अपने पूरे व्यक्तित्व में है। अपने सपनों और यथार्थ के साथ है। हर जीत और हार के साथ है। आधुनिकता ने परंपराओं से टकराने की ताकत तो दी ही, सही और गलत की जो समझ बढ़ायी है, उसी से संभव हो रहा है परंपराओं और आधुनिकता के बीच की इस धारा का चौड़ा होता जाना। औरत घर की चारदीवारी से बाहर न आयी होती तो यह कैसे तय करती कि उसे बाजार की स्वीकृति चाहिए या अपना व्यक्तित्व—आधा-अधूरा ही सही !

एक स्त्री का घोषणापत्र

मैत्रेयी पुष्पा

एक

जिन लम्हों ने मेरी साँसों को समर्थ किया है, उन्हीं साँसों के चलते है आँखों में रोशनी और हाथ-पाँवों में जुम्बिश। इसी को मैं अपना समय मान सकती हूँ। समय बढ़ते बीतते, हो सकता है कि अँधेरे बढ़ने लगें और काले समय में मैं प्रकाश की महीन किरन खोजते-खोजते शेष हो जाऊँ।...लेकिन अभी तो साँसों और दृष्टि को मिला कर ऐसी रोशनी का निर्माण हो रहा है कि भोर की पहली किरन से मध्य सूर्य तक का धूप-भरा आकाश तलाशने निकल पड़ी हूँ। सूरज की तलाश ही जीवन का सच है, क्योंकि चंद्रमा ने हर बार हमको छला है। चाँदनी इतनी शीतल और नरम रही कि कभी शत्रु ने उसकी ओप छीनी तो कभी उसका वजूद चुरा लिया। बदले में हमें समाधि में स्थापित कर दिया। पवित्रता का गुणगान समाधियों पर ही शोभा देता है और इसी सुंदरतम मृत्युगीत पर देवता रीझते हैं।

बहुत संभव है, देव विधान के चलते वक्त अपना समर्थन खींच ले और मैं पापिष्ठा के तौर पर उखड़े हुए पेड़ की तरह लड़खड़ा कर गिर जाऊँ। गिरते हुए आदमी के दायें-बायें, आगे-पीछे अँधेरे के सिवाय कुछ नहीं होता, फिर भी यह बात सच है कि समय की कोख में उखड़ा हुआ दरख्त भी उड़ता हुआ एक बीज, खिंचा हुआ अटका-सा एक रेशा, या गीली मिट्टी में दुबका हुआ कोई नाजुक-सा अंश छोड़ जाता है, जिसे धरती की गरमाहट, जल की नमी और हवा का स्पर्श मिलना लाजिमी है, क्योंकि कटे हुए ठूँठों, मरते हुए बीजों का भी नैसर्गिक स्रोतों पर हक होता है, क्योंकि सृष्टि में उनका भी हिस्सा है, इसीलिए वे अवसर पाते ही आकाश की ओर मुँह करके हुमक उठते हैं। काल भी अपना समर्थन देने को बाध्य हो जाता है, क्योंकि

उसे भी सूर्य-चंद्र के रथ आगे बढ़ाने होते हैं, दिन-रात के उजाले-अँधेरों को जीवित रख कर जीवन और मृत्यु के गतिशील चक्र का अनंत से सामंजस्य बिठाना होता है।

जन्म से ले कर जीवन तक मेरा समय पचास वर्ष पूरे कर गया। स्वतंत्रता की अर्द्धशती के साथ ही उम्र की अर्द्धशती पूरी हुई। देश आजाद हुआ था, तब मेरी उम्र तीन साल थी। इस हिसाब से तो मैंने गुलाम देश में जन्म लिया है।... लेकिन मैं जिस उम्र की बात कर रही हूँ, वह अजेय शैशव था, और शिशु के लिए गुलामी-दासता जैसी बेबसी का कोई अर्थ नहीं होता। वह तो हर बंधन को तोड़ डालने में विश्वास रखता है। समझौतों से अनभिज्ञ आजादी का सबसे बड़ा योद्धा, जिसे मृत्यु को भी निर्भीकता से वरण करने में हिचकिचाहट नहीं होती। इसीलिए किसी देश के बच्चे गुलाम नहीं होते, हम भी नहीं थे। हमें माँ का दूध मयस्सर था, कपड़ों की जरूरत न थी (गाँव का बच्चा शर्म-संकोच और जाड़े-गर्मी का दबाव यथाशक्ति नहीं मानता)। खेलने के लिए रेत-धूल थी, जिस पर किसी जमींदार का पहरा न था। रंगीन चूड़ियों के कंचई टुकड़े और मिट्टी के फूटे बर्तनों के लाल-लाल खपरों की कुर्की के लिए आनेवाले किसी कारिन्दा का भय न था। इसी बिना पर मैंने जन्म से बचपन तक अपने-आप को आजाद समझा।

किसी समय पंचवर्षीय योजनाओं ने आजादी का जयघोष करते हुए प्रगति और विकास के सुनहरे संदेशे गाँव-गाँव भिजवाये थे। कायदे से मनमाफिक तौर पर प्रजातंत्र का विस्तार हो रहा था—ओस भरे ताजा सवेरे-सा जागता-जगाता वह समय हमारे बाल-मन पर अंकित हुआ था, आज भी जिसे याद करके स्फूर्त हुआ जा सकता है। यह बात अलग है कि पंचायती चुनावों के जरिये प्रधानों के पदों पर जमींदारों की ही ताजपोशी हुई थी। उसी कब्जे के चलते पहली बार उन्हीं की हवेली पर सरकारी रेडियो बजा था और गाँव के किसान, मजदूर, मेहनती लोगों का तबका धरती पर बैठ कर उसे सुनने का नया-नया हकदार हुआ था। अंग्रेजी राज में जिस जमींदार के कोड़े खा कर जीते-मरते रहे, अब उसे अपना वोट दे कर उसकी जयजयकार में जिंदगी सफल मान रहे थे, जैसे हम ग्रामीणों का जन्म और जीवन इन्हीं स्वामियों की बपौती हो।

मेरे पिता जमींदार के विरुद्ध खड़े हो कर कोड़ों की मार मारे गये। उनका अपराध था गरीब हो कर स्वाभिमान से जीना। वे लगान न देने के कसूरवार थे, सख्त से सख्त सजा के पात्र थे। ऐसे ही दण्डित लोगों का समूह गाँव कहलाता था। गाँव का दूसरा नाम था दरिद्रता और लाचारी। हम ऐसे ही लोगों के बीच पल-बढ़ रहे थे।

स्त्रियाँ तो मनुष्यों की गिनती में ही नहीं थीं। हालाँकि आजादी की लड़ाई में औरतों की भागीदारी हुई, लेकिन वे निश्चित ही किसान पत्नियाँ नहीं थीं। प्रबुद्ध और सभ्य-शिष्ट शहरी घरानों से आयी थीं, जो शीघ्र ही दृश्यपटल से ओझल हो

गयीं, इक्का-दुक्का अपवादों को छोड़ कर। हमारी स्वतंत्रता यह थी कि हमने स्वतंत्रता का नाम सुना था। हमारा वजूद इतना था कि हम जीवित थे।

चढ़ती वय और उसके तकाजे ! स्त्री होने के रास्ते में लड़की को इतिहास का शिकंजा जकड़ने लगा था। स्त्री-पुरुष के शारीरिक तंतुओं में लहरें मारते आवेग-संवेगों की प्राकृतिक माँग का विभाजन पक्षपात के साथ हो रहा था। शाबाशी और दण्ड-विधान के बँटवारे की प्रक्रिया में मुझे हल्का किया जायेगा, यह सत्य मुझे मेरा समय समझाने लगा। और मैंने पाया कि मैं धीरे-धीरे अपने नैसर्गिक अधिकारों के स्तर से नीचे धकेली जा रही हूँ। खुले हुए रास्तों के मुहाने रोके जा रहे हैं, आकाश पर परदा टाँका जा रहा है और धरती का वह खण्ड, जिस पर मैं खड़ी हूँ, काट कर छोटा किया जा रहा है। अपने-आपको बचाने के जितने उपाय खोजती, वे सब झूठे पड़ते जाते और भीतर ही भीतर आघातों से पैदा हुई दर्द की लहर उफनती, जिसमें मैं डूबती चली जाती। यदि कुछ याद रह गया तो केवल यह कि मैंने स्त्री के रूप में जन्म लिया है, इसलिए जैसा भी है, यही मेरा जीवन है। यह गुलामी नहीं है, दासत्व भी नहीं है, पुरुष-समाज के चलते औरत को दी हुई सामान्य जिंदगी है, और यही मानते हुए उसने आश्चर्यजनक धैर्य प्राप्त कर लिया है।

कहने को सह-शिक्षा, स्त्री-शिक्षा की घोषणाएँ और पर्दा-घूँघट का लिखित विरोध वातावरण में विकास के नाते सनसना रहा था, साथ ही अनमेल विवाह, गरीबी से निजात पाने के दबाव में लड़कियों का बेचा जाना, बेबस शारीरिक संबंध और अबाध काम के फलस्वरूप साल-दर-साल जनमती संतति के चलते खोखली होती देह...सच में ही क्या ये मुर्दनी चढ़े चेहरोंवाली घरेलू दासियाँ आजाद भारत की स्त्रियाँ हैं ? अनजाने ही मन में धीमा-धीमा-सा अंधड़ चलने लगा—चौखट के भीतर ही बेज़ुबान की तरह मर-खप जाना जब हमारी जीवनसिद्धि है तो उन्नति और विकास के बारे में बात करना कहाँ तक जायज है ? शास्त्रसम्मत विधानों के खिलाफ है यह बातचीत। ये बातें हमारे लिए भ्रम-जाल या छल-छद्म तो हो सकती हैं, व्यावहारिकता में प्रमाणित होनेवाली नहीं...इन घोषणाओं से हमारा इहलोक सुधरे न परलोक।

सच में ही प्रगति के दावे उसी तरह सड़े-गले और मृत साबित हुए, जैसा कि समाज ने हमारा जीवन बना रखा था। प्राचीन मुहावरा टस-से-मस न हुआ। यह जीवन की विडंबना नहीं तो और क्या है कि देश आजादी की स्वर्ण जयंती मना रहा है और स्त्री अशिक्षा, दहेज तथा चाल-चलन की शुचिता की सूली पर चढ़ी हुई, जिंदगी की भीख माँग रही है। जेट और कम्प्यूटर के युग में सामाजिक सत्ता का सामंतवादी वर्चस्व अपनी पूरी अपरिवर्तनीयता के साथ उसकी दुनिया पर काबिज है। नहीं तो पाँच हजार वर्ष पूर्व का संविधान अब तक भी संशोधित तक न होता ? शूद्रों का संविधान आम्बेडकर की मार्फत बदला। आजादी में भाग लेनेवाली वे स्त्रियाँ कहाँ गयीं ? कोई भी अपने वर्ग के लिए लड़ने नहीं आयीं ? क्या उन्होंने अपनी

स्वतंत्रता के बारे में कुछ नहीं सोचा ?

कहीं पढ़ा था—ब्रिटिश हुकूमत में सर डंकन ने अपने कार्यकाल में एक विचित्र और बर्बर रवैया देखा था—राजपूतों में कन्या-वध। स्तब्ध रह गये सर डंकन ने अपने आयुक्त पद का प्रयोग करते हुए कन्या-वध के खिलाफ कड़ा दण्ड विधान जारी किया। सख्त से सख्त सजा की घोषणा की। अफसोस कि वे फिर भी कामयाब नहीं हुए। वे इस बात को नहीं जानते होंगे कि अंग्रेजों का गुलाम भारतीय पुरुष-समाज स्त्री को आनंद और उपभोग की वस्तु से ज्यादा कुछ नहीं मानता। वह वस्तु उसके कब्जे में रहनी चाहिए। किसी और के पास चली जाने से उसकी तौहीन होती है। इसी आशंका और डर का मारा पुरुष स्त्री के लिए कड़े से कड़े पहरे और मृत्यु की व्यवस्था करता रहा है।

इतिहास साक्षी है कि पौराणिक युग की पंच कन्याएँ—अहल्या, सीता, तारा, मंदोदरी और द्रौपदी विवेकशील स्त्रियाँ थीं, लेकिन वे अपने पातिव्रत्य और दैहिक पवित्रता के लिए ही जानी-पहचानी गयीं। उनके स्वामियों ने उनके विचार को, राय को, धारणाओं को कभी महत्वपूर्ण नहीं माना, बल्कि आसपास के पुरुषों की मूर्खता पर उन्हें बलिदान करते रहे। यही इतिहास हमारी छातियों पर भी लदा है, इसीलिए परिवार की इज्जत-आबरू के बराबरवाले पलड़े में हमारी चारित्रिक शुचिता नापी-जोखी जाती है, साथ ही हमें विचारशून्या, बुद्धिहीना मान कर हर कुशलता को नजरंदाज करने का अनवरत सिलसिला चल रहा है।

दो

अन्तर्मन में खलबली है। बँधी-बँधायी दिनचर्या, तीस वर्ष पहले से चलता आ रहा एकरस उबाऊ ढर्रा, जिसमें एक की आजादी और दूसरे की गुलामी के हिसाब से भविष्य के शून्य और सारहीन सूरज के उगते, ढलते और अस्त होने का जड़ तरीका ढोते-ढोते कंधे थकने लगे, कमर में झुकाव आ गया।

मैंने साहित्य की लुकाठी के साथ खड़ा होना चाहा था, क्योंकि इस क्षेत्र में स्त्री उत्कर्ष की बातें बड़े जोर-शोर से होती हैं। पढ़ाई-लिखाई, अध्ययन-मनन के चलते मनोविश्लेषकों ने स्त्री-पुरुष के मनोभावों और दैहिक सूत्रों के हिसाब से उनका स्वभावगत प्रतिपादन किया है, तो समाज सुधारकों ने सम्यक व्यवहार और समदृष्टि की बात कह कर गैरबराबरी को खत्म करना चाहा है। सचमुच ही ये व्याख्याएँ ऐसे शीतल दिलासे हैं कि व्यक्ति अपने जीवनगत तापों का गरल सारी ताकत जुटा कर पी जाये। विषपायिनी नीलकंठी स्त्रियों के समय ने उनसे फिर भी धोखा किया। वे ज्यों की त्यों, खाली की खाली खड़ी रह गयीं। स्वामियों के हाथों में कोड़ा यथावत

था। उनकी नंगी पीठें पहले की तरह बेसहारा थीं। फिर कैसे समझ में न आता कि घड़ी का पेंडुलम हिलने से केवल मिनट, घंटा, दिन और रात व्यतीत होते हैं, जानलेवा स्थितियाँ बीतती हैं न बदलती हैं। उनको बदलनेवाला व्यक्ति ही होता है, जो पूरी तरह से अपने समय-कुसमय का अधिष्ठाता है। यहाँ तो स्थिति यह है कि पुरुष-संवेदनाओं से आते खुले निमंत्रण पर यदि स्त्री अपने संवेगों का सामंजस्य बिठाती है तो यह नाजुक क्षण पहले के लिए पौरुष की पताका और दूसरे के लिए समाजघातिनी कुचेष्टा के रूप में आँका जायेगा। फलस्वरूप एक प्रतिरोधी प्रक्रिया जन्म लेती है—जब बाहरी संसार कहता है कि औरत जो सोचती है, यदि उसे उजागर भी करती है तो यह सामाजिक अपराध के खाते में दर्ज किया जायेगा, तो भीतरी तौर पर कोई कहता है—अपनी इच्छाओं को कुचल कर जीने का विधान हमें स्वीकार नहीं। हमारा मन जो कहता है, पाँव जहाँ ले चलते हैं, इंद्रियाँ जिस सुख की आकांक्षा करती हैं, मनुष्य होने के नाते वे हमारे कुविचार-कुचेष्टाएँ नहीं, जन्मसिद्ध अधिकार हैं। जबकि कायदे से तो हमें अपने शील और पवित्रता की रक्षा में नैसर्गिक इच्छाओं का दमन और अपने अन्तर्मन को ध्वस्त करते रहना चाहिए। इसी विनाश के धरातल पर हमें जीने की मोहलत दी जाती है, क्योंकि परिवेश से सुलह ही हमारी सुरक्षा है और चेतना की मृत्यु ही हमारा जीवन।

समय चालाकी चलता हुआ डाल-डाल और स्त्री उसे धता बताती हुई पात-पात ! तभी न उसके भीतर वक्त की धार फट कर दो भागों में बँट गयी। यह निर्विवाद सत्य है कि स्त्री जो करती है, वही सोचती नहीं। उसका सार्वजनिक रूप से किया गया आचरण पाखंडी समाज के प्रति किये गये ढोंग की संज्ञा में आ सकता है। अव्वल दर्जे की अभिनेत्री इस औरत का अपना निजी संसार एकदम अलग होता है—जिसमें दासता नहीं, एकनिष्ठता नहीं, संकीर्णता नहीं...मौका मिलते ही वह अपने आपको मनमाने तौर पर सँवारने लगती है। जिंदगी को विभिन्न दिशाओं, अलग-अलग कोणों से देखती है, देह में बजते अनेक रागों को मनचाहे ठीयों-ठिकानों पर स्थापित करती है, अपनी काया में से चुपके-चुपके निकलकर दूसरों के भीतर प्रवेश कर जाती है। मन ही मन स्वयं को उलीच डालती है। कौन रोकनेवाला है ? सचमुच ही घरेलू क्रियाकलाप, धार्मिक आडम्बरों और मर्यादाओं की जड़ताओं को ढोते हुए उसने मार्क्स और फ्रायड के सिद्धांतों से अपने मनोभावों का तालमेल बिठाया है। नहीं तो भरी-पूरी गृहस्थी में खपते-मिटते हुए अकेले एकान्त मठ कहाँ से खोज निकाले ? भले ही अपने एकाकीपन में खुद को खाली बरतन-सा रीता पाया हो, तो कभी छाती में झरबेरी का पेड़ उगा मिला हो। कभी भूलने का भ्रम हुआ हो, तो कभी भटकने की पीड़ा, साथ ही अपने ऊपर चढ़े कठिन खोल में सिमट आने की तकलीफ, लेकिन सुख-दुख, क्षमा-जुल्म, हिम्मत और भय जैसी मानसिक सच्चाइयों के साथ अपने आपको तलाश लेने का सफर रुकता कहाँ है ? जब-जब खून में गरमी उठती है, शिराएँ तपती हैं,

तो वह पसीने के साथ बह निकलती है। अपने ही नमक के सरोवर में रंगीन मछली-सी तैरती है। कैसी ढीठ है यह औरत, जिसे जल सूख जाने का भय नहीं। पति, पुत्र और पुत्रियाँ पाते ही अपने खुले मुँहवाले घावों पर जल्दी से जल्दी मखमली पैबंद मढ़ लेती है, जिनमें से कुछ पर लिखा होता है प्यार, कुछ पर वात्सल्य और कुछ पर ममत्व। त्यागवाली चिप्पी सबसे ज्यादा चमकीली होती है, क्योंकि उसी की झिलमिलाहट में घरू बेगारिन को मालकिन होने का एहसास कराया जाता है। वह भोली बन कर रुतबे को आँचल में समेट लेती है, जबकि जानती है—ओढ़ी हुई चादर एकदम झीनी है, इतनी झीनी कि कभी भी नंगी दिखायी दे जायेगी। परंतु चादर ओढ़ना जीवन ओढ़ना है बार्नीबुश—

> हमारा सुंदरतम पक्ष है, अपने घरों के लिए प्यार,
> और हमारा कुरूपतम पक्ष है दुस्साहसिकता...

दुस्साहसिकता न होती तो हमारे समय के हाथ में कोड़ा भी न होता। उसे आगे-पीछे से, दायें-बायें से हमें घेरकर हुक्म न देना पड़ता कि मत देखो इधर-उधर। गांधारी की तरह जीना सीखो। कुंती बनने का साहस मत करो। अपनी इच्छा से नहीं बन पाओगी द्रौपदी, बनोगी तो जुए की बिसात पर हार दी जाओगी, सौ पुरुषों की ताकत के नीचे कुचले जाने को। फिर तुम्हें कोई बचाने नहीं आयेगा, क्योंकि इस देश की परंपरा में सावित्रियों ने सत्यवानों को बचाया है, नहीं बचायी किसी राम ने कोई सीता। ओ इक्कीसवीं सदी की इतराती स्त्री, तुझे इतिहास पिछिया रहा है। स्त्री ठिठकी और सोच में पड़ गयी—क्या यही मेरा समय है ? रामायण और महाभारतकाल जम कर शिला हो गये ? सतियाँ हो गयीं प्रेतछायाएँ ? हमें रौंदती-कुचलती हुई...उफ् ! इतिहास के बोझ से हमारी देहें ही चूरन नहीं हुईं, आँखों की रोशनी भी छीजने लगी। स्वभाव में खतरनाक संतुष्टि भरती चली जा रही है। दर्दमंद चीखें होठों पर नीली पड़ कर ठहर गयीं। यह गुमसुम समय घुटनभरा और भयानक है।

इस भयाक्रांत समय को मैं अपना समय नहीं कह सकती। यह वक्त मेरा नहीं है। मैं तो किसी दूसरे समय की तलाश में निकल पड़ी हूँ। इन दिन-रातों को मथ कर ही कुछ निकलेगा, क्योंकि कुछ पल-छिन, जो अपने लिए मैंने सँजो लिये थे, वे आज भी मेरी मुट्ठी में बँधे हैं। इतिहास को धता बताते हुए उन्हीं को बिर्री-महीन लिखाई में कागज पर बो दिया है। माना कि उन नये और आश्चर्यचकित करते अँखुओं को देख कर हमारे शासकों की भवों में गहरे बल पड़े हैं, मुँह का स्वाद कड़वा गया है—कहकहे, लांछन और लानतें बारूद-भरे छर्रों की तरह धाँय-धाँय दागी जा रही हैं, और ताज्जुब कि हमारी दावेदारी की इबारतें प्रेमगीत की धुन में बज रही हैं साथ-साथ। सड़ते हुए नीले मुँहवाले घावों से दुर्गन्ध उठ रही है और पेड़ पर लटके

छत्ते से टपक रही है शहद की बूँद। हम जन्मजात अपराधी, सजायाफ्ता कैदी जिजीविषा का मोह पाले हुए डरने और सिमटने-सिकुड़ने के बावजूद भी अपना समय रचने से बाज नहीं आते, मानो जीवन संगीत सुनते चले जा रहे हों, साथ ही साथ मोहलत में मिली सुरक्षा का मोह छोड़ते चले जा रहे हों। सचमुच ही हम रिझानेवाले अंगरागों की जादुई भाषा भूल रहे हैं ?

तीन

आगे क्या होनेवाला है, यह तो नहीं बता सकती; हाँ, काँटों में उलझी तंत्रियों में दर्द के साथ-साथ अनेक आकांक्षाएँ भी सनसना रही हैं। इसका अर्थ यह है कि हमारी शाश्वत नैसर्गिक इच्छाओं के दमन की, मरण की घोषणा शास्त्र-पुराण भले ही करते रहें, हमारी रची इबारतों में ऐसा मनहूस आख्यान कहीं नहीं होगा। हजारों साल से दबे-कुचले दलितों ने माथा उठाकर बात करना सीख लिया, हमारी आँखें घूँघट में कब तक झुकी रहेंगी ? इसी प्रश्न पर स्त्री सिर उठाने लगी है, और 'प्रश्न मत पूछो' का आदेश देनेवाले याज्ञवल्क्यों के कलेजे अनायास ही थर्राने लगे हैं। वे हड़बड़ाये हुए इस दुश्चिंता में घुले जा रहे हैं कि कहीं ये नासमझ मूर्ख दासियाँ राजपाट की ओर मुँह करके न बढ़ती चली आयें।

मैं पलकें उठाकर देखती हूँ, वास्तव में ही यह एक खौफनाक सच को उजागर करता हुआ समय है। यदि नहीं होता तो बार-बार मरती हुई चेतना और सहती-सहमती हुई अस्मिता के खिलाफ उठी चली आती 'फैसला' की वसुमती ? सामाजिक विषमताओं और आर्थिक शोषक वर्ग को चुनौती देती 'इदन्नमम' की 'मन्दा' ? और उसी से कदम मिलाती हुई जातिगत तथा राजनीतिक दलालों से सिंहासन छीनने का इरादा किया है 'चाक' की 'सारंग नैनी' ने। ये आधी दुनिया के बाशिन्दे सम्यक दृष्टि और नैतिक आजादी में दावेदारी करने लगे हैं, कि प्रजातंत्र को लोकतंत्र के रूप में देखना सीख गये हैं।

क्या यह दूसरा समय अर्थवान नहीं ? इस अर्थवान समय में ही तो स्त्रियों ने अपनी कथा खुद कहने की जिम्मेदारी ली है। सभ्य, शिष्ट और आचार-व्यवहार की रणनीति तैयार करनेवालों को परे खिसका कर अपना शास्त्र खुद रचने निकली हैं। अब वे कहाँ नहीं ? गायन-वादन, खेल, नाटक, अफसर-हुक्मरानों, राजनीति और सरकार—यह समझिए कि हर कहीं, धरती से अन्तरिक्ष तक उनका दखल है। माना कि इसे उदात्त समय नहीं समझा जा रहा तो यह युद्ध का तुमुलनाद ही सही।

अतीत की जड़ताएँ बड़ी शांत और सुंदर लगती हैं—एकसार व चिकनी। बदलाव के चलते जब वे टूटती हैं तो हाहाकार मचने लगता है कि यह अशिव-असुंदर वर्तमान

कहाँ से आ गया ? यह भविष्य के लिए खतरनाक है। इससे कुत्सित प्रवृत्तियाँ जन्म लेंगी, जो समाज को गंदा और घिनौना तथा बेशर्म बना देंगी। लेकिन क्या करें, समय की यही परिभाषा हमारे पास है, जिसके हिसाब से मर्यादाओं, मानकों और सीमाओं को टूटना ही होगा। गुलामी के आनंद ने ही स्वतंत्रता के खतरे उठा लेने का माद्दा बख्शा है, क्योंकि हमारे प्रभुओं द्वारा रचा साहित्य और प्रतिपादित किये हुए दार्शनिक नियम बड़े भ्रामक सिद्ध हुए। आजादी के सारे लाभ प्राप्त करनेवाला पुरुष हमें दया, तरस और सुरक्षा तो दे सकता है, बराबरी का दर्जा नहीं।

1947 में जो आजादी आयी थी, वह स्त्रियों की आजादी तो हरगिज नहीं कही जा सकती। बल्कि हमें गुलाम बनाये रखनेवाले गुलाम अब आजाद होकर और भी बर्बर हो गये। उन्होंने कोड़ा भी नहीं छोड़ा, साथ ही हमारी अयोग्यता सिद्ध करने के लिए छल-बल का भी प्रयोग करना सीख लिया। अपनों से निपटना जंग फतह करने से ज्यादा मुश्किल है। अपनत्व की हरियाली से सजा खतरनाक रास्ता, दया और त्याग की साजिशों से सामना...अपनी आँखों के आँसू भी भाप बन कर साथ छोड़ गये।...लेकिन तभी धमनियों में खून की जगह बह निकली एक अनदेखी ताकत। अँधेरी नम कोख में कोई रक्तबीज अकुलाने लगा और उसी रक्तबीज से जन्मी बेटियों ने उँगली थाम कर कहा—तुम अकेली नहीं। मैं उस सनातन शाश्वत को सामने देख रही थी, जिसकी मृत्यु निश्चित थी। तो यही वह समय है, जो जीवन को मथ कर निकाला है—बेशकीमती, अमूल्य हैं ये आजादी की रणभेरियाँ गुंजाती वंचित अस्मिताएँ।

●●●